Über dieses Buch Yin und Yang, so nennen die Chinesen die beiden grundlegenden Kräfte, die in dieser Welt und in jedem Menschen wirken.

Yin ist das Weiblich-Wartende gegenüber dem männlich drängenden Yang, das intuitiv Erfassende gegenüber dem diskursiven Denken, das Zulassen gegenüber dem Machen. Wo diese beiden Kräfte, sei es in der Psyche des Menschen oder in der von ihm geschaffenen Zivilisation, nicht im Gleichgewicht sind, hat das tiefgreifende Folgen. Die psychologische Vereinsamung des Menschen und die Zerstörung der Natur in unserer, seit Jahrhunderten von männlichen Werten bestimmten Kultur sind Ausdruck eines Ungleichgewichts von Yin und Yang.

Sukie Colegrave plädiert in diesem Buch für eine neue Selbstbestimmung des Mannes wie der Frau. Beide müssen den jeweils anderen, gegensätzlichen Pol in sich anerkennen und ihre im Kern androgyne, das heißt gleichzeitig männliche als auch weibliche Natur entwickeln. Nur so kann der Mensch zu einer körperlichen und geistigen Ganzheit und einer gleichberechtigten Partnerschaft der Geschlechter gelangen.
Von Erkenntnissen der westlichen Psychologie als auch der chinesischen Philosophie, Medizin und der erotisch-mystischen Praxis der altchinesischen Weisheit ausgehend, weist die Autorin Wege zu einer Neubestimmung der Geschlechter und einer Harmonisierung der Kräfte von Ying und Yang, dem Weiblichen und dem Männlichen.
Mit ihrer faszinierenden Synthese von östlicher Weisheit (Yin) und dem wissenschaftsanalytischen Denken des Westens (Yang) leistet sie einen einzigartigen Beitrag zur Beseitigung der Mißverständnisse über die Sexualität, die dem Menschen das Leben schon seit langer Zeit schwergemacht haben.

Die Autorin Sukie Colegrave studierte Psychologie, chinesische Sprache und fernöstliche Geschichte an der London University. 1975 bereiste sie China und publizierte dort in Zeitschriften Aufsätze zum Thema ›die Rolle der Frau in der chinesischen Gesellschaft‹. Mit Psychologen Jung'scher Richtung diskutierte sie die Bedeutung des weiblichen Bewußtseins für die Entwicklung der Menschheit. Sukie Colegrave lehrt an der London University.

Sukie Colegrave

Yin und Yang

Die Kräfte des Weiblichen und des Männlichen

Eine inspirierende Synthese von westlicher Psychologie und östlicher Weisheit

Aus dem Englischen von
Ingrid Margarete Reinisch

Fischer
Taschenbuch
Verlag

Titel der Originalausgabe:
›The Spirit of the Valley‹

34.–43. Tausend: September 1985

Ungekürzte Ausgabe
Veröffentlicht im Fischer Taschenbuch Verlag GmbH,
Frankfurt am Main, Mai 1984

Lizenzausgabe mit freundlicher Genehmigung des
Otto Wilhelm Barth Verlags (im Scherz Verlag, Bern und München).

Umschlaggestaltung: Jan Buchholz / Reni Hinsch
Druck und Bindung: Clausen & Bosse, Leck
Printed in Germany
980-ISBN-3-596-23335-6

Inhaltsverzeichnis

Meinen Eltern und meinem Bruder gewidmet, der mir eine Ahnung von der Androgynie vermittelte

Einführung

> Was ein Mensch denkt, wird er.
>
> *Upanishaden*

> Was wir beobachten ist nicht die Natur selbst, sondern die Natur, wie wir sie betrachten.
>
> *Werner Heisenberg*

In meiner frühesten Erinnerung sitze ich in einem Zwillingskinderwagen meinem Zwillingsbruder gegenüber. Beide Verdecke waren hochgeklappt, um uns vor dem Regen, der auf das Segeltuch über unseren Köpfen prasselte, zu schützen. Draußen war die kalte, schmutzige Landstraße. Drinnen fühlten wir uns sicher in der warmen Dunkelheit unserer eigenen Welt. Ich schaute hinüber zu der Person, mit der ich Tag und Nacht zusammen war und mit der ich sogar die Monate im Bauch meiner Mutter geteilt hatte. In diesem Augenblick völliger Sicherheit und Geborgenheit entstand in mir ein Gefühl totaler Einsamkeit. Obwohl ich erst zwei Jahre alt und meinem Bruder noch ganz intim verbunden war, war ich von dem Moment an auch abgesondert, unabhängig und einsam.

Während der folgenden fünfundzwanzig Jahre wehrte ich mich oft gegen die beunruhigenden Konsequenzen dieser Erfahrung. Ich wußte, ich war abgesondert und anders als mein Bruder und jeder andere Mensch. Ich wußte auch, daß das Gefühl von Ganzheit und Identität, das ich mit ihm erfahren hatte, genauso ein lebendiger Teil von mir war wie meine Beziehungen, daß dieses Gefühl jedoch ständig getrübt wurde durch die Empfindung einer Erstickungsangst und eines Verlustes meiner Freiheit, die es gleichzeitig in mir hervorrief.

Ich begann zu verzweifeln. Mir schien, daß ich das Paradies der frühen Kindheit nie wiederentdecken würde, auch nicht in anderer Form, und daß ich zwischen Unabhängigkeit und Beziehungen würde wählen müssen.

Zu diesem Zeitpunkt suchte ich Hilfe bei einem Jungschen Psychotherapeuten. Während der folgenden achtzehn Monate begann ich beide Impulse in einer Weise zu begreifen, die es schließlich ermöglichte, sie zu vereinbaren. Ich lernte Gesondertsein und Zusammengehörigkeit als Polarität zu erkennen und zu sehen, daß ich weder ein isoliertes Individuum noch ein undifferenziertes Teilchen des Kosmos bin, sondern daß ich beides gleichzeitig, gesondert und Teil des Universums bin und daß das eine das andere einschließt. Ich lernte zu erkennen, daß diese Gegensätzlichkeit, die ich bis dahin hauptsächlich in Beziehung zu anderen Menschen und zur Außenwelt erfahren hatte, ihre Entsprechung in meiner eigenen Psyche hatte und sich in meinen Gedanken und Gefühlen ausdrückte.

Die Monate der Jungschen Therapie zusammen mit meinem davon unabhängigen Studium der Werke Rudolf Steiners halfen mir, diesen Gegensatz von Gesondertsein und Zusammengehörigkeit als den Ausdruck des männlichen und weiblichen Prinzips, das in all den verschiedenen Stufen und Stadien der Schöpfung gegenwärtig ist, zu sehen. Diese Einsicht traf sich mit meinem Studium der chinesischen Kultur, die, vielleicht mehr als jede andere, die Wichtigkeit der Harmonie der beiden Prinzipien in jedem einzelnen für Gesundheit und Selbstverständnis anerkennt. Über vier verschiedene Wege, die Jungsche Psychologie, die Anthroposophie, die chinesische Philosophie und meine eigene Erfahrung, wurde ich zu der Idee der männlich/weiblichen Polarität der menschlichen Psyche geführt. Meine Entwicklung fiel mit dem Wiederauftauchen der Frauenbewegung in den späten sechziger und frühen siebziger Jahren zusammen.

Anfänglich beschäftigte sich diese Bewegung hauptsächlich mit der Abschaffung der Diskriminierung der Frau im politischen, sozialen und wirtschaftlichen Leben und der Sicherstellung von sozialen Einrichtungen, die es den Frauen erlauben würden, die Vorteile der Chancengleichheit wahrzunehmen. Theoretisch sind diese Forderungen inzwischen allgemein akzeptiert, wenn auch noch sehr viel getan werden muß, um sie in die Praxis umzusetzen, ebenso wie allen Frauen geholfen werden muß, sich selbst als gleichwertige Mitglieder der Gesellschaft zu sehen und zu respektieren; beide Entwicklungsprozesse sind schon im Gang. So scheint der richtige Moment gekommen zu sein, gründlicher nach den Impulsen zu fragen, die hinter der Forderung nach Gleichberechtigung stehen, damit Männer und Frauen ein bewußteres Verständnis und mehr Einsicht in das ungeklärte Problem von Geschlecht und Sexualität gewinnen können.

Dieses Buch ist ein Ausdruck des Zusammentreffens meiner eigenen Entwicklung mit den Aktivitäten der Frauenbewegung in den letzten zehn Jahren. Es versucht, der Diskussion über den Sinn und das Wesen der Sexualität und ihre Relation zum Individuum und zur Menschheit durch die Untersuchung der Hypothese beizutragen, daß die Natur des Menschen Androgynität ist – eine Synthese des maskulinen und femininen Prinzips in der Psyche –, aber daß nur wenige dieses Potential erfassen, da, wie der Körper mehr männlich oder weiblich ist, auch das Bewußtsein unausgeglichen ist. Solche psychologische Einseitigkeit ist kein notwendiger oder absoluter Faktor der menschlichen Existenz, sondern im Gegenteil ein wichtiges, wenn auch vorübergehendes Stadium im Bewußtwerdungsprozeß des Menschen, das ihn seiner selbst und des Kosmos bewußter macht. Der Entwicklungsprozeß des Bewußtseins läßt sich jedoch ähnlich wie die Entwicklung biologischer Muster untersuchen, und dieser Prozeß kann als die Evolution des maskulinen und femininen Prinzips verstanden werden. Es ist ein Prozeß, der von einer undifferenzierten Einheit zu größerer Differenzierung fortschreitet, um die mögliche Synthese und Harmonie in einem androgynen Zustand vorzubereiten.

Solch eine Idee könnte natürlich auf verschiedene Weise untersucht werden und anhand vieler verschiedener kultureller und historischer Zusammenhänge. Ich habe für meine Untersuchung den Bezugsrahmen der chinesischen Kultur gewählt, hauptsächlich weil die Anerkennung des männlichen und weiblichen Prinzips – Yin und Yang – als die ursprüngliche Polarität im Individuum und im Kosmos ein wichtiger Bestandteil des chinesischen Denkens seit seinem ersten Ausdruck in Mythen, Legenden und Versen vor über 3000 Jahren bis hinein in die ersten Jahrzehnte dieses Jahrhunderts war. Sogar heute noch, in der chinesischen Volksrepublik, ist das

Konzept von Yin und Yang als polare Energien ein lebendiger Bestandteil der Theorie und Praxis der chinesischen Medizin.

Darüber hinaus gibt es noch einen anderen Grund, warum ich die Idee der androgynen Harmonie anhand der chinesischen Kultur untersucht habe, eine Tatsache, die zwar nicht Hauptdiskussionspunkt dieses Buches ist, die jedoch bezeichnend ist für die Situation in der zweiten Hälfte des 20. Jahrhunderts. Wir scheinen zwischen zwei Impulsen gefangen zu sein, der eine führt zu größerer Erfahrung des Selbst, unserer Befreiung von jeder Art von Gruppenidentität, sei es Familie, Rasse, Kultur oder Nation, der andere Impuls weckt in uns den Sinn für eine neue und umfassendere Identität mit dem Universum. Um diese beiden Impulse schöpferisch zu nutzen, ohne zu Selbstüberschätzung oder allgemeiner Verwischung aller Unterschiede zu gelangen, halte ich es für notwendig, Hand in Hand mit der Suche nach einem erweiterten Selbstverständnis die Brücke zwischen verschiedenen Kulturen zu schlagen, so daß die Weltsicht des einzelnen den anderen verständlicher wird, damit das Verstehen des Einzelnen das Verstehen des Ganzen nach sich zieht. In diesem Buch habe ich versucht, dazu beizutragen, indem ich die Konzeption einer kulturellen Tradition hervorhebe, die der Hauptströmung westlichen Denkens sehr fremd ist. Ich beziehe mich dabei vor allem dann auf westliche Denker, wenn sie chinesische Ideen erläutern, klären und verbreiten können.

In dem berüchtigten »Affenprozeß« von 1925 wurde John Thomas Scopes dafür verurteilt, daß er Darwins Evolutionstheorie in Tennessee gelehrt hatte. Heute, fünfzig Jahre später, werden Darwins Hauptprinzipien vom biologischen Wandel allgemein akzeptiert. Die Vorstellung von einem Evolutionsprinzip des menschlichen Bewußtseins ist jedoch bedeutend weniger verbreitet. Das mag zum Teil daran liegen, daß »Bewußtsein« ein schwer zu definierender Begriff ist, der in ebenso vielen verschiedenen Zusammenhängen wie Bedeutungen gebraucht wird. Ich benutze ihn, um die Art und Weise zu beschreiben, wie wir denken, fühlen und die Realität erfahren, wie und mit welchen Fähigkeiten wir uns und die Welt betrachten. In diesem Sinn kann Bewußtsein mit verschiedenen Brillen mit unterschiedlichen Gläsern verglichen werden, die jeweils ein anderes Bild der Welt zeigen. Die Evolution des Bewußtseins ist der Prozeß, bei dem unscharfe Gläser durch schärfere ersetzt werden, die ein zunehmend genaueres Bild der menschlichen Natur und des Kosmos, seiner mannigfaltigen Teile sowie ihrer Beziehungen untereinander zeigen.

In einem fundamentalen Sinn ist dieses Buch aus subjektiver Erfahrung entstanden. Das mag diejenigen irritieren, die nach Beweisen und Objektivität in der üblichen Definition der Worte suchen, aber ich glaube, es ist lebensnotwendig für die menschliche Entwicklung, daß ständig neue Fragen gestellt und neue Theorien entwickelt werden, da wir nur durch Erweiterung unseres Fragenrepertoires befriedigendere Antworten finden können. Neue Fragen sind in einem gewissen Grade von der Imagination abhängig. Vieles von dem, was gedacht wurde, mag sich später als falsch erweisen; aber es ist notwendig, den Irrtum zu riskieren, wenn das Wissen wachsen soll.

Die Theorien dieses Buches entstanden aus Hypothesen, und selbst nachdem sie geprüft, erklärt und von vielen Beweisen unterstützt wurden, bleiben sie hypothetisch. Sie lassen sich nur für jene Menschen empirisch bestätigen, die sie umgesetzt und ihre Gültigkeit in sich selbst und anderen erprobt haben. Nur so läßt sich eine Basis finden, auf der sie als objektiv und allgemeingültig betrachtet werden können. Aber um das zu erreichen, muß der Leser bereit sein, bei der Lektüre dieses Buches mitzuarbeiten, indem er über das intellektuelle Verständnis des Textes hinaus eine intuitive und imaginative Aufnahmebereitschaft mitbringt.

Zu ihrem vollen Verständnis müssen die hier dargestellten Ideen innerlich im Licht der Erfahrung jedes einzelnen und seiner halbvergessenen Erinnerungen gesehen und erforscht werden. Ich glaube nicht, daß wir irgendeiner Sache bewußt werden können, die wir auf einer anderen Ebene des Bewußtseins nicht bereits wissen und die wir nicht bereitwillig wiedererkennen wollen. Aus dieser Überzeugung heraus wurde die vorliegende Studie konzipiert und geschrieben.

Ich habe versucht, Androgynie als die Synthese des männlichen und weiblichen Prinzips im Bewußtsein, das weder Yin noch Yang ist, sondern beides einschließt, zu beschreiben. Dieses Wort, das aus dem Griechischen, »andro«, männlich, und »gyne«, weiblich, gebildet wurde, wird manchmal wegen seiner dualistischen Anklänge kritisiert oder weil es dem männlichen Geschlecht den Vorrang gibt. Im Laufe dieses Buches wird es hoffentlich klarwerden, daß weder ein Dualismus noch eine Wertung durch meinen Gebrauch des Wortes beabsichtigt ist.

1. Das Goldene Zeitalter

Vor einiger Zeit mußte ich in Griechenland ein Schiff erreichen, das um fünf Uhr morgens abfuhr. So war ich, was selten vorkommt, vor der Morgendämmerung wach. Als ich den Strand entlang zur Anlegestelle ging, schaute ich über die Bucht zu den Bergen hinüber, die sich zwischen Meer und Himmel schoben. Bald würde die Sonne über ihre nackten Konturen steigen, die Frauen zum Waschplatz rufen und dem Frühbus das Signal zum Abfahren geben. Aber in diesem Moment fühlte ich mich vor den Anfang der Welt zurückversetzt. Das Licht war weder stark genug, die Farben des Tages zu wecken, noch so schwach, daß alles in Nacht gehüllt gewesen wäre; die Welt war grau und still, Formen ohne Materie. Nichts zu hören, zu sehen und zu fühlen, eine unendliche Neutralität. Natürlich wußte ich, daß ein neuer Tag begann und nur die ungewohnte Zeit mir alles fremd erscheinen ließ, aber ein anderer Teil von mir staunte über dieses unendliche Nichtsein. Als die Sonnenstrahlen erschienen und die Welt in Licht und Schatten teilten, hatte ich erfahren, was die alten Chinesen meinten, wenn sie den Beginn der Welt als das Große Nichts, die Geheimnisvolle Gleichheit, das Chaos oder das Große Unbedingte beschrieben und es mit dem Symbol des *Wu-chi,* dem vollen Kreis, ausdrückten:

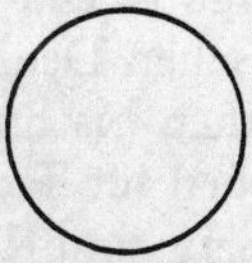

Dieses Große Nichts, die Quelle allen Seins, nannten die Chinesen das *Tao* und priesen es in ihrer Philosophie und Literatur. Eines der schönsten Werke über das Tao ist das klassische

Taoteking (Tao Tê Ching), das angeblich von dem Weisen *Laotse (Lao-tzu)* aus dem 6. Jahrhundert v. Chr. stammt.

Bevor Himmel und Erde waren,
Gab es etwas Verschwommenes,
Still, einsam,
Alleine stehend, wandellos,
In ewigem Kreislauf ohne Unterlaß,
Fähig die Mutter aller Dinge zu sein.
Ich kenne seinen Namen nicht,
So nenne ich es Tao.
Soll ich's beschreiben, nenne ich es »Groß«,
Groß heißt ausgreifend in den Raum,
Ausgreifend in den Raum ist weitreichend,
Weitreichend heißt zurückkehrend in seinen Ursprung.[1]

Tao wird manchmal mit »Gott« übersetzt, aber die christliche Vorstellung von einem statischen und übernatürlichen höchsten Wesen ist irreführend. Die alten Chinesen bedurften keines Gottes außerhalb der Welt, der die Welt erschaffen hat und sie lenkt. Aus ihrer Sicht war der Kosmos eine organische Einheit, der aus sich selbst heraus die sichtbaren und unsichtbaren Welten erzeugte. Diese unbeschreibbare Quelle, ohne Anfang und ohne Ende, die jeden Anfang und jedes Ende lenkt, wird besser durch das vieldeutige Wort Weg (Tao) wiedergegeben, das ist der Weg der Schöpfung, wie auch der Weg, der der Schöpfung vorausgeht. Nichts wäre geringer als er oder außerhalb von ihm, da alles Existierende nur ein geordneterer Ausdruck dessen ist, was am Anfang war.

Die Vorstellung vom Tao ist eine der ältesten und sicher die wesentlichste im chinesischen Denken, von ihrem Entstehen aus prähistorischen Mythen bis hinein ins zwanzigste Jahrhundert. Das Schriftzeichen für Tao ist 道, zusammengesetzt aus dem Zeichen für Fuß 辶 und Kopf 首. Das beinhaltet die Vorstellung des Gehens und des Denkens, der Kenntnis des rechten Pfades und seiner Nachfolge. Durch die Kombination von Fuß und Kopf symbolisiert es die Einheit in einer Person und ebenso die kosmische Einheit, da Kopf oft mit Himmel und Fuß mit Erde gleichgesetzt wird. Das Tao ist das Urprinzip des Universums und der Weg, zu einer persönlichen Verwirklichung dieses Prinzips zu gelangen.

Dieses Konzept wurde von den einzelnen Schulen des Denkens verschieden betont, jedoch die mannigfaltigen Interpretationen ergänzten sich eher, als daß sie einander widersprachen. Wie Hsün-tzu, der Philosoph aus dem 3. Jahrhundert v. Chr. hervorhob, repräsentieren die verschiedenen Betrachtungsweisen nur einzelne Aspekte des Tao, sein wesentlicher Inhalt ist konstant und umfaßt alle Varianten: »Es kann nicht nur von einer Seite erfaßt werden. Diejenigen, die aus einem verkehrten Wissen nur einen einzigen Aspekt des Tao sehen, werden nicht fähig sein, es in seiner Gesamtheit zu begreifen.«[2]

Chuang-tzu, ein Taoist, der wahrscheinlich während des 3. und 4. Jahrhunderts v. Chr. lebte, betonte die allumfassende Natur des Tao in dem folgenden, charakteristisch direkten Dialog:

> Tung Kuo-tzu befragte Chuang-tzu und sprach: »Was ihr Tao nennt, wo ist es zu finden?«
> Chuang-tzu sprach: »Es ist allgegenwärtig.«
> Tung Kuo-tzu sprach: »Nennt mir einen bestimmten Ort.«
> Chuang-tzu erwiderte: »Es ist in dieser Ameise.«
> »Warum so tief greifen?« fragte Tung Kuo-tzu.
> »Es ist in diesem Unkraut«, sagte Chuang-tzu darauf.
> Tung Kuo-tzu sprach: »Gebt mir ein noch geringeres Beispiel!«
> »Es ist in diesem tönernen Ziegel.«
> »Und wo noch niedriger?«
> »Es ist in diesem Kothaufen«, erwiderte Chuang-tzu.
> Tung Kuo-tzu schwieg stille.[3]

Das Tao »weiß nichts und vermag nichts; und doch gibt es nichts, was es nicht weiß und nichts, was es nicht vermag«.[4] Da es der Ursprung aller Dinge ist, ist es unbeschreibbar. Nachdem es sich manifestiert hat, können wir seine Erscheinungsformen wahrnehmen, aber in seinem Urzustand wirkt und ruht das Tao jenseits des Bereiches der menschlichen Sprache:

> Ehemals erklärten die Weisen Himmel und Erde durch das System von Yin und Yang. Aber wenn alles, was Gestalt hat, aus der

Gestaltlosigkeit geboren wurde, woraus wurden dann Himmel und Erde geboren? Ich antworte: Es gab eine Ureinheit, es gab einen Uranfang, es gab ein Urentstehen, es gab eine Urmaterie. Die Ureinheit ging dem Hervortreten des Atems* voraus. Der Uranfang war das Entstehen des Atems. Als der Atem begann, Form anzunehmen, das war das Urentstehen. Als der Atem zur Substanz wurde, das war die Urmaterie. Atem, Form und Substanz waren vollendet, aber die Dinge waren noch nicht voneinander getrennt, daher der Name »Verschwommenheit«. Verschwommenheit bedeutet, daß die myriaden Dinge sich durchdrangen und noch nicht voneinander getrennt waren.[5]

Chaos, Verschwommenheit, das Eine – das sind einige der geheimnisvollen Namen, die den menschlichen Geist über die Grenzen der Entweder-Oder-Denkweise hinausführen und ihm helfen sollen, den gemeinsamen Ursprung aller Dinge zu erfahren. Der Weg ist zu Anfang undifferenziert, daher chaotisch, aber auch nachdem er in den mannigfaltigen Formen der Schöpfung Gestalt annimmt, verliert er nie seine wesenhafte Einheit. Worte und Definitionen sind nur geeignet, die differenzierte Welt zu beschreiben, da sie die Funktion haben, zwischen den Dingen zu unterscheiden. Sie sind ungeeignet, die Einheit zu beschreiben, die hinter den Unterschieden liegt. Um sie zu erfassen, ist Schweigen so wichtig wie der genaue Gebrauch der Sprache in der phänomenalen Welt. Die alten Chinesen wußten, daß vom Tao zu sprechen Unkenntnis verriet: »Der Wissende redet nicht. Der Redende weiß nicht«, sagte Lao-tzu.[6] Und an anderer Stelle:

> Das Tao, das benannt werden kann,
> Ist nicht das ewige Tao.
> Der Name, der genannt werden kann,
> Ist nicht der ewige Name.
> Das Namenlose war der Ursprung von Himmel und Erde.[7]

Wenn aber das Tao nicht mit Worten beschrieben werden kann, wie können wir dann jenen trauen, die Worte benutz-

* »Atem« ist das Chinesische *Ch'i;* man könnte es auch mit »Kraft« übersetzen, so wie die moderne Physik in diesem Zusammenhang von einem »Kraftfeld« sprechen würde. (Anm. d. Übs.)

ten, um es zu beschreiben? Po Chü-i, ein berühmter Dichter des 9. Jahrhunderts, stellte diese Frage:

Die Redenden wissen nicht,
Die Wissenden reden nicht.
Das lehrte uns Lao-tzu.
Sollen wir glauben, daß er selbst
Ein Wissender war?
Wie kann es dann sein, daß er selbst
Nicht weniger als fünftausend Wörter schrieb?[8]

Zwei Jahrhunderte später bekam Po Chü-i eine Antwort von Wu-tzu Fa-yen. »Ich mache eine Stickerei von Enten und Drachen und lasse euch sie betrachten und bewundern. Jedoch die goldene Nadel, die kann ich euch nicht weitergeben.«[9] Das Tao selbst kann nicht mitgeteilt werden. Am Ende muß jeder sein Wesen und seine Bedeutung in der Tiefe seines eigenen Seins finden; anfangs ist jedoch die Erfahrung der anderen, die um seine Erkenntnis gerungen haben, von unschätzbarem Wert. Darin liegt die Wichtigkeit des *Tao Te Ching* und anderer Schriften. Sie lehren, daß es unmöglich ist, das Tao direkt zu fassen, sondern daß es in den Formen und Mustern zu suchen ist, die es hervorbringt, im Klappern der Schreibmaschine, im Tropfen des Wasserhahns und im Aprilwind, der die jungen Blätter bewegt.

In der Welt um uns, in all ihren Gestalten, in ihrer Schönheit und in ihrer Häßlichkeit, können wir den Weg finden. Aber nicht nur dort, das Tao ist auch in uns. Die Menschheit ist nicht von der Natur getrennt, sondern in sie integriert. Sie ist aus demselben ursprünglich undifferenzierten Anfang hervorgegangen und hat sich nach ähnlichen Gesetzen entwickelt. Das trifft für das Bewußtsein des Menschen wie für seinen physischen Körper zu. So wie die Evolution der Welt ein Prozeß von zunehmender Unterscheidung und Verfeinerung ist, ausgehend von einem amorphen, chaotischen und unbegreiflichen Ursprung, ist es auch die Evolution des menschlichen Bewußtseins. Auch dieses begann mit einem Chaos, welches das Urchaos widerspiegelt, das der Schöpfung vorausging.

In ihren Schöpfungsmythen unterschieden die alten Chinesen nicht zwischen dem Persönlichen und dem Universellen, da sie eine Welt vor dem Entstehen des Selbst-Bewußtseins beschrieben, eine Welt, in der Kosmos und Psyche noch untrennbar eins waren. Freud schrieb, daß »ursprünglich das Ego alles einschließt, später trennt es die äußere Welt von sich selbst ab. Unser gegenwärtiges Ego-Empfinden ist daher nur ein zusammengeschrumpfter Rest eines sehr viel umfassenderen – tatsächlich all-umfassenden Gefühls, das einer wesentlich engeren Verbundenheit des Ego mit seiner Umwelt entsprach.«[10]

Erich Neumann, ein jungscher Psychologe, diskutierte dieses Stadium der Geschichte des Menschen in seiner Studie über die Ursprünge des Bewußtseins: »Die Psyche ist nicht für die Welt offen, sie ist identisch mit der Welt und von ihr nicht unterschieden; sie weiß sich selbst als Welt und in der Welt, sie erfährt ihr eigenes Werden als das Werden einer Welt, ihre eigenen Bilder als den Sternenhimmel und ihre eigenen Inhalte als die welterschaffenden Götter.«[11]

Bis zum Auftreten des individuellen Bewußtseins kann zwischen dem Entstehen der Welt und dem Entstehen der menschlichen Psyche nicht unterschieden werden. Das eine ist mit dem anderen identisch. Sie sind in einer Einheit zusammengefaßt, die die alten Chinesen mit dem *Wu-chi*-Symbol ausdrückten und die die moderne analytische Psychologie als das Uroboros-Stadium der menschlichen Entwicklung bezeichnet. Der Uroboros, das Bild der sich selbst in den Schwanz beißenden Schlange, kommt aus dem alten Ägypten, wo es beschrieben wurde als das, was »tötet, sich verbindet und sich selbst befruchtet . . . Mann und Frau, zeugend und empfangend, verschlingend und gebärend, aktiv und passiv, oben und unten zugleich«.[12]

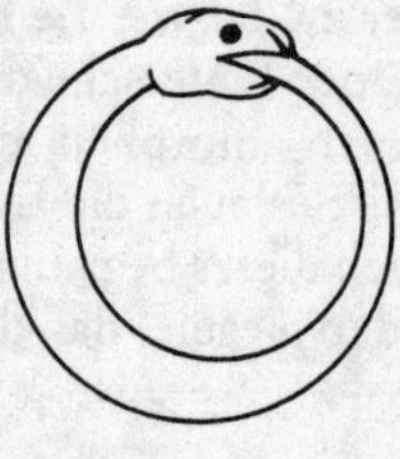

Der Uroboros repräsentiert das kollektive Unbewußte, die Unendlichkeit und das Chaos, wo alles Leben beginnt. Es drückt gleichzeitig das infantile Stadium des Kindes und das infantile Stadium der Menschheit aus, ein Stadium vor der Geburt des maskulinen und femininen Prinzips, des Yin und Yang. In ihm verharren das Männliche und Weibliche noch in inzestuöser Umarmung.

Da sowohl der Uroboros wie das *Wu-chi* ein vor-bewußtes Stadium ausdrücken, ist es nicht einfach, ihre Bedeutung zu erfühlen, aber es ist nicht unmöglich. Ich erinnere mich an einen solchen Moment, als ich mich mit einem drei Tage alten Säugling allein in einem Raum befand. Zuerst war ich vollständig mit dem Gedanken beschäftigt, ob er sich auch wohl fühlte. Dann kamen in schneller Folge Gedanken über meine Gefühle für Säuglinge im allgemeinen, Erinnerungen an meine eigene Tochter als Säugling und Gedanken über mich selbst als Mutter. Nach einigen Momenten schob ich all diese ziellosen Gedanken und Gefühle zur Seite, um mich auf das Kind zu konzentrieren, dessen Wärme ich langsam durch meine Strickjacke zu spüren begann. Ich betrachtete die Hautfalten unter seinem Kinn und die langen, dünnen Finger und Zehen. Ich fühlte seine gepuderte Haut und roch den Geruch Neugeborener und langsam, fast unwahrnehmbar, erfuhr ich mich nicht mehr als eine Frau mit einem Kind im Arm; die beiden waren zu einer Einheit geworden. Mein »Ich« hatte sich zu einem »Wir« erweitert, das den Säugling einbezog und auch, auf geheimnisvolle Weise, die ganze Welt.

In solchen kurzen Momenten, in denen ich meine getrennte Identität aufgeben konnte, verschwanden die Begriffe und Wertvorstellungen der Welt und wichen dem Gefühl ungeheuren Friedens und ungeheurer Kraft. In einem wichtigen Sinn sind Erfahrungen dieser Art nicht vergleichbar mit dem vor-bewußten Paradies der frühen Taoisten, eben weil sie bewußt sind. Aber eine Aufgabe des individuellen Bewußtseins und eine Identifikation mit der Welt eines Neugeborenen kann Erinnerungen an den Urzustand vor der Geburt des menschlichen Bewußtseins hervorrufen. Die Taoisten benutzen häufig den Vergleich mit dem neugeborenen Kind, wenn sie die Kraft der Einswerdung mit dem Tao beschreiben:

Der wirklich Tugendhafte gleicht dem neugeborenen Kind;
Giftige Schlangen stechen es nicht,
Reißende Tiere packen es nicht,
Raubvögel stoßen nicht nach ihm.
Seine Knochen sind schwach,
Seine Sehnen sind weich und doch ist sein Zugriff fest.
Wie Mann und Frau sich vereinen
Weiß es noch nicht, und doch
Regt sich sein Glied,
Denn seine Männlichkeit ist auf dem Höhepunkt.[13]

Wenn man sie wörtlich versteht, ist diese Textstelle natürlich absurd; schreckliche Dinge können Neugeborenen zustoßen. Aber in einem anderen Sinn ist es wahr, daß sie beschützt sind, nicht vor Krankheiten oder Unfällen, aber vor den Kämpfen und Schmerzen, ein Individuum zu sein. Ihre Kraft kommt daher, daß sie unbewußt sind, aufgehoben in und eins mit der Welt, statt abgetrennte Glieder der Welt zu sein. Für einige Stunden oder Tage nach der Geburt können sie ohne die Qualen des Bewußtseins leben; vollkommen frei atmen, essen und dasein. Das macht sie so anziehend, so unheimlich. Sie sind zwar nicht frei von körperlichen Spannungen, aber ihr Bewußtsein hat noch nicht erfaßt, was in ihren Körpern vorgeht, und sie leben noch in einer Art paradiesischem Goldenen Zeitalter. Diejenigen, die diese Erfahrung mit einem kleinen Kind oder auf andere Weise gemacht haben – und sei es auch nur für einen Moment –, werden es nicht schwierig finden, die Nostalgie der alten Taoisten zu verstehen, wenn sie auf die Morgendämmerung der Menschheit zurückblickten und sich nach ihrem vor-bewußten Frieden sehnten. Die Welt, die sie beschrieben, ist, wie die folgenden drei Textstellen von Chuang-tzu illustrieren, eine Welt ohne Tod, Krankheit, widernatürliche Gesetze, Moral oder Unmoral, eine Welt, in der alles spontan in natürlicher Harmonie mit allem anderen abläuft, frei von Angst und Zwietracht:

Im Goldenen Zeitalter wurden die guten Menschen nicht hochgeschätzt; Tugend war nichts Besonderes. Die Herrscher waren bloße Vorbilder, während das Volk frei war, wie die Tiere der

Wildnis. Sie waren rechtschaffen, ohne die Pflicht gegen den Nächsten zu kennen. Sie liebten einander, ohne von Nächstenliebe zu wissen. Sie waren treu, ohne Treue zu kennen. Sie waren ehrlich, ohne von Treu und Glauben zu wissen. Sie handelten frei in allen Dingen, ohne Verpflichtungen gegenüber irgend jemand anzuerkennen. Folglich hinterließen ihre Taten keine Spuren; die Folgen ihrer Handlungen vererbten sich nicht auf die Nachwelt.[14]

In jenen Tagen, als die natürlichen Instinkte vorherrschten, hatten die Menschen ruhige Bewegungen und einen festen Blick. Zu dieser Zeit gab es keine Straßen über die Berge, keine Schiffe und keine Brücken über das Wasser. Alle Dinge wurden hervorgebracht, jedes für seinen ihm gemäßen Bereich. Vögel und wilde Tiere vermehrten sich; Bäume und Büsche gediehen. Die wilden Tiere ließen sich noch an der Hand führen, man konnte auf Bäume klettern und den Raben ins Nest schauen. Denn damals lebten die Menschen mit den Vögeln und Tieren zusammen, und die ganze Schöpfung war eins. Es gab nicht den Unterschied zwischen guten und bösen Menschen. Alle waren gleichermaßen ohne Wissen, und so konnte ihre Tugend nicht irregehen. Da sie alle gleichermaßen frei von Begierden waren, waren sie im Stande natürlicher Integrität, der Vollkommenheit menschlicher Existenz.[15]

Die Menschen des höchsten Altertums erfreuten sich ihr ganzes Leben lang vollkommenen Friedens. Zu jener Zeit waren das positive und das negative Prinzip (Yang und Yin) in stillem Einklang; Geister und Götter störten nicht; die Jahreszeiten hatten ihre Ordnung; alle Wesen blieben ohne Verletzung, und die Lebenden kannten keinen vorzeitigen Tod; die Menschen hatten wohl Wissen, aber keine Gelegenheit, es zu gebrauchen: das war die höchste Einheit.[16]

Ob solch ein irdisches Paradies jemals wirklich existierte, ist nicht leicht auszumachen. Es liegt zu lange zurück, und da es keine Artefakte und keine schriftlichen Aufzeichnungen kannte, ist diese Zeit den Mitteln unserer Historiker und Archäologen unzugänglich. Zusammen mit einer Menge anderer Theorien und Spekulationen über die Uranfänge der Menschheit kann diese Vorstellung erst nach der Entwicklung noch feinerer Methoden der wissenschaftlichen Forschung untersucht werden. Aber die Erzählungen vom Paradies müssen deshalb nicht solange beiseite gelegt werden. Über die Frage hinaus, ob es sich dabei um sozio-ökonomische oder politische Tatsache oder Erfindung handelt, haben sie einen Wert für das Studium der Evolution des menschlichen Bewußtseins.

Die chinesischen Mythen schreiben den Frieden und die natürliche Harmonie des Goldenen Zeitalters der Unschuld der Zeitgenossen zu. Das Volk wußte nichts von Gut und Böse, von Pflichten und Verpflichtungen. Es war ein Zustand »natürlicher Integrität«, in welchem die primitive Menschheit »vollkommenen Frieden das ganze Leben hindurch« genoß. Außerdem war es das Zeitalter, in dem Yin und Yang noch friedlich vereint waren, ein Zeitalter ohne Wissen von dem Unterschied der Geschlechter. Diese Beschreibungen des chinesischen Paradieses ähneln verblüffend der jüdisch-christlichen Geschichte vom Garten Eden, in dem Adam und Eva in Frieden lebten, solange sie das ausdrückliche Verbot des Herrn befolgten, nicht die Früchte vom Baum der Erkenntnis, der in der Mitte des Gartens stand, zu essen oder zu berühren. Aber eines Tages erklärte die Schlange Eva, warum Gott ihnen verboten hatte, diese Früchte zu essen: »Gott weiß, daß, welches Tages ihr davon esset, so werden eure Augen aufgetan, und ihr werdet sein wie Gott und wissen, was gut und böse ist.«[17] Da erwies sich das Verlangen nach Weisheit als unwiderstehlich. Sie aß die Frucht und überredete auch Adam, ihr in die neue Welt des Bewußtseins zu folgen. Bis zu dem Moment waren sie nackt und wußten nichts von ihrer Nacktheit, aber nun erkannten sie sie und bedeckten sich hastig. Indem sie die Frucht aßen, trennten sie sich von ihrer vor-bewußten Identität mit dem höchsten Prinzip. Sie verloren ihre instinktive Verständigung mit Gott und gewannen die Freiheit der Wahl und die Fähigkeit zu verstehen. Sie fielen aus dem Zustand der Unschuld und instinktiven Vollkommenheit in eine Welt von Gut und Böse.

Solche Erkenntnis ist teuer erkauft. Frieden und natürliche Ordnung waren im Paradies möglich, eben weil es kein Bewußtsein gab. Mit ihrem Austritt löste sich die Menschheit selbst ein wenig vom Kosmos und begann den langen, schweren und qualvollen Kampf um Bewußtwerdung und Verstehen. Evas Ungehorsam wurde als die Einführung des Bösen und der Zwietracht in die Welt verdammt, aber sie ermöglichte auch die Freiheit. Die Geburt des Bewußtseins ist der Fluch und der Sieg der Menschheit.

Die Christen neigten dazu, Eva zu verdammen, während sie sich der Privilegien, die ihre Tat mit sich brachte, gerne bedienten. Die alten Chinesen waren in dieser Hinsicht geteilter Meinung; es gab diejenigen, die die Geburt des Bewußtseins schätzten, und solche, die, wie einige der frühen Taoisten, den Wert der Erkenntnis gering schätzten und sich statt dessen darum bemühten, die Freuden des Goldenen Zeitalters wiederzuerlangen. Sie betonten die Notwendigkeit, das Bewußtsein auszuschalten, als Voraussetzung für die Entdekkung des Tao. Lao-tzu sagt:

Wer um Gelehrtheit sich bemüht,
Weiß mehr von Tag zu Tag;
Wer um das Tao sich bemüht,
Macht weniger an jedem Tag,
Macht weniger und weniger,
Bis er dann schließlich nicht mehr macht.
Wenn man gar nicht mehr macht,
Bleibt gar nichts ungemacht.[18]

Und an einer anderen Stelle sagt der Weise:

Schließe deine Öffnungen,
Mach deine Pforten zu,
Stumpf deine Schärfe ab
Und löse deine Knoten.
Mildere deinen Glanz
Und lasse deine Räder
In eingefahrenen Spuren laufen –
Das nennt man die geheimnisvolle Gleichheit.
Dann kannst du ihm nicht nahekommen,
Noch kannst du dich ihm fernhalten;
Du kannst es nicht fördern,
Noch kannst du ihm schaden;
Du kannst es nicht verherrlichen,
Noch kannst du es erniedrigen.[19]

Andere taoistische Texte sind realistischer. Sie erkennen an, daß die Suche nach dem Tao nicht durch die Verleugnung des Bewußtseins unternommen werden kann, sondern nur durch seine Entwicklung und Verfeinerung. Es waren die Konfuzianer, die am klarsten zu verstehen schienen, daß das menschliche Bewußtsein nicht nur für die Entfernung von der Einheit mit dem Tao verantwortlich ist, sondern auch, paradoxerweise, den einzigen Weg zu einem neuen Paradies weist. Sie erkannten, daß der menschliche Geist nicht von dem Gesetz der Schöpfung abgetrennt ist, sondern seine mikrokosmische Entsprechung darstellt. Der große neukonfuzianistische Philosoph Chu Hsi versuchte, diese Auffassung durch das Bild vom Mondlicht zu erklären:

> Die Beziehung zwischen dem Großen Unbedingten im Universum und dem Großen Unbedingten in jedem Individuum ist nicht die des Ganzen zu einem Teil, sondern mit dem Mondlicht, das die Dinge bescheint, zu vergleichen. Jedes Objekt hat sein eigenes Mondlicht, aber dieses Mondlicht ist das Mondlicht als Ganzes.[20]

Nach Chu Hsi wurden alle Dinge, kosmische und individuelle, einschließlich dem menschlichen Bewußtsein, durch das Zusammenspiel von Yin und Yang erzeugt, der ursprünglichen Polarität, die sich aus dem Tao entwickelte. Nichts kann in die Existenz treten, weder Stein noch Pflanze, weder Tier noch menschliches Bewußtsein, ohne das Wirken dieser beiden kosmischen Prinzipien:

> Das Prinzip des Geistes ist das Große Unbedingte. Aktivität und Ruhe des Geistes sind Yin und Yang. Der Geist an sich hat kein Gegenteil. Frage: Wird Bewußtsein zu dem, was es ist, aufgrund der Intelligenz des Geistes oder aufgrund materieller Kräfte?* Antwort: Nicht durch materielle Kräfte allein. (Bevor materielle Kraft existierte,) gab es schon das Prinzip des Bewußtseins. Aber in diesem Stadium bringt das Prinzip kein Bewußtsein hervor. Erst wenn es sich mit materieller Kraft vereinigt, ist Bewußtsein

* *Ch'i,* »Kraft« oder auch »Lebensenergie«. Mit diesem Begriff wurden Yin und Yang bezeichnet.

möglich. Nimm, zum Beispiel, die Flamme dieser Kerze. Sie leuchtet so hell, weil sie durch diesen Talg gespeist wird.

Frage: Ist das, was aus dem Geist ausstrahlt, materielle Kraft?

Antwort: Nein, das ist einfach Bewußtsein.

Frage: Geist ist Bewußtsein und das Wesen ist Prinzip. Wie durchdringen sich Geist und Prinzip gegenseitig und werden eins?

Antwort: Sie brauchen keine Bewegung, um sich zu durchdringen. Von Anfang an durchdringen sie sich.[21]

Chu Hsi erklärt, daß Bewußtsein im Prinzip von Anfang an existierte, aber daß es, wie die übrige Schöpfung, erst durch das Zusammenspiel von Yin und Yang, die Ur-Polarität, in die Existenz treten konnte. Wie das Zusammenspiel dieser beiden Prinzipien die Vorbedingung für die menschliche Erfahrung des Tao war, so verschleierte es auch das Wesen des höchsten Prinzips. Die Polarität von Yin und Yang erzeugt Bewußtsein, aber sie beschränkt es auch. Nur wenn Yin und Yang sich in vollkommener Harmonie befinden, kann das Tao getreu widergespiegelt werden. Da dieses Stadium schwer zu erreichen ist, sind die meisten Dinge und die meisten Menschen in mehr oder weniger hohem Maße unausgeglichen und folglich unwissend. Chu Hsi vergleicht das Wesen des Menschen mit einer kostbaren, im Wasser liegenden Perle:

Bei einem Weisen ist das Wasser klar und sauber, und die Perle schimmert in all ihrer Lieblichkeit. Bei den meisten Menschen ist das Wasser aufgewühlt und schmutzig, und die Perle kann kaum gesehen oder ihre Schönheit erkannt werden.[22]

Wenn das Große Unbedingte zu wirken beginnt, nehmen die beiden materiellen Kräfte (Yin und Yang, passive und aktive kosmische Kräfte) physische Gestalt an und die unzähligen Erscheinungsformen werden erzeugt. Sowohl die Menschen als auch die Dinge haben hier ihren Ursprung. In dieser Hinsicht sind sie ähnlich. Aber die beiden ursprünglichen materiellen Kräfte und die Fünf Elemente[23], indem sie verschmelzen und sich vermischen, in ihrem Zusammenspiel und gegenseitiger Beeinflussung, bringen unzählige Verwandlungen und Ungleichheiten hervor. In dieser Hinsicht sind sie voneinander verschieden.[24]

Nur wenn das Yin und das Yang in Harmonie sind, kann ein Mensch die Eigenschaften der Ausgeglichenheit und Geradheit haben und ein Weiser werden.[25]

Ohne die dynamische Interaktion von Yin und Yang gibt es keine Schöpfung und kein Bewußtsein. Die geschlechtliche Polarität ist nicht nur für die physische Zeugung sondern auch für die Entstehung von Dingen und Ideen grundlegend wichtig. Nur das Auseinandertreten und Wieder-Zusammentreffen dieser beiden Ur-Prinzipien kann die notwendige Energie für das Bewußtsein und die Schöpfung hervorbringen, und nur ihre Harmonie kann ein bewußtes Begreifen des Tao zustande bringen. Nur dann ist eine Entdeckung in Freiheit der ursprünglichen, vorbewußten Ganzheit und Unsterblichkeit möglich. Die Beziehung zwischen Yin und Yang und dem Tao wird durch den berühmten Yin-Yang-Kreis symbolisiert, der die beiden Prinzipien als polare Manifestationen des Tao darstellt:

Alle, die bewußt das Paradies entdecken wollen, dessen sie sich in vorbewußten Zeiten erfreuten, müssen sich der Aufgabe unterziehen, das maskuline und feminine Prinzip in ihrer eigenen Psyche zu entdecken und zwischen beiden Harmonie zu schaffen. Wenn es stimmt, daß Bewußtsein von dem Zusammenspiel von Yin und Yang abhängt, dann könnte man fragen, wie es denn möglich ist, diese beiden Prinzipien zu harmonisieren, ohne das Bewußtsein zu negieren? Solch eine Frage entsteht jedoch aus einem Mißverständnis der Vorstellung von der »Harmonie«. Darunter ist nicht ein allgemeines Verwischen aller Unterschiede zu verstehen, ein Verschmelzen von Zweien in Eins, in dem das Wesen beider Seiten zu opfern wäre. (Das könnte eine korrekte Interpretation dessen sein, was in manchen Teilen des *Tao Te Ching* befürwortet wird, aber es ist bestimmt nicht das, was Chu Hsi im Sinne hatte.) Im Gegenteil, Harmonie bedeutet die Kombination der verschiedenen Teile zu einem ästhetisch befriedigenden Ganzen, nicht die Negierung der einzelnen Teile in einem Einheitsbrei. Die Harmonie zwischen dem femininen und maskulinen Prinzip, die Chu Hsi als Weg zur Weisheit empfiehlt, ist ein Weg, der die Getrenntheit ihres Wesens als Vorbedingung für ihre Beziehung und Vereinigung anerkennt. Was das bedeutet und wie sich das im menschlichen Bewußtsein entwickelt, ist das Hauptthema dieses Buches.

Das Goldene Zeitalter war nicht in dem Sinne harmonisch, wie ich den Begriff eben definiert habe. Es war chaotisch, damals waren Yin und Yang noch undifferenziert. Der Fortschritt vom Chaos zur Ordnung ist das Muster der Evolution des Bewußtseins. So betrachtet, erscheint dieser Fortschritt ohne Zweifel vorteilhaft. Aber Schöpfung, sei es des Bewußtseins, sei es der sichtbaren Welt, ist vom Tod abhängig. Differenzierung wurde unter Verlust der undifferenzierten Einheit geboren. Die Idee der Schöpfung als dem Sterben des ursprünglichen menschlichen Wesens, Gottes oder des göttlichen Prinzips, ist in vielen verschiedenen Mythologien enthalten. Hier der alte germanische Mythos von Ymir:

> Aus Ymirs Fleisch wurde die Welt erschaffen;
> Aus seinem Blut die Wellen des Meeres;
> Aus seinen Knochen die Berge, die Bäume aus seinem Haar;
> Der Himmelsraum aus seinem Schädel.
> Aus seinen Brauen die heiteren Kräfte,
> Liebliche Gärten für die Menschen.
> Aus seinem Gehirn die düsteren Wolken,
> Die sich am Himmel formen.[26]

Die chinesische Tradition kennt eine ähnliche Erzählung in der volkstümlichen Geschichte von P'an Ku. Geboren aus der ursprünglichen Yin-Yang-Polarität, wuchs dieser vorzeitliche Riese 18 000 Jahre lang jeden Tag 10 Fuß und schob die Himmel von der Erde weg. Als er starb, wurden die verschiedenen

Teile seines Körpers in unsere Welt umgewandelt. Sein Atem wurde der Wind und die Wolken, seine Stimme der Donner und sein Schweiß der Regen. Sein linkes Auge wurde die Sonne und sein rechtes Auge der Mond. Aus seinem Körper entsprangen die hohen Berge. Sein Blut und seine Körpersäfte wurden die Flüsse und Seen, sein Nerven- und Adernsystem wurden die Gesteinsschichten. Die Felder waren die Umwandlung seines Fleisches, und die Sterne und Planeten entstanden aus seinem Haupthaar. Metalle und Steine entstanden aus seinen Zähnen und Knochen. Sein Samen wurde zu Perlen, und sein Knochenmark verwandelte sich in Jade. Die menschliche Rasse entwickelte sich aus den Flöhen auf seinem Körper.

Dieser kosmische Heldentod wird gewöhnlich mit einem Wohlwollen betrachtet, das über seinen Nachteil hinwegtäuscht. Aber die frühen Taoisten beurteilten, wie wir gesehen haben, die Schöpfung weniger vorteilhaft. Die folgende Geschichte von Chuang-tzu schildert den Vorfall in entschieden weniger schwärmerischen Worten. Zwei Wesen, »Achtlos« und »Eilig«, trafen sich oft in der Mitte des »Unbewußten-Chaos«. Unbewußtes-Chaos war immer sehr freundlich zu ihnen. Achtlos und Eilig überlegten nun, wie sie dem Unbewußten-Chaos seine Freundlichkeit vergelten könnten. Sie sagten sich: Alle menschlichen Wesen haben sieben Öffnungen, so daß sie sehen, hören, essen und atmen können, aber er hat keine solche Öffnungen. Wir wollen versuchen, ihm diese Öffnungen zu machen. Jeden Tag bohrten sie ein Loch in Unbewußtes-Chaos, und am 7. Tag war er tot.[27]

Der Tod des Unbewußten-Chaos oder Vor-Bewußtseins ist der Preis für die Freiheit des Denkens, des Verstehens und der Erfahrung des Selbst als unabhängigem Individuum. Die Schöpfungsgeschichten, die Symbole und die Erzählungen vom Paradies der alten Chinesen sind mehr als nur nostalgische Erinnerungen an ein Goldenes Zeitalter, Nachrufe für eine vergangene Zeit. Sie erinnern auch an das Ziel des Strebens der menschlichen Psyche. Die Zerstückelung von P'an Ku, der Tod des Urchaos sind die Vorbedingungen für das Bewußtsein, denn Verstehen ist in gewissen Situationen von Zerteilung und Unterscheidung abhängig. Aber die Evolution des Bewußtseins führt schließlich zu psychischer Integrität, zum Ganz-Werden, der Heilung des geteilten Selbst. Das Ringen um die Verwirklichung einer bewußten Harmonie zwischen Yin und Yang, die Suche nach Androgynie, läßt sich also als der Weg verstehen, eine alte Schuld wiedergutzumachen. Indem sie unsere Vergangenheit beschreiben, geben die Mythen vom Goldenen Zeitalter uns ein Bild unserer Zukunft. Aber sie unterstreichen auch die unumgängliche Tatsache, daß jede Geburt Tod zur Folge hat, jede Umwandlung Sterben bedeutet. Das trifft auf die Evolution des Bewußtseins ebenso zu wie für die physikalische Welt.

Das Ringen um Androgynie ist eine Forschungs- und Entdeckungsreise – nicht weniger kühn als die mutigen Reisen des Entdeckers Cheng Ho im 15. Jahrhundert[28] oder die Entdeckungsfahrten von Vasco da Gama, Magellan und Columbus –, die ein klares Verständnis des maskulinen und femininen Prinzips erfordert. Dieses Kapitel hat den Ursprung der beiden Prinzipien beschrieben, hat ihre Rolle bei der Entwicklung des menschlichen Bewußtseins angedeutet und behauptet, daß sie erst klar unterschieden werden müssen, bevor sie in der Psyche des einzelnen harmonisiert werden können. Die folgenden vier Kapitel werden die Evolution und das Wesen dieser beiden primären Prinzipien im chinesischen Bewußtsein erforschen.

2. Die jungfräuliche Geburt von Yin und Yang

> Am Anfang gab es noch keine moralische und soziale Ordnung. Die Menschen kannten nur ihre Mütter, nicht ihre Väter. Wenn sie hungrig waren, suchten sie sich Nahrung, wenn sie satt waren, warfen sie die Reste weg. Sie verschlangen ihre Nahrung mit Haut und Haaren, tranken das Blut und kleideten sich in Häute und Gräser. Dann kam Fu Hsi und schaute nach oben und kontemplierte die Bilder im Himmel und sah nach unten und betrachtete die Verhältnisse auf der Erde. Er vereinigte Mann und Frau, regelte die fünf Stadien der Wandlungen und legte die Gesetze der Menschheit fest. Er entwarf die acht Trigramme, um die Herrschaft über die Welt zu erlangen.[1]

Die Chinesen schreiben den Beginn der Zivilisation den Männern zu. Es sind die legendären Kaiser des dritten und vierten Jahrtausends vor Christus, Fu Hsi, Shen Nung und Huang Ti, denen die Verdienste um die Einrichtung der Landwirtschaft, der Medizin, der Philosophie, der Gesetze und sozialen Einrichtungen für das chinesische Volk zugeschrieben werden. Auch in der westlichen Kultur wird oft angenommen, daß die Zeiten, als »die Menschen nur ihre Mütter kannten«, gleichbedeutend mit Barbarei waren, aber jüngere archäologische Entdeckungen stellen diese männliche Vorstellung ernsthaft in Frage. Es scheint nun möglich, daß man sich die Zivilisation ursprünglich nicht als das Geschenk eines Gottes oder mehrerer Götter vorgestellt hat, sondern als Gabe einer Göttin. Wenn sich die Regeln der Gesellschaft, die sie beherrschte, wahrscheinlich auch von denen späterer patriarchalischer Kulturen sehr unterschieden, so verliert doch die Annahme, daß die Unterschiede zwischen beiden Gesellschaftsformen denen zwischen Barbarei und Zivilisation entsprechen, in zunehmendem Maße an Glaubwürdigkeit.

Einige schlagende Beweise für diese neue Ansicht lieferten die archäologischen Arbeiten von James Mellaart in den alten Siedlungen in Anatolien. In seinem Buch *Çatal Hüyük* beschreibt er die Zivilisation, die dort im 7. Jahrtausend vor Christus blühte. »Über tausend Jahre hatte es dort keinen Krieg gegeben. Man hatte ein geordnetes Gesellschaftssystem und kannte weder Menschen- noch Tieropfer. Die Ernährung war vorwiegend vegetarisch; Haustiere wurden wegen der Milch und der Wolle gehalten, nicht wegen des Fleisches. Es gibt keine Beweise für gewaltsame Tode ... Vor allem, die oberste Gottheit in allen Tempeln war eine Göttin.«[2]

Merlin Stone bestätigt: »Die jüngsten Entdeckungen lassen vermuten, daß das Beispiel von Anatolien damals keine kulturelle Besonderheit darstellte, sondern die Norm. Es gibt nun ausreichende Beweise von anderen Ausgrabungsstätten, die annehmen lassen, daß Teile des Nahen und Mittleren Ostens, wie Teile von Europa, Asien und Amerika, einstmals von der Großen Göttin dominiert waren.«[3]

Die Annahme, daß das Patriarchat (die Vorherrschaft des Mannes) nicht immer die menschliche Gesellschaft geprägt hat, sondern einer Zeit des Matriarchats folgte, wurde von J. J. Bachofen im 19. Jahrhundert ausgesprochen und von Robert Briffault in seiner dreiteiligen Studie *The Mothers* zu Anfang dieses Jahrhunderts wiederholt. Diese richtungweisenden Studien werden in den zeitgenössischen Beiträgen zu diesem Thema häufig zitiert (zum Beispiel in Elizabeth Gould Davis, *The First Sex*, und Evelyn Reed, *The Evolution of Woman*). Briffault versuchte zu zeigen, daß das sozialisierende Element in der menschlichen Geschichte das Walten der mütterlichen Instinkte für Schwangerschaft, Geburt, Ernährung und Erziehung der Kinder war. Die echten sozialen Bindungen entwickelten sich aus der natürlichen biologischen Dominanz der Frau über die Gesellschaft, welche sie beschützte und für die sie sorgte. Ihre Autorität war »organisch«, gewachsen aus einer natürlichen Verehrung ihrer »Stärke« und einer freiwilligen Anerkennung ihrer Dominanz. Diese war nicht eine von Frauen eingerichtete und gewaltsam behauptete Herrschaft über die Männer, wie die Männer sie im Patriarchat über die Frauen errichteten. Diese »organische« matriarchalische Gesellschaft endete, nach Briffault, als die Männer, die individualistisch und aggressiv sind, gegen sie revoltierten.

Die wichtigste Begründung von Briffaults Argumenten und denen anderer, die versuchten, die Existenz matriarchalischer Gesellschaften zu beweisen,[4] ist der sozialisierende Effekt der mütterlichen Instinkte. Aber genau diese mütterlichen Instinkte wurden auch als Argument benutzt, das Gegenteil zu beweisen. Zum Beispiel bestreiten sowohl Simone de Beauvoir *(Das andere Geschlecht)* als auch Shulamith Firestone *(Dialectic of Sex)* die Existenz matriarchalischer Gesellschaften und behaupten, daß die mütterliche Funktion der Frau gerade die Wurzel ihrer Unterdrückung sei. Somit wirft die Debatte über die Existenz oder Nichtexistenz matriarchalischer Systeme weiterhin interessante Fragen und Ideen auf, lieferte aber bisher keine endgültigen Antworten oder Ergebnisse.

Ich möchte nicht direkt in die Debatte eingreifen, indem ich über die Existenz des chinesischen Matriarchats diskutiere, weil das bei der derzeit geringen Anzahl der Beweise eine fast unmögliche Aufgabe wäre. Zu Beginn dieses Jahrhunderts bemerkte Briffault, daß »China vielleicht von allen Ländern dasjenige ist, wo das patriarchalische Prinzip am stärksten herrscht und wo die Unterwerfung der Frau und ihre totale Ausschaltung aus dem öffentlichen Leben am vollständigsten ist. Es ist auch das Land, wo, wie allgemein angenommen wird, Anhaltspunkte für eine frühere matriarchalische Gesellschaftsform fast vollständig fehlen.«[5] Meine Absicht ist vielmehr, darauf hinzuweisen, daß ein Lesen der frühesten chinesischen Mythen und literarischen Zeugnisse auf ein ganz anderes *Bewußtsein* schließen läßt, als das Bewußtsein, welches die Grundlagen des chinesischen Kaiserreichs darstellte. Dem jungschen Psychiater Erich Neumann folgend, habe ich dieses chinesische Bewußtsein »matriarchalisch« genannt, weil, wie wir sehen werden, seine wesentlichsten Symbole mit der Mutter assoziiert sind.[6] In seinem Essay *On the Moon and Matriarchal Consciousness* schrieb Neumann:

> Matriarchat und Patriarchat sind psychische Stadien, die durch verschiedene Entwicklungen des Bewußten und Unbewußten charakterisiert werden und besonders durch verschiedene Einstellungen des einen zum anderen charakterisiert werden. Matriarchat

bezeichnet nicht nur die Dominanz des Archetypus der Großen Mutter, sondern eine allgemeine psychische Situation, in der das Unbewußte (und das Weibliche) dominieren und das Bewußtsein (und das Männliche) noch nicht sein Selbstvertrauen und seine Unabhängigkeit gefunden hat.

»Maskulin« und »Feminin« sind hier symbolische Größen, nicht zu verwechseln mit dem Mann und der Frau als Träger spezifischer Geschlechtsmerkmale. In diesem Sinne kann ein psychologisches Stadium, eine Religion, eine Neurose und ein Entwicklungsabschnitt des Bewußtseins »matriarchalisch« genannt werden, und patriarchalisch meint nicht die soziologische Herrschaft des Mannes, sondern die Dominanz des männlichen Bewußtseins, welches die Trennung von Bewußtsein und Unbewußtem herbeiführt und eine relativ feste Position im Gegensatz zum und unabhängig vom Unbewußten bezieht. Aus diesem Grund müssen die heutigen Frauen durch alle Entwicklungsstadien hindurchgehen, die zur Bildung des patriarchalen Bewußtseins führen, das im Bewußtsein der westlichen Kulturen heute als selbstverständlich gilt und die patriarchalischen Kulturen dominiert.[7]

Dieses Kapitel wird das matriarchalische Bewußtsein in China und seine schrittweise Eroberung durch das Patriarchat untersuchen, um das Verständnis für das Auftauchen des weiblichen und männlichen Prinzips im Denken und die Untersuchung der Vor- und Nachteile dieser Entwicklung für die menschliche Verständigung und Erfahrung vorzubereiten. Revolutionen des Bewußtseins können nicht auf die gleiche Weise datiert werden wie soziale, politische und ökonomische Revolutionen, da sie bei verschiedenen Individuen und Teilen der Gesellschaft zu verschiedenen Zeiten eintreten, so daß ältere Formen häufig neben den neuen existieren und neuere Entwicklungen sogar noch lange nach ihrem Entstehen in Frage stellen. In der folgenden Diskussion liegt der Schwerpunkt daher, mehr als auf einer bestimmten historischen Periode, auf dem Gegensatz und der Dynamik des Wandels zwischen zwei Stadien des Bewußtseins, Matriarchat und Patriarchat. Mythen, Legenden, archäologische Entdeckungen und Literatur wurden aus weit voneinander entfernten Perioden der chinesischen Geschichte und Prähistorie zusammengetragen, um ein Bild von der matriarchalischen Erfahrung und Auffassung vom Kosmos zu geben. Obwohl bestimmte wichtige Verbindungen zwischen dem Bewußtsein und der politischen Struktur ersichtlich werden, ist die Chronologie in diesem Buch in erster Linie psychologisch und nicht soziologisch zu verstehen.

Der Ausgangspunkt für diese Untersuchung des matriarchalischen Bewußtseins liegt nicht so sehr in der Archäologie, wie in der Psychologie. Allerdings ist es äußerst schwierig, wie Esther Harding in ihrer Studie über die Mythen der Göttin erklärte, wieder zu erfahren, welche Bedeutung ein Gott oder ein religiöses Symbol für die Menschen einer vergangenen Zeit hatte:

> Ein Symbol ist nämlich die Konkretisierung eines lebendigen Zeitgeistes oder eines Lebensgefühls, das noch nicht ganz erkannt oder verwirklicht ist. Solange dieser Zeitgeist lebt, versteht jeder seine Bedeutung und seine Macht, obwohl niemand ihn exakt definieren könnte ... Erst wenn der Kult eines Gottes bereits im Niedergang begriffen war, hielten manche Schriftsteller es für notwendig, in Texten einen »Wert« zu bewahren, der in Gefahr war, vollkommen verlorenzugehen.
>
> Folglich ist unser Wissen über die Große Mutter etwas dürftig ... Was schriftliche Quellen angeht, so gibt es gelegentliche Hinweise und Andeutungen in der Literatur der Perioden, in denen der Kult der Mondmutter blühte. Bestimmte Passagen kommen auch in jenen Schriften späterer Zeitabschnitte vor, die eine philosophische oder metaphysische Erklärung der alten Religionen geben ... Zusätzlich wurden uns einige rituelle Gesänge und Gebete an die Mutter überliefert und eine Menge von geheiligten Gegenständen und Bildern, deren Sinn rein verstandesmäßig betrachtet, nur dunkel erahnt werden kann. Aber wenn wir sie als Symbole betrachten, die sich statt auf historische, auf psychologische Fakten beziehen, leuchtet ihre innere Bedeutung oft in unmißverständlicher Klarheit auf.«[8]

Diese bruchstückhaften Relikte – die Mythen, Symbole und Bilder – von Kulturen der Großen Mutter mögen vollkommen unzureichend als Beweis oder Anhaltspunkt für die Existenz und die Art vorpatriarchalischer sozio-ökonomischer Strukturen sein, aber sie können sehr gut den psychologischen Stand oder die Bewußtseinsstufe illustrieren, welche sie hervorbrachte. Solch eine Interpretation geht grundsätzlich davon aus, daß wir unsere Götter und Göttinnen nach unserem eigenen Abbild machen und daß die Art und Weise, wie wir die Welt sehen und verstehen, zu einem beträchtlichen Ausmaß von der Art unseres eigenen Bewußtseins abhängt.

Dieser Gedanke ist nicht neu. Zum Beispiel hat die Atomphysik schon vor einiger Zeit die Untrennbarkeit von Frage und Antwort, Subjekt und Objekt in der wissenschaftlichen Forschung entdeckt. Heisenberg folgerte daraus, daß die sogenannten »objektiven« Beschreibungen der Wirklichkeit nicht mehr von der Wahrheit enthüllen als die Fragen, die sie hervorriefen. Mit anderen Worten, unsere wissenschaftlichen Kenntnisse sind eng begrenzt von den Grenzen unseres Bewußtseins, unsere Modelle des Universums sind Spiegelbilder unseres Geistes. In seinem Buch *Der kosmische Reigen* schreibt Fritjof Capra:

> Der entscheidende Zug der Atomphysik ist, daß der menschliche Beobachter nicht nur für die Beobachtung der Eigenschaften eines Objektes notwendig ist, sondern sogar, um diese Eigenschaften zu definieren. In der Atomphysik können wir nicht von den Eigenschaften eines Objekts als solchem sprechen. Sie sind nur im Zusammenhang mit der Wechselwirkung des Objektes mit dem Beobachter von Bedeutung. Mit Heisenbergs Worten: »Was wir beobachten, ist nicht die Natur selbst, sondern Natur, die unserer Art der Fragestellung ausgesetzt ist.« Der Beobachter entscheidet, wie er die Messungen aufstellt, und diese Anordnung entscheidet bis zu einem gewissen Grad die Eigenschaften des beobachteten Objekts. Wird die Versuchsanordnung verändert, ändern sich die Eigenschaften des beobachteten Objekts ebenfalls.[9]

Ohne Atomphysiker zu sein, können wir alle an einem einfachen Beispiel die Wirkung dieser Interdependenz zwischen Subjekt und Objekt, Frage und Antwort an den Zeichnungen und Erzählungen kleiner Kinder beobachten. Ihre ersten Zeichnungen bestehen oft aus einem kleinen Kreis, der auf einen größeren gesetzt ist, ein Arm ragt aus jeder Seite des Kopfes und zwei parallele Linien führen als Beine vom Körper zur Erde. Meistens schreibt man das Fehlen des Halses, der Ohren, Hände, Finger und Zehen ebenso wie die überraschendere Tatsache, daß die Arme eher aus dem Kopf als aus dem Körper kommen, der technischen Unfähigkeit der Kinder zu. Eine plausiblere Erklärung könnte jedoch sein, daß die Zeichnungen kleiner Kinder in erster Linie ein Abbild ihres Bewußtseins, nicht der »äußeren« Welt sind. Es ist sehr wahrscheinlich, daß dies auch auf die Erzählungen von kleinen Kindern zutrifft.

Die Gefühle, Muster und Begebenheiten, die sie beschreiben, scheinen Abbilder ihrer eigenen Gefühle und Erfahrungen zu sein. Das Bild der Welt, das sie entwerfen, ist auf mannigfaltige Weise das Bild ihrer eigenen Psyche. Als Erwachsene, die von einer anderen Ebene des Bewußtseins ausgehen, nehmen wir solchen kindlichen Zeichnungen und Geschichten von Ungeheuern und Feen gegenüber leicht eine herablassende Haltung ein, aber aus naheliegenden Gründen sind wir oft nicht besser befähigt als ein Kind, die Grenzen unserer eigenen Beschreibung der Wahrheit zu empfinden. Die Welt, die wir beschreiben, mag uns wirklicher und rationaler erscheinen als die des Kindes, aber es ist möglich, daß unsere mechanistische Beschreibung des Universums keine genauere Beschreibung ist als die kindliche Welt der Engel und Kobolde.

Wenn wir einmal die Vorstellung eines Universums akzeptieren, in dem Frage und Antwort, Beschreibung und Bewußtsein nicht getrennt werden können, scheint die Möglichkeit, irgendeine Erkenntnis der Wahrheit zu erreichen, mit erschreckender Geschwindigkeit in ein Niemandsland zu entschwinden. Aber glücklicherweise müssen die Konsequenzen dieses monistischen Modells des Universums nicht so düster sein, wie sie auf den ersten Blick erscheinen mögen. Wenn es stimmt, daß die Antworten, die wir erhalten, von den Fragen abhängen, die wir stellen, dann folgt daraus, daß wir unser Repertoire von Antworten durch die Erweiterung unseres Fragenrepertoires vergrößern können. Das kann nur geschehen, indem wir uns mit so vielen Ebenen des Bewußtseins vertraut machen, wie wir können, wenigstens vorübergehend die offensichtlichen Widersprüche und Paradoxien tolerieren, die diese verschiedenen Betrachtungsweisen hervorrufen. Ob dieser Pfad zum Wissen schließlich endlich oder unendlich ist, bleibt im Moment unbeantwortbar, aber es ist klar, daß er von einander ausschließenden, einzig möglichen Sichtweisen des Universums wegführt, die um die Alleingültigkeit streiten, hin zu einer multi-dimensionalen Perspektive. Ihn einzuschlagen bedeutet, sich von der herkömmlichen Struktur des menschlichen Denkens zu entfernen, die besonders im Westen durch eine Reihe von philosophischen Erklärungen der Realität charakterisiert war, welche alle ein Monopol auf die Wahrheit für sich in Anspruch nahmen.

Solche Einseitigkeit oder Engstirnigkeit mag oft von unschätzbarem Wert für das Auftauchen und die Entwicklung einer bestimmten Sichtweise sein. Aber zu gegebener Zeit, die für jeden Menschen verschieden ist, ist es notwendig zu beginnen, die Sichtweisen der Welt zu erforschen, die hinter den verschiedenen Beschreibungen stecken und die eher komplementär als grundsätzlich widersprüchlich sind. Wenn das eintritt, beginnen die früheren Formen des Bewußtseins einen Sinn und eine Bedeutung zu erreichen, die über das Historische hinausgehen: Sie zeigen uns dann nicht nur unsere Vergangenheit, sondern geben auch Auskunft über unsere Zukunft. Das Bewußtseinsstadium der Großen Mutter ist da keine Ausnahme, da es, wie Lao-tzu erkannte, der Anfang und das Ende der menschlichen Entwicklung ist:

Die Welt hatte einen Anfang,
Der dürfte sein die Mutter der Welt.
Wenn du die Mutter kennst,
Dann suche das Kind zu kennen.
Ist dir das Kind bekannt,
Geh zurück und halt dich an die Mutter,
Und bis zum Ende deiner Tage
Wirst du nicht in Gefahr geraten.[10]

Aber die Mutter kennenzulernen, ist ein schwieriges Unterfangen. Das Patriarchat hat Meisterarbeit geleistet, die Hinweise auf die Große Göttin zu verdunkeln und verschwinden zu lassen, und nirgends gründlicher als in China. Die konfuzianischen Bürokraten unterwarfen die alten chinesischen Klassiker über Jahrhunderte einer strengen Redaktion und Kommentierung. Sie verwarfen alle alten Mythen und Legenden, die nicht direkt ihre Weltanschauung unterstützten, als sinnlos oder irreführend. Nur Bruchstücke, wahrscheinlich aus weit auseinanderliegenden historischen Perioden und oft verwoben mit volkstümlichen Erzählungen, haben diesen doppelten Prozeß von Mißachtung und Zensur überlebt. Beweise für ein vorpatriarchalisches Bewußtsein in China sind deshalb schwach und wenig schlüssig. Wenn diese Fragmente jedoch im Vergleich mit den viel reicheren mythologischen und philosophischen Überresten anderer alter Kulturen untersucht werden, scheint es wahrscheinlich, daß auch China zu früherer Zeit von einem matriarchalischen Bewußtsein dominiert wurde.

Eine solche Folgerung oder auch nur Hypothese kann allerdings nicht nur aufgrund intellektueller Analyse oder quantitativer Beweise aufgestellt werden; die Untersuchung aller Ebenen des Bewußtseins erfordert sowohl den Einsatz des Gefühls wie des Intellekts, der Intuition wie der Logik. Sollen die Mythen ihre Geheimnisse preisgeben, dann muß man sich ihnen ohne Scheu mit allen Fähigkeiten nähern, nicht nur mit einem Teil der Person. Marie Louise von Franz unterstreicht diesen Punkt in ihrer Studie über die Schöpfungsmythen:

> In der Psychologie müssen wir ebenso mit den Gefühlen arbeiten, die den emotionalen Anteil des archetypischen Bildes berücksichtigen, wie mit seinen logischen Verbindungen zu anderen Bildern ... wir gehen wissenschaftlich vor, wenn wir damit arbeiten und unwissenschaftlich, wenn wir es unterlassen, weil wir, ohne die Emotionen einzubeziehen, nur intellektuelle Wortspiele betreiben, denn wegen des unbewußten Inhalts des Archetypus können wir uns ihm nicht nur intellektuell nähern.[11]

Darüber hinaus müssen wir an einem gewissen Punkt die verschiedenen Arten, die Welt zu sehen und zu erfahren, die sich in Mythen und Symbolen ausdrücken, in uns selbst entdekken, um sie verstehen zu können. So, wie es möglich ist, eine Sache zu wissen, oder die Wahrheit bestimmter Gefühle und Ideen anzunehmen, ohne sie zu begreifen, ist es unmöglich, sie wirklich zu kennen und zu verstehen, bevor wir eine persönliche Beziehung zu ihnen hergestellt haben, indem wir sie in unserer eigenen Psyche entdeckt haben.

Die Bilder einer Großen Göttin, die von Zeit zu Zeit in der Mythologie und Literatur des alten China auftauchen, erzählen von einem göttlichen Wesen, das über Leben und Tod, Werden und Vergehen herrschte. Sie erscheint in vielen Gestalten, als der Berg der Morgendämmerung, der die Antilopenform der Sonne hervorbringt, als Falke, Adler oder Mensch, oder als Ei, das den Sonnengott enthält. Die fünf heiligen Berge in China scheinen ursprünglich mit der Großen Göttin verbunden gewesen zu sein, deren Söhne die vier Himmelsrichtungen wurden.[12] Als Ursprung aller Schöpfung, der anorganischen, organischen, tierischen und menschlichen, wird sie durch den gigantischen Pfirsichbaum dargestellt, der, wie die Chinesen sagen, im Paradies auf den Kun-lun-Bergen in Tibet wuchs und das Universum trug. Seine Früchte brauchten 3000 Jahre, um zu reifen, und er war von einem wunderschönen Garten umgeben, der von der Fee Hsi Wang Mu, der Königin der Unsterblichen, der königlichen Mutter des Westens, betreut wurde. Frühere Traditionen beschreiben Hsi Wang Mu als die Muttergöttin, die mit ihrer Schwester und ihren Dienern zusammenlebte, darunter der Blaue Storch, der Weiße Tiger, der Hirsch und die gigantische Schildkröte. Die chinesische Göttin wurde auch mit der Zeit assoziiert, und zwar in ihrer Manifestation als der himmlische Jahresbaum, unter dessen Zweigen sich die Tiere des Monats trafen und jedes eine zweistündige Wache hielt. Die Verbindung der Großen Göttin mit einem Urbaum kommt nicht allein in China vor. In der ägyptischen Kunst der 18. Dynastie wird sie durch den Feigenbaum oder die Dattelpalme symbolisiert, die der Seele Nahrung gewährt.[13] Hathor, die die Griechen später Aphrodite nannten, wird manchmal als die Baumgöttin dargestellt und als die Mutter der Sonne verehrt. Zu anderen Zeiten wird sie mit Nut, der Göttin des Himmels, in Verbindung gebracht, die auch als Herrin des Tierkreises betrachtet wurde.

Auf Kreta wurde während der minoischen Zeit (ca. 2900–1350 v. Chr.) und vielleicht auch während der vorhergehenden neolithischen Zeit (5000–3000 v. Chr.) die Religion von einer Großen Göttin beherrscht, die mit dem vegetativen Zyklus eng verbunden war. Die Verbindung zwischen dem

Verlauf der Jahreszeiten und der gesamten Natur wurde von einem jungen Gott symbolisiert, der jedes Jahr starb und wiedererweckt wurde, und von seiner Gemahlin/Mutter, der Großen Göttin, die ihn auf manchen Darstellungen in ihren Armen hält. Sie erscheint in vielen Gestalten, als Mutter der Berge, Herrin der Tiere, Baum, Schlange, Taube und Mohnblume. Manchmal wird sie als Krieger mit Schwert oder Schild dargestellt, zu anderen Zeiten als Meeresgöttin in ihrem Schiff.[14] Ihr Kult drückt deutlich das enge Verhältnis zwischen Menschen und Natur aus, das das matriarchalische Bewußtsein charakterisiert.

Es mag verwirrend wirken, daß die Göttin in so vielen Formen dargestellt wurde und sich ihre Zuständigkeit ohne Grenzen auf das ganze Universum erstreckte, aber diese Ausdehnung ist ein wichtiger Hinweis auf ihr Wesen. Sie ist das universale Prinzip, das alle Dinge gebiert, ihr Leben beschützt und sie im Tod wieder aufnimmt. Sie ist das Gefäß, das den Kosmos birgt und erzeugt, das Tao oder vereinigende Prinzip, das das kindliche Bewußtsein der Menschheit behütet, leitet und durchdringt. Die Unterscheidungen unseres Entweder-Oder-Bewußtseins sind für die Große Mutter nicht anwendbar, weil in ihr diese Polaritäten noch undifferenziert sind. Neumann kommentiert dieses Phänomen in seiner Studie über den Archetyp der Großen Mutter:

> In der Frühzeit der menschlichen Kultur dominierte der Gruppengeist. Eine Beziehung von *»participation mystique«* (mystische Teilhabe) herrschte zwischen dem Individuum und seiner Gruppe und zwischen der Gruppe und ihrer Umwelt, besonders der Welt der Pflanzen und Tiere ... fast überall erfuhr sich die ursprüngliche Gruppe als Abkömmlinge einer Pflanze oder eines Tieres, zu denen sie eine verwandtschaftliche Beziehung hatte. Dieses Phänomen wurde dadurch ermöglicht, daß die Unterschiede zwischen Menschen, Tier, Pflanze und der anorganischen Welt nicht wie mit dem modernen Bewußtsein wahrgenommen wurden.[15]

Die Vorstellung von der *»participation mystique«* wurde zum ersten Mal von Levy-Bruhl formuliert, nachdem er beobachtet hatte, wie »Primitive« sich mit »äußeren Objekten« psychologisch identifizieren und damit in Übereinstimmung sind, so daß sie sie als machterfüllt empfinden. Jung dehnte den Gebrauch dieses Begriffes aus, um einen Zustand in der Psyche »zivilisierter« Menschen zu bezeichnen, der, weil er keine Erfahrung der Subjekt-Objekt-Grenzen enthält, sich mit den Freuden und Leiden der Natur und der »äußeren« Welt identifiziert. Die Große Mutter beherrschte diese Bewußtseinsebene, die historisch gesehen der Entstehung der Polarität im menschlichen Denken vorhergeht. Das ist am besten durch die rätselhafte Form der Sexualität der Großen Mutter illustriert.

Die Gottheit wird gewöhnlich in weiblicher Form dargestellt und ist doch meist auch männlich oder trägt zumindest den Samen eines unentwickelten männlichen Prinzips in sich. In der chinesischen Mythologie ist sie Yin-Yang vor ihrer Teilung in Yin und Yang. Dies kommt in der Figur von Nu Kua zum Ausdruck, einem göttlichen Wesen, das nach der ältesten Überlieferung die Zivilisation und die Gesetze nach der Verwüstung durch die Große Flut nach China brachte. In späteren Texten wird es als die Frau und die Schwester von Fu Hsi beschrieben, und noch später ist sein Name ausgelöscht, so daß die Verdienste um den Anfang der chinesischen Zivilisation allein Fu Hsi zugeschrieben werden. Das Schicksal von Nu Kua spiegelt das Schicksal des mütterlichen Prinzips. Am Anfang herrschte sie allein und bedurfte keines äußeren Ehemannes. Dann teilte sie ihr Reich mit ihrem Sohn-Liebhaber, und schließlich wurde sie vollkommen ersetzt durch ihren eigenen Abkömmling. Nach der Tradition wurde erst mit der Thronbesteigung von Fu Hsi die Ehe als der geheiligte Bund von Mann und Frau eingeführt, was darauf hindeutet, daß sie vor der Herrschaft des maskulinen Prinzips nicht nötig war. Die Erklärung für das relativ späte Erscheinen der Institution der Ehe mag in der Bisexualität der Großen Mutter liegen. Solange das maskuline und feminine Prinzip in einem Wesen vereint sind oder im menschlichen Bewußtsein nicht differenziert waren, kann es zwischen beiden keine Beziehung geben. Die Trennung des Männlichen und Weiblichen ist, wie Platon im *Gastmahl* erkannte, eine Voraussetzung für die menschliche Liebe.[16]

Die Bisexualität der Göttin wird in den Mythen und Schriften vieler verschiedener Kulturen betont. Im *Goldenen Esel* von Apuleius beschreibt die Gottheit sich selbst:

> Ich bin die Natur, die Mutter des Universums, Herrin aller Elemente, ursprüngliches Kind der Zeit, Herrscherin der Geisterwelt, Königin des Todes und der Unsterblichen, die Vereinigung aller Götter und Göttinnen. Mit einem Kopfnicken regiere ich die strahlenden Höhen des Himmels, die wohltuenden Winde des Meeres und die elende Stille der Unterwelt. Ich werde in vielen Gestalten angebetet, unter vielen Namen gekannt und durch viele Riten beschworen, doch der ganze Erdkreis verehrt mich.[17]

In Ägypten nannte man sie Isis, »die Mutter aller, von männlichem wie weiblichem Wesen«.[18] In Babylon war sie Ischtar, Göttin des Mondes, und wurde angebetet mit »O mein Gott und meine Göttin«. Die griechische Göttin des Mondes, Artemis, wurde ebenso als männlich und weiblich betrachtet. Plutarch sagt von ihr: »Sie nennen den Mond die Mutter des Kosmos, von männlichem wie weiblichem Wesen.«[19] Im *Tao Te Ching* wird die Große Mutter als Herrscherin von Himmel und Erde beschrieben. Sie wird *T'ai I,* das Große Eine, genannt, welches das Universum vor seiner Differenzierung darstellt.

> Der Geist des Tales stirbt niemals,
> Man nennt ihn das geheimnisvolle Weibliche.
> Das Tor des geheimnisvollen Weiblichen
> Nennt man die Wurzel von Himmel und Erde.
> Kaum sichtbar, scheint es doch dazusein,
> Auch ständiger Gebrauch vermag es nicht zu erschöpfen.[20]
>
> Es gibt ein Ding, verschwommen geformt,
> Geboren vor Himmel und Erde.
> Still und leer
> Steht es allein und wandelt sich nicht,
> Läuft es im Kreis ohne Erschöpfung.
> Es vermag die Mutter der Welt zu sein.[21]

Seit die Große Mutter als Mutter der Polarität oder das die Polarität Transzendierende angebetet wird, herrscht sie über

Himmel und Erde, die beiden kosmischen Kräfte, die oft mit dem maskulinen und femininen Prinzip gleichgesetzt werden. (Es sind keine chinesischen Mythen überliefert, die den Mond mit der Göttin in Verbindung bringen. Die chinesischen Monderzählungen stammen zumeist aus der Han-Dynastie oder späterer Zeit, als der Mond mit dem femininen Yin-Prinzip in Verbindung gebracht und von der Mondgöttin Heng O regiert wird.)

Ein anderer Hinweis auf die Bisexualität der Großen Mutter ist ihre häufige Verbindung mit Jungfräulichkeit und jungfräulicher Geburt. Jungfräuliche Geburten spielen eine wichtige Rolle in der frühen chinesischen Mythologie und den Legenden: Huang Ti, der Gelbe Kaiser, wurde auf wunderbare Weise von seiner Mutter empfangen: durch einen Blitz aus dem Sternbild des Großen Bären. Sie war 25 Monate schwanger, bevor Huang Ti geboren wurde, der gleich nach der Geburt sprechen konnte. Das *Buch der Lieder* enthält eine andere Geschichte von einer jungfräulichen Geburt:

Sie, die der Menschheit das Leben gab,
Wir nennen sie Chiang Yüan.
Wie gab sie der Menschheit das Leben?
Sie opferte und betete,
Auf daß sie nicht länger kinderlos bliebe.
Sie trat auf den Abdruck von Gottes großem Zeh,
Wurde erhört und bekam, was sie erbeten.
In Ehrfurcht und Scheu kam sie nieder,
Und nährte den, den wir Hou Chi nennen.

Wahrlich, sie hatte ihre Monde erfüllt
Und ihr Erstgeborener kam wie ein Lamm.
Sanft und ohne Schmerzen
Ließ Gott sie ihr Kind gebären,
Seine magische Kraft zu beweisen.
So gesegnet waren ihre Opfer und Gebete,
Daß ihr Kind sie gebar ohne Schmerzen.[22]

Die volkstümliche chinesische Geschichte von Yuan-shih T'ien-wang, einem alten Mann, der im Altertum von den Gipfeln der Berge predigte, erzählt von einer anderen jungfräulichen Geburt in Verbindung mit der Großen Mutter. Eines Tages fragte Chin Hung, der Gott des T'ai Shan (einer der fünf heiligen Berge), Yuan-shih T'ien-wang, wo er lebte: »Wer wissen will, wo ich wohne, muß in unerforschliche Höhen steigen«, antwortete er. Zwei Genien, Ch'in Ching-tzu und Huan Lao stiegen hinunter zum Gipfel des T'ai Shan und sagten zu Chin Hung: »Wenn du die Heimat von Yuan-shih kennenlernen willst, mußt du die Grenzen von Himmel und Erde überschreiten, weil er hinter dem Ende der Welt wohnt. Du mußt weiter und weiter steigen, bis du die Sphäre des Nichts und des Seins erreichst, in der Ebene der leuchtenden Schatten.« Das taten sie zusammen und trafen dort Hsuan-hsuan Shang-jen, umgeben von strahlendem Licht. Er erzählte ihnen die Geschichte von Yuan-shih und trug ihnen auf, sie zu verbreiten:

Als P'an Ku seine Arbeit am Chaos vollendet hatte, verließ sein Geist seine sterbliche Hülle und fand sich im leeren Raum umhergetrieben, ohne jeden Halt. »Ich muß in sichtbarer Gestalt wiedergeboren werden«, sagte er sich, »bis dahin werde ich leer und ruhelos bleiben.« Von den Flügeln des Windes getragen, erreichte der Ju-yu T'ai. Dort sah er eine heilige Frau namens T'ai Yuan, die vierzig Jahre alt und noch Jungfrau war und alleine auf dem Berg Ts'uo lebte. Die Luft und vielfarbige Wolken waren die einzige Nahrung ihrer Lebensgeister. Sie war ein Hermaphrodit und trug gleichzeitig das aktive und passive Prinzip in sich, und täglich stieg sie auf den höchsten Gipfel des Berges, um dort die duftige Essenz von Sonne und Mond zu sammeln. P'an Ku, der von ihrer jungfräulichen Reinheit entzückt war, nutzte einen Moment, als sie einatmete, und drang in der Form eines Lichtstrahls in ihren Mund ein.

Zwölf Jahre war sie schwanger, und am Ende dieser Periode trat die Frucht ihres Leibes aus ihrer Wirbelsäule hervor. Vom ersten Augenblick an konnte das Kind laufen und sprechen, und sein Körper war umgeben von einer fünffarbigen Wolke. Das Neugeborene trug den Namen Yuan-shih T'ien-wang, und seine Mutter ist bekannt als Tai-shih Shang-mu, die heilige Mutter der Ersten Ursache.[23]

Dieser Mythos ist wahrscheinlich verhältnismäßig späten Ursprungs, aber es ist trotzdem interessant, daß er alle hervorragenden Eigenschaften der Großen Mutter vereinigt: Chin Hung wird gesagt, daß er die Antwort auf seine Fragen nur jenseits der Grenzen von Himmel und Erde finden kann, mit anderen Worten, jenseits aller Polaritäten, bei einer Frau, die ein Hermaphrodit ist, eine Jungfrau und auch eine Mutter.

Das Rätsel der Jungfräulichkeit hat die christliche Kirche lange verwirrt und wurde jahrhundertelang geschickt benutzt, die Unterdrückung und Verunglimpfung der Frauen und der Sexualität zu rechtfertigen.[24] Aber eine Vorliebe für die Jungfräulichkeit ist nicht nur für das Christentum kennzeichnend. Sie ist ein zentrales Motiv in vielen der großen Mythologien. Isis und Ischtar waren beide Jungfrauen, und wie die chinesische Göttin waren sie auch Mütter. Eine Lösung dieses Rätsels gibt der jungsche Psychologe John Layard in seiner Studie *Der Archetypus der Jungfrau.* Er weist darauf hin, daß Jungfräulichkeit nicht Keuschheit im allgemeinen Sprachgebrauch, also im Sinne von sexueller Enthaltsamkeit bedeutet, sondern im Gegenteil mit Jungfrau ein Wesen bezeichnet wird, das psychologisch so vollkommen, so ganz ist, daß sie nicht der Befruchtung durch einen äußeren Mann bedarf, weil sie beide Geschlechter in sich vereinigt. Sie ist auf die gleiche Weise von innen heraus fruchtbar wie ein jungfräulicher Wald oder jungfräuliches Land.[25] Eine jungfräuliche Geburt ist daher Ausdruck für die unbewußte Verbindung von Yin und Yang, des femininen und maskulinen Prinzips.

Die Jungfrau stellt die höchste Stufe psychologischer Entwicklung dar, wie Philo von Alexandria erklärt, indem er sagt: »Die Zusammenkunft von Menschen zur Zeugung von Kindern macht aus Jungfrauen Frauen. Aber wenn Gott sich mit der Seele verbindet, macht er es möglich, daß aus Frauen wieder Jungfrauen werden.«[26] Die Große Mutter ist Jungfrau, weil sie vor der Unterscheidung der sexuellen Prinzipien herrschte; die Ehe zwischen Mann und Frau, die die Geschichte der Menschheit charakterisiert, findet in ihr, nicht außerhalb von ihr, statt.

Unser Denken ist so durchdrungen von den Modellen einer dualistischen, fragmentarischen Vorstellung von der Welt, daß es schwer ist – wenn wir auch intellektuell die Vorstellung von der Großen Mutter verstehen –, ihre Bedeutung für die Menschen, die unter ihrer Herrschaft lebten, richtig einzuschätzen. Das matriarchalische Bewußtsein ist eine diffuse, undifferenzierte und allumfassende Sicht der Welt, welche diese mehr von innen als von außen kennt, mehr subjektiv als objektiv. Es erfährt die wesenhafte Einheit des Kosmos und begreift die Menschheit als dem Ganzen integriert, anstatt als davon abgetrennt. Für dieses Bewußtsein waren Leben und Tod fließende, ineinander übergehende, von der Mutter Erde kontrollierte Prozesse. Sie ist es, die die Samen mit Leben durchdringt und sie im Tode in ihre Umarmung aufnimmt. Im China der Zeit vor der Chou-Dynastie (vor 1200 v. Chr.) wurden die Toten hoch mit Reisig bedeckt auf dem freien Land bestattet, ohne Grabhügel oder Totenhain. Da man die Gabe der Fruchtbarkeit dem Erdgeist zuschrieb, gab man der Erde den Körper zurück, um dadurch die Schaffung neuen Lebens zu ermöglichen.[27]

Nach dem *I Ging (I Ching)* waren diese frühen Bestattungssitten jedoch »barbarisch«, und die »heiligen Männer« späterer Zeiten machten dem durch die Einführung des inneren und des äußeren Sarges ein Ende. Dadurch verband sich der Tote nicht mehr direkt mit der Erde, sondern behielt im Prinzip seine getrennte Identität bei. Diese Entwicklung wurde als Zeichen von Zivilisation betrachtet, ein Zeichen der Hochachtung für die Menschen. Aber für ein Bewußtsein, das die Einheit der ganzen Schöpfung sieht, liegt nichts Respektloses darin, dem physischen Körper des Menschen nicht mehr Schutz nach dem Tode zu geben, als die Natur ihn den Tieren und Vögeln gewährt. Komplizierte Bestattungs- und Mumifizierungsrituale können erst nach der Geburt eines Bewußtseins entstehen, das zwischen der Menschheit und der Natur oder dem Individuum und den anderen unterscheidet.

> Den primitiven Stammesmitgliedern bedeutete das individuelle Leben sehr wenig, weder für den einzelnen selbst, noch für die Gruppe, da der Wert des »Seins« nur der Gruppe zukam. Sie ist das Individuum, das handelnde und wirksame Wesen, dessen Leben von überragender Bedeutung ist. Der individuelle Mensch

geht in der Gruppe auf. Er trifft keine wichtige Entscheidung für sich selbst. Der Rat der Häuptlinge entscheidet alles – wann gesät wird, wann gejagt wird, wie wichtige Träume zu deuten sind, von denen man gewöhnlich annimmt, daß sie den ganzen Stamm betreffen. Folglich hat das Individuum kaum persönliche Verantwortung; sein Bewußtsein ist praktisch mit dem der Gruppe identisch. Jeder Mensch für sich alleine ist unbedeutend, aber er ist auch oder fühlt sich als Träger des Selbstbewußtseins und der Bedeutung des Stammes, und das gibt ihm ein Gefühl der Würde.

Diese Situation wird durch die alte hebräische Vorstellung von der Beziehung des Menschen zu Gott illustriert, da Jehova in erster Linie an dem Stamm interessiert war, nicht an dem einzelnen. Was das auserwählte Volk tat, zählte, während der einzelne sehr wenig galt.[28]

Im matriarchalischen Bewußtsein gibt es keine individuellen Gedanken und Gefühle, weil es die Welt als Ganzes statt als Anzahl von Individuen erfährt. Das wird sehr gut in der berühmten Ta t'ung-Passage im *Li Chi,* dem *Buch der Sitte* (einer Sammlung früher Schriften aus dem 2. Jh. v. Chr.) gezeigt, einem Buch, das das Wirken des früheren Bewußtseins im politischen und sozialen Leben darstellt.

Die Ausübung des Großen Weges, die berühmten Männer der Drei Dynastien, werde ich niemals persönlich kennenlernen. Und doch sind sie mir eine Inspiration. Als nach dem Großen Weg gelebt wurde, gehörte die Welt allen gleich. Die Würdigen und Fähigen bekleideten die Ämter, und die Menschen lebten in Frieden und Liebe. Daher betrachteten sie nicht nur ihre eigenen Eltern als Eltern und nicht nur ihre eigenen Söhne als Söhne. Die Alten fanden ein angemessenes Auskommen und Unterkunft, die Starken die richtige Beschäftigung, die Kinder wurden gut versorgt und aufgezogen, der Witwer und die Witwe, die Waisen und Kranken bekamen Fürsorge und Pflege. Die Männer hatten ihre Pflichten und die Frauen ihren Herd. Sie haßten Verschwendung, und doch horteten sie nicht Güter für sich selbst; sie liebten es nicht, ihre Kräfte zu sparen, und doch nutzten sie sie nicht für egoistische Ziele. So entstanden keine Intrigen, es gab keine Rebellen und Diebe, und die Menschen ließen ihre Türen unverriegelt. Das war das Zeitalter der Großen Einheit.

Heute ist der Große Weg verborgen, und die Welt ist das Eigentum privater Familien geworden. Jeder betrachtet nur seine eige-

> nen Eltern als Eltern, als Kinder nur seine eigenen Kinder, Güter und Arbeitskraft werden für egoistische Ziele eingesetzt. Erbliche Ämter und Titel werden durch Gesetz verliehen, während Mauern und Gräben Sicherheit schaffen sollen. Gute Sitten und Rechtschaffenheit werden gebraucht, um die Beziehung zwischen Herr und Diener zu regeln, die Liebe zwischen Vater und Sohn zu sichern, den Frieden zwischen den Brüdern, die Harmonie zwischen Mann und Frau, soziale Einrichtungen zu gründen, Höfe und Städte zu organisieren, die Guten und Weisen zu ehren und dem Individuum Verdienst zu bringen. Daher entstanden Mißstände und Intrigen, und die Menschen griffen zu den Waffen.[29]

Obwohl das *Li Chi* die Zeit der Großen Einheit mit der Regierungszeit der drei ersten männlichen Kaiser gleichsetzt, ist es klar, daß hier ein Bewußtsein und eine Gesellschaft gepriesen werden, die sich von der späteren patriarchalischen Praxis radikal unterscheiden. Ob nun diese schwärmerischen Beschreibungen einer sozialen und politischen Wirklichkeit entsprechen oder durch Nostalgie ausgelöst wurden, es scheint jedenfalls eine Zeit gegeben zu haben, in der die Menschen mehr gemeinschaftlich als individuell motiviert waren, eine Zeit vor dem Entstehen des Ich-Bewußtseins, die sich im Fehlen von Begierden niederschlug und sogar im Fehlen von Eigennamen und persönlicher Ahnen, die im imperialistischen China eine wichtige Rolle spielten.

Der Friede der Großen Einheit ist dem Fehlen des Ich-Bewußtseins zuzuschreiben. Solange die Individualität der Menschen schlummerte, konnte nichts ihr eigenes Wollen von dem instinktiven Wollen der Gemeinschaft oder der Natur trennen. Huai Nan-tzu, der 122 v. Chr. starb, schrieb:

> Die Welt war eine Einheit ohne Trennung in Klassen oder Einteilung in Systeme ... Die Natürlichkeit und Einfachheit des Herzens waren noch nicht verdorben: Der Geist der Zeit war eine Einheit, und die ganze Schöpfung lebte in Überfluß. Wenn damals ein Mensch mit dem Bewußtsein des Ich erschien, wußte man nichts mit ihm anzufangen.[30]

Einige archäologische Entdeckungen der Chinesen während der letzten 25 Jahre scheinen die Behauptungen der Philosophen zu untermauern, daß einstmals eine frühe vorpatriarchalische Gesellschaft blühte, frei von Kriegen und von gesellschaftlicher und sexueller Unterdrückung. Sie deuten ebenfalls darauf hin, daß die Mutter der Mittelpunkt dieser Kultur war. Einige moderne chinesische Archäologen halten ein 8000 Jahre altes Dorf, das bei Chian 1953 ausgegraben wurde, für eine primitive matriarchalische Kommune, die vor dem Erscheinen des Patriarchats, Privateigentums und von Klassenunterschieden eingerichtet wurde. Das Dorf war um das Haus der großen Ahnherrin herumgebaut. Die Gräber der Frauen enthalten mehr Totengaben als die der Männer, Töpferwaren, Armbänder, beinerne Haarnadeln, Pfeifen usw.; außer den Säuglingen wurden alle Kinder mit den Frauen beerdigt. Ein weiterer Punkt legt nahe, daß die Mutter den wichtigsten Platz in der Gemeinschaft innehatte: In den Grabstätten nimmt sie den Platz in der Mitte ein, umgeben von ihrer Familie.[31]

Wie ich erwähnt habe, sind unsere Kenntnisse über das alte China zu spärlich, um die Existenz einer matriarchalischen Gesellschaft zu beweisen. Spuren des matriarchalischen Bewußtseins finden sich jedoch noch bis in das 9. und 10. Jahrhundert v. Chr. So schreibt ein Sinologe:

> Es scheint gerechtfertigt anzunehmen, daß in der Shang- und frühen Chou-Zeit die Mutter, die Ahnfrau des Clans, die Stammesmutter, eine große Rolle in Kult und Glauben spielte. Vor allem war der weibliche Schamane – Medium, Tänzerin und Exorzistin –, deren Körper zeitweilig tatsächlich zum Aufenthaltsort der Geister werden und deren Seele auf erschreckende oder herrliche Reisen in die verborgenen Welten des Himmels und der Erde geschickt werden konnte, eine verbreitete und wichtige Figur des kultischen Lebens im nördlichen China der Bronzezeit.[32]

Wie also sah diese frühe Art, die Welt zu erfahren, die sich in der Verehrung der Mutter niederschlug, aus? Wir können etwas davon erahnen, wenn wir beobachten, wie kleine Kinder sich gegenüber Tieren und der Natur verhalten. Sie stehen nicht außerhalb und betrachten die Welt, sondern sind, wie die frühe Menschheit, intim damit verbunden. Viele Kinder erschauern ganz unsentimental, wenn ein Baum gefällt wird oder sie einen toten Vogel auf dem Weg liegen sehen. Für Erwachsene, mit ihrem viel höher entwickelten Ich-Bewußtsein, ist es dann oft schwer, nicht bloß geheuchelte Anteilnahme zu beweisen. Es erfordert einen großen Sprung der Vorstellungskraft, wieder in einen Bewußtseinszustand zu kommen, der so wenig zwischen inneren und äußeren Begebenheiten unterscheidet und für den Tiere und Pflanzen genauso wichtig sind wie Menschen. Einem Sinologen ist das in einem bemerkenswerten Maße gelungen. Marcel Granet erarbeitete eine erschöpfende Studie über das älteste vorhandene Werk der chinesischen Literatur, das *Buch der Lieder.* Er meint, daß die Sammlung dieser gesungenen Gedichte einen Zeitraum umfaßt, in dem eine gemeinschaftlichere, spontanere und instinktivere Art zu leben schrittweise von einer hierarchischen und feudalen Struktur verdrängt wurde. Als soziologisches Dokument bleiben seine Schlüsse dürftig und spekulativ, aber als Abbildung des Kontrastes zwischen zwei Stadien des Bewußtseins – Matriarchat und Patriarchat – ist seine Studie ein inspiriertes und erhellendes Werk.

Granet beschreibt eine frühere Zeit, als die Menschen friedlich in kleinen Gemeinschaften den größten Teil des Jahres ohne oder mit wenig Geselligkeit lebten. Die Arbeit war streng nach Geschlechtern getrennt, aber ohne unterschiedliche Wertmaßstäbe. Während des Sommers sammelten die Frauen Maulbeerblätter und kümmerten sich um die Seidenwürmer, während die Männer auf dem Feld arbeiteten. Während des harten, kalten Winters blieben Männer und Frauen zu Hause, die Männer mit notwendigen Reparaturarbeiten beschäftigt, die Frauen spannen und webten Kleider. Ihr sorgfältig eingeteiltes Leben ließ wenig Raum für Kontakt zwischen den Geschlechtern, aber zweimal im Jahr, im Frühjahr und im Herbst, wenn die Form der Arbeit entsprechend der Jahreszeit wechselte, wurden zwei große Feste gefeiert. Diese Gemeinschaftstreffen waren das Instrument der sozialen Kontrolle, und während dieser Zeit wurden die Kontakte zwischen den einzelnen Gruppen durch Heiraten geregelt. Beim Frühlingsfest fanden sich die Knaben und Mädchen an den heiligen Stätten ein, wo sich Wasser und Berge trafen, und im Verlauf von Sing- und Tanzspielen pflückten sie Blumen und überquerten den Fluß, um sich zu treffen und miteinander zu singen. Umgeben von und eingebettet in eine Welt, die nach dem Winterschlaf zu neuem Leben erwachte, erwachte auch das Interesse der Geschlechter füreinander, und sie verliebten sich. Sie verlobten sich und zogen sich von der allgemeinen Versammlung zurück. »Wie die Wasservögel davonfliegen, um sich auf den Inseln im Fluß zu verbergen, wie die Waldvögel sich im Dickicht des Waldes paaren, so zogen sich die jungen Leute auf die grasbedeckten Wiesen zurück, oder zwischen die hohen Bäume und in die fernen Hügel und kamen dort zusammen.«[33] Später im Jahr nach der fruchtbaren Erfüllung ihrer Liebe feierten die jungen Leute während des Herbstfestes Hochzeit.

Psychologisch geben diese Lieder die Gefühle und das Bewußtsein des vorpatriarchalischen Zeitalters wieder. Alles läuft nach hochentwickelten, vorgegebenen Gesetzen ab, aber es sind natürliche, keine künstlichen Gesetze. Die Natur herrscht, nicht der Mann oder die Frau, der Instinkt ist der Führer, nicht bewußte Kenntnisse. Biologisch war der Unterschied zwischen den Geschlechtern klar erkannt, und die Gesellschaft war auf die Basis dieses Unterschiedes gegründet, aber es gibt keinen Hinweis darauf, daß die sexuelle Polarität sich wie heute im menschlichen Bewußtsein niederschlug. Die Lieder lassen im Gegenteil annehmen, daß Männer und Frauen, während sie aufgrund ihrer biologischen Verschiedenheit verschiedene Leben führten, ein allgemeines Bewußtsein teilten, das auf der Einheit und Gleichwertigkeit der Schöpfung beruhte. Das wird nirgends besser als in den Liebesliedern demonstriert. Das dominierende Gefühl scheint hier die Erleichterung darüber zu sein, durch sexuellen Kontakt mit dem anderen Geschlecht Ganzheit gefunden zu haben. »Folglich besteht die wechselseitige Anziehungskraft zwischen den Geschlechtern aus dem Gefühl des Verlustes, dem Bedauern über die Unvollständigkeit ihrer Natur.«[34] In den Liedern scheinen alle Liebhaber gleich zu sein, und alle drücken ihre Gefühle auf die gleiche Weise aus.

> Nicht ein einziges Bild beschäftigt sich mit einem ganz bestimmten Individuum ... Die Themen des Kennenlernens, Verlobung,

> Streit und Trennung sind allen gemeinsam, und Männer und Frauen reagieren in der gleichen Weise darauf. Kein Herz fühlt irgendeine individuelle Emotion, kein Fall ist ein besonderer, niemand liebt oder leidet auf seine eigene Weise. Es gibt keine Individualität und keinen Versuch, einen individuellen Ausdruck zu finden.[35]

Das Bedürfnis der Liebenden ist, die Wunde ihrer biologischen Unvollkommenheit zu heilen, eine Einheit mit dem anderen zu finden, entsprechend der Einheit ihrer Umwelt.

Beim Herbstfest bekommt der Wunsch, eine Identität mit der Welt ringsum zu finden und zu erhalten, eine deutlichere Betonung. »Nach allem, was wir von diesem Erntedankfest wissen, ist es klar, daß es die Einheit des Alls deutlich machte, der Welt der Dinge und der Welt der Menschen, und ein Bewußtsein dieser Einheit wurde hervorgerufen, indem man während der Zeremonien jedem Ding sein Gegenteil gegenüberstellte.«

Polaritäten wurden mehr wegen der Einheit, die sie implizierten, geschätzt, als wegen der Unterschiede, die sie enthüllten. Die Opfergaben zu diesem Fest betrachtete man als Mittel, der Natur ihre Geschenke zurückzugeben, einen notwendigen Ausgleich für die Benutzung und Zerstörung der Natur durch den Menschen. Sie stellten das Gleichgewicht und die Harmonie im Universum wieder her und dienten als rituelle Bestätigung des lebendigen Bandes zwischen der irdischen und überirdischen Welt. Darüber hinaus »wurde allem geopfert und alles wurde zum Opfer verwandt; alle mußten als Opfer dienen und alle teilten sich die Opfer, die Mitglieder der menschlichen Gemeinschaft wurden in zwei Gruppen aufgeteilt, ebenso wie die natürlichen Dinge in zwei Kategorien eingeteilt wurden.«[36] Dieses Bewußtsein kannte keinen Unterschied zwischen dem Heiligen und dem Profanen, es empfand und betrachtete alles als »heilig« oder geladen mit göttlicher Kraft. Jeder erfuhr das in der Sexualität und erkannte es mit Opfergaben an, aber einige besondere Individuen wurden ausgewählt, eine größere Kenntnis und Einsicht in die Einheit der Natur zu entwickeln; diese waren die weiblichen Schamanen oder *Wu.*

Die Zeugnisse für schamanistische Praktiken in China stammen größtenteils aus der Zeit ihrer Unterdrückung (beginnend bereits mit dem 18. Jahrhundert v. Chr.). Es ist jedoch möglich, sich ein ungefähres Bild von der Art der Initiation der Schamanen zu machen. Dazu verhelfen uns die vergleichenden Studien von Mircea Eliade über alte Techniken der Ekstase sowie Zeugnisse über die Art ihrer Verdammung durch die Patriarchen des imperialistischen China. Der frühere Schamanismus scheint fast ganz die Domäne von Frauen gewesen zu sein, die gelernt hatten, sich so mit der Natur zu identifizieren, daß sie direkt mit den Tieren und Vögeln sprechen konnten, ihre Sprache verstanden, ihre Lieder sangen und manchmal sogar ihre Gestalt annahmen.

Die *Wu* lernten, die Quelle allen Lebens zu entdecken und sich mit ihr zu vereinigen, so daß sie ihren Fluß lenken und ihre Manifestationen verstehen konnten.[37] Sie mußten zu Instrumenten werden, die fähig waren, die Einheit der Natur auszudrücken. Es ist daher nicht überraschend, daß in vielen primitiven Kulturen Schamanen für androgyn gehalten wurden und besonders für die große Macht und Einsicht, die sie dadurch hatten, geehrt wurden.[38] Bei den Ngadju-Dayak auf Borneo gab es zum Beispiel eine besondere Klasse von Schamanen, die *Basirs* genannt wurden, was »unfähig zur Fortpflanzung« bedeutet. Es waren Hermaphroditen, die sich wie Frauen anzogen und bewegten und die für Mittler zwischen Himmel und Erde gehalten wurden, weil sie in ihrer Person den männlichen Himmel und die weibliche Erde vereinigten. Im China der Vor-Zhou-Zeit spielten die *Wu* eine wichtige Rolle, sie wurden als Gesundbeter und Priester verehrt und wegen ihrer hellseherischen Fähigkeiten konsultiert.

Doch der ursprüngliche Schamanismus verfiel mit dem Aufstieg des patriarchalischen Bewußtseins. Es ist erwiesen, daß schon im 18. Jahrhundert v. Chr. die trunkenen Orgien der *Wu* von den Herrschern nicht geschätzt wurden.[39] Zur gleichen Zeit scheint der Schamanismus allmählich zu einer Art Amt herabgesunken zu sein, und die Zahl der weiblichen Schamanen im Verhältnis zu den männlichen nahm ab. Schließlich wurde während der ersten Jahrhunderte der konfuzianischen Ordnung der Han-Dynastie der Schamanismus

Gegenstand intensiver Unterdrückung. Obwohl einige *Wu* beiderlei Geschlechts öffentliche Ämter erhielten, wurden sie in die unterste Klasse eingestuft. In den Augen konfuzianischer Bürokraten war die Verfolgung natürlich völlig gerechtfertigt; der Schamanismus, der auch den Genuß von Alkohol und bestimmte sexuelle Praktiken während der Initiation beinhaltete, muß nicht nur höchst unmoralisch und ausschweifend erschienen sein, sondern er stellte auch eine erhebliche Gefahr für das neue nüchterne und puritanische Bewußtsein der Patriarchen dar.

Die schamanischen Initiationsriten waren dazu bestimmt, Einsicht in die Einheit der Natur, symbolisiert durch die Große Mutter, zu erreichen. Es überrascht nicht, daß sich mit dem Entstehen eines neuen und unabhängigeren Bewußtseins eine Umwertung der Rollen der Mutter und der Erde vollzog. Ihre Darstellungen als die alles-ernährende, alles-beschützende, unbewußte Wohltäterin wurden allmählich verdrängt von solchen eines alles-verzehrenden Ungeheuers des Westens, das die Sonne verschlingt und nicht für das Leben, sondern für den Tod verantwortlich ist. Sie wurde das Symbol für alles, was die Entwicklung des Bewußtseins gefährdet, die Kraft, die versucht, den Fortschritt der Menschheit zu hemmen. Als die Große Mutter des Westens wurde sie als schrekkenerregende Kreatur mit wehenden Haaren, einem menschlichen Gesicht, einem Tigergebiß und Leopardenschwanz, die in einer Höhle in den Bergen haust und über Seuchen und Pest herrscht, abgebildet. Oder sie wird als die alte Wasserfrau dargestellt, die die Welt in der Großen Flut ertränkt und sie ins Chaos stürzt.

Eine parallele Entwicklung kann in der assyrisch-babylonischen Mythologie beobachtet werden: Tiamat, die weibliche Personifizierung des Meeres, die die Welt gebar, wird zu einem bestimmten Zeitpunkt zu dem blinden und primitiven Chaos, »gegen das die klugen und ordnungsliebenden Götter kämpften«.[40] Auch die Hindu-Mythologie enthält ambivalente Beschreibungen der Göttin: Kali, die göttliche Mutter, wird als die ewige Weiblichkeit, die bewahrende Mutter der Welt, dargestellt, aber sie ist auch die schreckliche Spinnenfrau, der allesverschlingende Höllenschlund.

Der Niedergang der positiven Sicht der Großen Göttin ist bedeutend einfacher zu skizzieren als zu erklären. Sowohl die biologischen als auch die psychologischen Manifestationen der Evolution können untersucht und beschrieben werden, aber das Prinzip selbst kann anscheinend nur gedanklich übernommen oder intuitiv erfaßt werden. Die Entwicklung, die zum Untergang des matriarchalischen Bewußtseins führte, scheint aus dem Sündenfall entstanden zu sein, dem ersten Impuls der Erkenntnis, der das Goldene Zeitalter des Vorbewußten zerstörte. Unter der Großen Mutter wurde die Menschheit durch eine natürliche Weisheit beherrscht und beschützt, die höheres Bewußtsein eher durch Ekstase als durch Analyse erreichte, durch trunkene Intuition eher als durch nüchterne Einsicht. Das matriarchalische Bewußtsein erfuhr den Zusammenhang der ganzen Schöpfung, die Verbindung von menschlichem und natürlichem Rhythmus. Sein Untergang brachte Egoismus, private Gefühle, Zwietracht, Einsamkeit und Krieg, aber er brachte auch die Möglichkeit des Ich-Bewußtseins, der Unabhängigkeit und der freien Wahl. Die patriarchalische Revolution wurde jedoch keinesfalls durch eine freie und bewußte Entscheidung herbeigeführt. Obwohl die Evolution zu höherem Bewußtsein und daher größerer Freiheit führen kann, sind wir diesem Prinzip der Entwicklung anscheinend vollkommen ausgeliefert. Wir werden gezwungen, durch die Stadien der Entwicklung von der Geburt bis zum Tode zu gehen, und können diesem Zwang nur durch Neurose oder Selbstmord entrinnen.

Peter Pans Träume scheinen im Leben nicht realisierbar zu sein. Die einzige Alternative zur Unterwerfung unter die Gesetze des Wandels und der Entwicklung scheint Krankheit zu sein. Das läßt sich bei sogenannten »primitiven« Völkern beobachten, die einem raschen Verfall unterliegen, wenn ihre Kultur in anthropologischen Zoos vor Veränderung geschützt wird. Aus irgendwelchen uns nicht einsichtigen Gründen können wir aus der psychologischen Entwicklung nicht aussteigen und stehenbleiben. Der Untergang des matriarchalischen Bewußtseins ist ein Teil dieses unbarmherzigen Prozesses. Wir können wie Chuang-tzu seine Vergänglichkeit bedauern, aber wir können sie nicht verhindern:

Nach und nach kam die Tugend[41] herunter. Sui Jen und Fu Hsi beherrschten das Reich. Es gab noch die Anpassung an die Natur, aber die Einheit war verschwunden. Die Tugend schwand weiter, Shen Nung und Huang Ti beherrschten das Reich. Es gab Frieden, aber die Anpassung an die Natur war verschwunden. Weiter schwand die Tugend, Yao und Shun beherrschten das Reich, Regierungssysteme und Sittenreformen wurden eingeführt. Die ursprüngliche Integrität des Menschen wurde zerstört. Die Frömmigkeit ließ ihn das Tao verfehlen, seine Taten gefährdeten seine Tugend. Dann schaltete er die natürlichen Instinkte aus und verlegte sich auf den Intellekt.[42]

Chuang-tzu's Beschreibung des Desasters charakterisiert das neue Bewußtsein. An Stelle von Einheit und Integrierung in die Natur entstanden Klassen, Politik und ein bewußter Moralkodex. An Stelle der natürlichen Anpassung und der natürlichen Instinkte entwickelten sich die Begierden und die Fähigkeiten zu analysieren und zu begreifen, und an Stelle einer natürlichen Einheit keimten die Samen der Unabhängigkeit und Autonomie.

Der Vernichtungskampf gegen das matriarchalische Bewußtsein wird in der Mythologie in vielen Formen beschrieben. Allen ist jedoch eine wesentliche Charakteristik gemein: Sie beschreiben die Überwindung des alten Bewußtseins als einen Kampf um die Einführung von Ordnung und Unterscheidung in die Welt, um die Umwandlung der bisexuellen Mutter in das Weibliche und das Männliche. Dieser Akt der Teilung ist die Aufgabe des männlichen Prinzips, des Sohnes der Großen Mutter, der ihre Fürsorge zurückweist und schließlich ihre Autorität usurpiert.[43] In der chinesischen Mythologie kann der Kampf in der Entwicklung des Drachensymbols verfolgt werden. Ursprünglich war der Drache oder die Schlange mit der Macht der Göttin verbunden; noch in der Han-Dynastie entstand ein Steinrelief, das Chi Wang-mu mit einer sie umwindenden Schlange darstellte. Sie wird in Mythen und Legenden als die Drachenmutter dargestellt, die den Sonnengott des Ostens gebar. Aber allmählich wird sie ihrer Kontrolle über die Sonne und der Kraft des Drachens beraubt. Er wird nun das mächtigste Symbol des Yang-Prinzips. Der Kaiser im konfuzianischen China herrschte vom Drachenthron, dem höchsten Symbol der patriarchalischen Autorität. In anderen Kulturen ist die Assoziation von Drachen und Schlangen mit der Großen Göttin besser dokumentiert; die berühmte Schlangengöttin des minoischen Kreta ist ein bekanntes Beispiel für ein sicherlich weitverbreitetes Phänomen. Mit der Differenzierung der bisexuellen Großen Mutter in getrennte männliche und weibliche Prinzipien verliert der Drache seine Zugehörigkeit zur Großen Mutter und wird das Symbol des neuerdings unabhängigen männlichen Prinzips. Dieser Vernichtungskampf gegen die Große Mutter wird in dem chinesischen Mythos von Shen I dargestellt, dessen durchdringender Pfeil die Macht der Göttin zerstört und sie in einen zahmen, weiblichen Gefährten verwandelt, der über den Mond herrscht, entsprechend seiner eigenen Herrschaft über die Sonne.

Eines Tages erschienen 10 Sonnen am Himmel, Stürme entwurzelten die Bäume und Fluten überschwemmten das Land. Eine 1000 Fuß lange Schlange verschlang Menschen, und Wildschweine von enormer Größe richteten großen Schaden im östlichen Teil des Königreiches an. (Der Osten ist in der chinesischen Mythologie die Domäne des maskulinen Prinzips.) Yao befahl Shen I, die Teufel und Ungeheuer, die diese Verwüstung verursachten, zu erschlagen, und gab ihm 300 Mann zur Hilfe. Shen I entdeckte, daß die Stürme von Fei Lien, dem Geist des Windes, verursacht wurden, der sie aus einem Sack herausblies. Fei Lien bat um Gnade und schwor Shen I Freundschaft; die Stürme hörten auf, und Fei Lien tötete die Riesenschlange und die wilden Eber (ein gebräuchliches Symbol für die Große Mutter). Eines anderen Tages ging Shen I zu einem über die Ufer getretenen Fluß und schoß einen Pfeil hinein. Das Wasser kehrte zur Quelle zurück. In den Fluten sah er einen weißgekleideten Mann auf einem weißen Pferd mit einem Dutzend Begleitern. Er schoß ihm ins linke Auge. Eine junge Frau begleitete ihn, Heng O, die junge Schwester von Ho Po, dem Geist des Wassers. Shen I schoß einen Pfeil in ihr Haar. Sie dankte ihm, daß er ihr Leben verschont hatte, und willigte ein, seine Frau zu werden.

Shen I hatte einstmals das Geheimnis der Unsterblichkeit empfangen. Eines Tages stieg seine Frau, Heng O, die Leiter zum Dachboden hinauf und fand die Pille der Unsterblichkeit, die ihr Mann dort versteckt hatte. Sie schluckte sie und floh vor Shen I's Zorn in die Lüfte. Er verfolgte sie, aber ein Windstoß warf ihn zu Boden. Als Heng O den Mond erreichte, erbrach sie die Umhüllung der Pille, die sich in ein Kaninchen verwandelte, weiß, wie die reinste Jade. Heng O wurde im Volksglauben für die Ahnherrin des Yin oder weiblichen Prinzips gehalten, die dem Chaos der Fluten durch den scharfen Pfeil von Shen I entrissen wurde.

Nachdem sie zum Mond entschwunden war, so berichtet die Überlieferung, erhielt Shen I vom Gott der Unsterblichen den Sonnenpalast zum Geschenk. So übernahmen Yin und Yang den ihnen zukommenden Platz auf dem Mond und der Sonne. Man glaubte, daß Shen I am 15. Tag jeden Monats Heng O besuchte, was zu einer Konjunktion der beiden Prinzipien führte. Heng O jedoch war Shen I ganz offensichtlich unterlegen; schließlich war es sein kühner durchbohrender Pfeil, der sie rettete und Ordnung in die Welt brachte. So trat die maskuline und feminine Polarität mit einem Werturteil verbunden in das chinesische Bewußtsein ein, das sich so lange halten wird, wie die Bedeutung des femininen Prinzips, deutlich unterschieden vom mütterlich-weiblichen Prinzip, nicht erkannt wird.[44]

Während das mütterliche Bewußtsein die Welt unter dem Aspekt von Komplementarität als eine Einheit erfährt, sind für das maskuline Bewußtsein Differenzierung und Hierarchie wichtig. Welchen Preis die Frau und das Weibliche für die neue Sichtweise zahlen mußten, ist bereits aus dem *Buch der Lieder* zu ersehen. Vergleichen wir die beiden folgenden Lieder:

I
Auf dem Moor da wuchert das Gras,
Schwer beladen mit Tau.
Dort lebte ein stattlicher Mann
Mit klaren Augen und schöner Stirn.
Wir trafen uns zufällig,
Und mein Begehren fand Erfüllung.

Auf dem Moor da wuchert das Gras,
Schwer beladen mit Tau.
Dort lebte ein stattlicher Mann
Mit klaren Augen und schöner Stirn.
Wir trafen uns zufällig
Und waren glücklich zusammen.[45]

II
Söhne werden ihm geboren werden:
Sie werden weich gebettet sein,
Sie werden gut gekleidet sein,
Sie werden mit Szeptern spielen,
Ihre Stimmen werden kräftig sein.
Später werden sie rote Rüstungen tragen,
Die zukünftigen Könige, die Herren des Landes.

Töchter werden ihm geboren werden:
Sie werden auf der Erde schlafen,
Sie werden in Lumpen gehüllt sein,
Sie werden mit Ziegeln spielen,
Ihnen wird geziemen, weder Gut noch Böse zu tun.
Sie haben sich nur um die Opfer und um die Nahrung zu kümmern
Und ihren Eltern keine Sorgen zu bereiten.[46]

Diese Lieder zeigen bereits das Aufkommen der Hierarchie und der Überlegenheit des Männlichen in China. Zum ersten Mal wurden die Frauen für unrein gehalten und zu Hause isoliert. Nach Marcel Granet verschwanden die sexuellen Rituale aus den öffentlichen und religiösen Zeremonien und die Bedeutung der allgemeinen Hochzeitsfeiern nahm ab, während die Hochzeiten der Elite in den Vordergrund traten. »So wie einst die göttlichen Kräfte in den öffentlichen Festen freigesetzt wurden, so scheinen sie nun in der Tugend des Herrschers konzentriert zu sein, und die Heirat des Führers scheint nun genausoviel Einfluß auf das nationale Leben zu haben wie einstmals die allgemeine Hochzeitsfeier.«[47] Zweierlei Maß und die Unterdrückung und Ausbeutung der Frauen wurden zur Norm, genauso wie der sexuelle Puritanismus. Frauen wurden als der Inbegriff des Schlechten, Dekadenten und Unreinen betrachtet:

Ein kluger Mann baut die Mauer (einer Stadt),
Aber eine kluge Frau reißt sie nieder.
Die kluge Frau mag bewundernswert sein,
Aber sie ist (nicht besser als) eine Eule.
Eine Frau mit einer langen Zunge
Ist (wie) eine Stufe zur Unordnung.
(Unordnung) kommt nicht vom Himmel,
Die Frau erzeugt sie:
Die Frauen und die Eunuchen geben
Weder Lehre noch Vorbild ab.[48]

Nicht das »Mütterliche«, sondern die Frau als Repräsentation der Großen Mutter wird in diesen Liedern diffamiert. Das ist ein entscheidender Unterschied. Das matriarchale Bewußtsein enthält das weibliche und das männliche Prinzip in undifferenzierter Einheit. Seine Entmachtung ist die Vorbedingung für die Teilung und die Entwicklung der beiden Prinzipien des menschlichen Bewußtseins. Ohne seine Vernichtung wäre die weitere Entwicklung der Erkenntnis gelähmt gewesen, weil in der inzestuösen Umarmung der Großen Mutter die Menschheit ein unbewußter Gefangener der natürlichen Prozesse geblieben wäre und niemals zum bewußten Mitarbeiter der Natur hätte werden können. Vor dem Untergang der Großen Mutter mag es mehr Frieden gegeben haben, mehr Gleichheit zwischen den Geschlechtern und mehr Harmonie zwischen den Menschen und der Natur, aber es gab kaum die Freiheit der Wahl, wenig Wissen, wenig Kontrolle und wenig Individualität. Möglicherweise gab es keine Unterdrückung des einen Geschlechts durch das andere, aber es gab auch keine wirkliche Gelegenheit zu Beziehungen. Die Menschen mögen einen instinktiven Gehorsam gegenüber den Gesetzen der Natur gehabt haben, gegenüber dem Tao, aber sie können keine bewußte Kenntnis von den Gesetzen der Natur und der Menschlichkeit gehabt haben. Die Beziehung zur Natur, der äußerlichen wie der psychischen, sowie die Beziehungen zwischen den Individuen setzt einen Sinn für das Anderssein voraus, eine Fähigkeit, die Getrenntheit ebenso wie Einheit zu erkennen.

Die jungsche Analytikerin Ann Belford Ulanov weist darauf hin, wie wichtig die psychologische Trennung für das Zustandekommen einer Beziehung ist, indem sie den Unterschied zwischen »Beziehung« und »Verbundenheit« betont. Sie schreibt:

> Der psychische Drang nach Verbundenheit hat nicht die gleiche Bedeutung wie Beziehung. Verbundenheit bedeutet verbunden mit, in der Mitte von, einbezogen, Teil von zu sein. Beziehung meint eine bewußt entwickelte und erarbeitete Verbindung mit dem »anderen«, die sowohl Abstand und Differenzierung wie auch Nähe und Teilhabe braucht. Verbundenheit beschreibt einen unbewußten Drang, der auf eine Person einwirkt und in ihr wirkt... Beziehung setzt eine bewußte Absicht voraus.[49]

Das Entstehen der für eine Beziehung notwendigen Trennung ist das Werk des männlichen Prinzips. Wenn wir in Versuchung kommen, sehnsüchtig auf die Geborgenheit und den Frieden des matriarchalischen Bewußtseins zurückzublicken – als Reaktion auf die Aggression, Ungleichheit und Unterdrückung, die folgte –, ist es gut, uns nicht nur die Vorteile, sondern auch die Nachteile ihrer Herrschaft ins Gedächtnis zu rufen.

Die Vorherrschaft des Bewußtseins der Großen Mutter in der chinesischen Kultur wurde im Interesse der Freiheit und der Erkenntnis zerstört, aber das bedeutet nicht, daß es nur noch von historischem Wert und Bedeutung ist. Seine Herrschaft und seine Vernichtung wiederholt sich, wie wir noch sehen werden, in der psychologischen Entwicklung jedes Kindes. Jedes Individuum hat die persönliche Erfahrung der patriarchalischen Revolution gemacht, und diese Erinnerung ist von vitaler Bedeutung für die zukünftige Entwicklung des Bewußtseins. Das Entstehen eines maskulinen und femininen Weges, die Welt zu sehen und zu verstehen, leugnet am Ende nicht die Erkenntnisse des matriarchalischen Bewußtseins. Im Gegenteil: Durch ihre Entwicklung, Vertiefung und Erhellung bereitet es ein späteres Stadium der Entwicklung vor, in dem beide Prinzipien eine psychologische Ehe eingehen können, die das Individuum die Harmonie der Großen Mutter zum ersten Mal bewußt und frei erfahren läßt.

3. Die Theorie von Yin und Yang

Die Entwicklungsgeschichte des menschlichen Bewußtseins beginnt mit dem Fall der Menschheit aus dem Zustand der Unschuld, aus einer vorbewußten Identität mit dem ganzen Universum. Ihr frühestes Stadium wird von dem Bild der Großen Mutter beherrscht, die alle Dinge und Menschen in ihre Umarmung einschließt. Langsam wird dann der Impuls zur Unabhängigkeit stark genug, das alte Bewußtsein zu zerstören und eine polarisierte Sicht der Welt einzuführen. Die Mythologie stellt das als den Kampf des Männlichen gegen das Weibliche oder des Sohnes gegen die Mutter dar. Wenn man jedoch über ein »männliches« und ein »weibliches« Bewußtsein spricht, so wirft das die Frage auf, was überhaupt das Wesen des »Männlichen« und des »Weiblichen« sei. Daher müssen wir klären, was diese Begriffe beinhalten. Die Forschungsergebnisse der Anthropologen lassen darauf schließen, daß der Zusammenhang zwischen *Geschlecht* und der *geschlechtsspezifischen Rolle* nicht so zwingend ist, wie einst angenommen wurde. Die kulturellen Definitionen von geschlechtsspezifischem Verhalten sind so verschieden, daß sich das »Männliche« und das »Weibliche« nicht einfach durch Gleichsetzung mit einem Geschlecht definieren läßt.

Das Rollenverhalten wird zunehmend in gleichem Maße als Produkt der Kultur wie der Biologie betrachtet.[1] Diese wichtige Erkenntnis machte es möglich, die Menschen bis zu einem gewissen Grade von der traditionellen Rollenfestlegung zu befreien. Männer und Frauen sind weniger gezwungen, sich entsprechend der traditionellen Vorstellung von männlich und weiblich zu verhalten und sich nur dementsprechend zu sehen und zu erfahren. Wenn sich die alten Vorurteile über Aufgabe und »Platz« der Frau auch immer noch in die Diskussionen über Rolle und Sexualität drängen und unbewußt und unreflektiert die Vorstellungen und Gefühle vieler Menschen bestimmen, so gibt es doch zunehmende theoretische und praktische Unterstützung für die, die sich von ihrem biologischen Status nicht davon abhalten lassen, sowohl maskuline als auch feminine Aspekte der Psyche wie des Verhaltens zu erfahren und zu entwickeln.

Der Wunsch, sich von der einschränkenden, geschlechtsspezifischen Rolle zu befreien, kann die Entwicklung des Individuums ebenso fördern, wie es diese Entwicklung hemmen kann; was vor allem dann geschieht, wenn dieser Wunsch in dem Suchen nach Gleichheit oder undifferenzierter Einheit zur Leugnung der Verschiedenheit führt. Psychologischer »Unisex« mag die lobenswerte Absicht haben, die Menschen in erster Linie als Individuen zu sehen und dann erst nach Geschlecht zu unterscheiden, aber er kann als weniger begrüßenswerte Folge zur Leugnung der grundsätzlichen Polarität des maskulinen und femininen Prinzips in Psyche und Körper führen. Das Wachsen der Selbsterkenntnis wird, meiner Meinung nach, eher durch Erforschung der beiden geschlechtlichen Prinzipien auf jeder Ebene der menschlichen Natur gefördert, als durch Diskussionen über kulturelle Muster und Sexualität oder die Aufzählung von Chromosomen und Hormonen. Ein voreiliges Trachten nach »Unisex« kann schnell in die falsche Richtung führen.

Die Bedeutung und das Wesen der Sexualität, der Begriffe des »Männlichen« und des »Weiblichen« zu kennen, ist unerläßlich zu einem wahren Verständnis des Individuums. Die Schwierigkeit liegt darin, einen Bezugsrahmen zur Erforschung dieser Frage zu finden. Das macht die Yin-Yang-Theorie so interessant für uns. Sie betrachtet die biologische Manifestation lediglich als einen Ausdruck der ursprünglichen Polarität der Geschlechter, die aller Existenz zugrunde liegt, der kosmischen und der menschlichen, der biologischen und der psychischen, der organischen und der anorganischen. Daher ist es mit ihrer Hilfe besser möglich, Maskulinität und Feminität in ihrer Beziehung zur individuellen Entwicklung zu verstehen. Außerdem liefert sie uns einen Bezugsrahmen, in dem sich die Beziehung zwischen Geschlecht und Bewußtsein untersuchen läßt. Dieses Kapitel wird die hervorragendsten Merkmale dieser Theorie beschreiben, um damit eine Erforschung des Einflusses von Yin und Yang auf das menschliche Denken vorzubereiten. In einem späteren Kapitel werden wir sehen, was diese Theorie für die Beziehung von Biologie und Psychologie bedeuten kann.

Die Geschichte der Theorie von Yin und Yang beginnt in grauer Vorzeit und entfaltet sich während drei- oder viertausend Jahren allmählich bis zu ihrer vollen geistigen Blüte bei den neukonfuzianistischen Philosophen der Sung-Dynastie (960–1279 n. Chr.). Niemals wurden alle Implikationen und Bedeutungsebenen dieser Kosmologie in einem kohärenten Denksystem vereinigt, so daß die folgenden Beiträge unvermeidlich aus weit auseinanderliegenden Quellen und historischen Perioden entnommen werden mußten.[2] Daraus setzt sich ein Bild der Yin-Yang-Theorie zusammen, die, wie ich meine, jahrhundertelang die Basis chinesischen Denkens war, ohne daß es immer offenkundig wurde.

Diese Theorie wurde von den verschiedenen Schulen der chinesischen Philosophie verschieden interpretiert und unterschiedlich betont. Meiner Meinung nach ergänzen sich die verschiedenen Sichtweisen jedoch eher, als daß sie sich widersprechen, und die Grundbegriffe der Yin-Yang-Theorie sind so weitgehend Allgemeingut, daß man diese als das Grundmuster betrachten darf, nach dem die Chinesen versuchten, die Rätsel des Kosmos und der menschlichen Natur zu lösen. Man könnte einwenden, meine Vorstellungen und Interpretationen seien meiner eigenen Phantasie entsprungen, ich ignorierte die gravierenden Unterschiede der verschiedenen chinesischen philosophischen Schulen und unterstellte gewissen alten und schwer deutbaren Texten eine bestimmte Theorie, die sie nicht enthalten, oder die, wenn sie sie enthalten, von mir falsch interpretiert wird. Zusätzlich könnte man meinen Gebrauch solcher Texte wie dem *I Ching* und dem *Tao Te Ching* kritisieren und argumentieren, diese Quellen seien zu alt, zu kompliziert und zu überladen von späteren Kommentaren, um glaubwürdig zu sein. Ich bin selbst der Meinung, daß diese alten Texte besonders unzugänglich und schwer zu deuten sind, und daß man sich ihnen nur mit einiger Mühe nähern kann. Ich meine jedoch nicht, daß die Angst, sich irren zu können, von diesem Versuch abhalten sollte – man muß sich nur bewußt sein, daß jede Interpretation nur annähernd und hypothetisch sein kann. Wie ich in der Einleitung erwähnte, ist es nicht der Zweck dieses Buches, Beweise zu liefern, sondern zu neuen Fragen, neuen Einsichten und neuen Ideen anzuregen.

Eine andere große Schwierigkeit für jeden, der versucht, das Yin-Yang im chinesischen Denken zu erforschen, sind die unterschiedlichen Anwendungen dieses Konzepts. Zeitweise hat es nur symbolische Funktion, es drückt eine Vorstellung vom Kosmos und seinen Manifestationen und Prozessen aus, ausgehend von einer ersten Polarität, die weitere Subpolaritäten hervorbringt, die alle auf irgendeine Weise die ursprüngliche Polarität reflektieren. Eine Weiterführung dieser Vorstellung ist, alle Gegensätze, physische, psychologische und geistige, entweder als Yin oder als Yang zu sehen. Daraus entsteht die verwirrende Situation, daß ein Ding in einem Zusammenhang als Yin bezeichnet wird und in einem anderen als Yang. Zum Beispiel kann ein Mann Yang sein in Beziehung zu einer Frau, aber Yin in Beziehung zu einem anderen Mann, wenn die Yang-Tendenzen des zweiten Mannes ausgeprägter sind als die des ersten. Das hat sehr viel Unsicherheit und Unklarheit bei der Betrachtung der beiden Prinzipien zur Folge gehabt. Es wurde sogar von einigen Leuten bezweifelt, daß sie über die Symbolisierung von Polaritäten hinaus irgendeinen Wert hätten. Ich bin nicht dieser Meinung, aber um die Bedeutung von Yin und Yang zu verstehen, muß man sie von den damit verbundenen Assoziationen freihalten und ihre wesentliche Natur als die zweier primärer, polarer Prinzipien erforschen.

Die Vorstellung von einer ersten Polarität kann bis zu dem Konzept von »Oben« und »Unten« in den frühesten Abschnitten des *I Ching*, in Teilen des *Buches der Geschichte* und des *Buches der Lieder* und auf den Orakelknochen zurückverfolgt werden.[3] Während der Shang-Dynastie (1751–1112 v. Chr.) wurde die Polarität von Himmel und Erde zum ersten Mal hervorgehoben, die Erde wurde nicht als niedriger materieller Körper im Gegensatz zum spirituellen Himmel betrachtet, sondern wurde als wunderbare, den Himmel ergänzende Macht verehrt. Das älteste Schriftzeichen, das Erde bedeutet, zeigt einen Tumulus, einen heiligen Hügel, auf dem die Opfer dargebracht wurden.[4] Dieser heilige Ort wurde mit dem weiblichen Prinzip in Verbindung gebracht und für wichtiger erachtet als sein Gegenpol, der männliche Himmel. Später veränderten sich die Wertmaßstäbe, und die dem Männlichen und Weiblichen zugeschriebenen Eigenschaften wurden ausgetauscht. Der Tiersymbolismus der frühen Texte zeigt, daß das Weibliche ursprünglich mit dem Wandel und der Umwandlung verbunden war. Später werden diese Eigenschaften für männlich gehalten. Frühe Vorstellungen von Yin-Yang, der Polarität, die alle anderen Polaritäten einschließt und das männlich-weibliche Zentrum aller Dinge ist, unterlagen einer ähnlichen Veränderung der Werte. Die Annahme der Konfuzianer, daß das Yang dem Yin überlegen sei, folgte auf eine Zeit, in der Yin unzweifelhaft höher bewertet wurde als Yang.

Die große Einfachheit der Yin-Yang-Theorie ist verblüffend. Wenn diese Theorie auch der Angelpunkt des traditionellen chinesischen Denkens ist und kein Bereich der chinesischen Zivilisation – Philosophie, Staatsführung, Kunst, Medizin, Architektur, persönliche Beziehungen, Sexualität oder Ethik – ihrem Einfluß entgangen ist, so lassen sich ihre wichtigsten Vorstellungen doch recht kurz zusammenfassen. Sie lehrt, daß alles das Produkt der beiden Kräfte, Prinzipien oder Archetypen Yin und Yang ist, deren Interaktion die fünf Elemente *(Wu-hsing)* hervorbringt, also Metall, Holz, Wasser, Feuer und Erde, die in zahlreichen Kombinationen die Grundlage des Kosmos bilden. Yin und Yang sind die polaren Manifestationen des Großen Unbedingten, des Tao, das *per definitionem* nicht zu beschreiben ist. Der Prozeß der Hervorbringung wird zyklisch gesehen, als endloses Werden und Vergehen, in dem sich ständig alles zu seinem Gegenpol umformt. Das ist, kurz gesagt, die Yin-Yang-Theorie. Um sie gründlicher zu verstehen und die Vorstellung vom Wandel, die sie impliziert, genauer zu erklären, ist es notwendig, sich dem *I Ching (Buch der Wandlungen)* zuzuwenden.

Der Ursprung und die frühe Geschichte des *I Ching* sind unklar. Fong Yulan, ein berühmter Historiker und Kenner der chinesischen Philosophie, vertritt mit vielen anderen Sinologen die Ansicht, daß es ursprünglich ein Buch der Weissagung war, aber Helmut Wilhelm meint, es sei unmöglich festzustellen, ob es ursprünglich als Weissagebuch diente oder als philosophisches Werk. Die chinesische Überlieferung behauptet, daß das Liniensystem *Pa Kua,* die acht Trigramme, die die Grundlage des *I Ching* bilden, zum ersten Mal von Fu Hsi (2853 v. Chr.) aufgestellt wurde, dem sie von einem Drachenpferd offenbart wurden, das dem Gelben Fluß entstieg und die seltsamen Symbole auf dem Rücken trug. Dieser legendäre Herrscher kopierte die Zeichen und erhielt so die erste Formel zur Erklärung des Kosmos.[5] Nach seiner Regierungszeit erfuhren die acht Trigramme wiederholt weitgehende Bearbeitungen bis zur Zeit des Königs Wen (1231–1135 v. Chr.), dem Vater des Gründers der Chou-Dynastie (1150–249 v. Chr.), dem wir die Zusammenstellung des *Buches der Wandlungen* verdanken, wie wir es kennen.

Im Jahre 1144 v. Chr. wurde Wen von den Chou inhaftiert, weil er versucht hatte, soziale und politische Reformen durchzusetzen, und in der Gefangenschaft begann er, an dem Buch zu arbeiten. Er gab ihm den jetzigen Aufbau und fügte die Tuan-Texte hinzu (die Urteile). Zu diesem Zeitpunkt wurde die Anordnung der ersten beiden Hexagramme, *Ch'ien* und *K'un* umgekehrt, so daß das maskuline Prinzip *Ch'ien* zum ersten Male Vorrang vor dem femininen Prinzip *K'un* erhielt.[6]

In den ältesten Teilen des Buches ist die primäre Polarität das »Nachgebende« und das »Feste« und wird durch eine unterbrochene und eine ununterbrochene Linie dargestellt. Diese Begriffe werden mit Erde und Himmel, weiblich und männlich, dunkel und hell verbunden. Im Laufe der Zeit wurden die Gegenpole als Yin und Yang bekannt. Dieser Name für die polaren Gegensätze taucht zum ersten Mal im 5. Kapitel des *Ta Chuan (Die große Abhandlung)* auf. »Das Helle und das Dunkle sind die beiden Urkräfte, die bisher als das Feste und das Nachgebende oder als Tag und Nacht bezeichnet wurden.«[7] Eine der Grundeigenschaften dieser ersten Polarität ist die Wandlung, die sie erzeugt. Diese Wandlung ist als die Bewegungen des Tao zu verstehen. Sie beinhaltet den Gedanken der zyklischen Entwicklung, die der menschlichen und kosmischen Existenz zugrunde liegt. Wie Helmut Wilhelm erklärte, ist das Gegenteil dieser Wandlungen nicht Stillstand, sondern Perversion – eine Bewegung, die dem natürlichen Gesetz der Entwicklung zuwiderläuft, das Wachsen dessen, was untergehen sollte, der Untergang dessen, was herrschen sollte. Das Prinzip der Wandlung drückt die wesenhafte Einheit der Welt und der Dinge aus, denn ihr zyklischer Verlauf hebt die Dinge hervor, die in der vorherigen Phase zurückgetreten waren, so wie die Nacht auf den Tag folgt und der Sommer dem Winter weicht.[8] Innerhalb der Jahre laufen wiederum zyklische Prozesse ab, die kleineren Zyklen innerhalb der größeren. Die Wandlungen haben jedoch sowohl eine evolutionäre wie eine zyklische Dimension, denn jeder Zyklus ist anders als der vorhergehende, kein Jahr ist mit einem anderen identisch. Dieser evolutionäre Aspekt wird in einigen der neokonfuzianistischen Schriften sehr hervorgehoben, besonders in denen von Shao Yung (1011–1077 v. Chr.), der feststellte, »alles folgt den evolutionären Regeln des Großen Unbedingten«.[9] Aber auch das *I Ching* enthält diesen Aspekt der Wandlungen, als Prinzip der Entwicklung, in seiner Vorstellung von dem Entstehen der Vielfalt aus dem Einen.[10]

Für diejenigen, die gewöhnt sind, die geradlinige und die zyklische Bewegung für unvereinbar zu halten, ist es schwer zu verstehen, wie diese beiden Vorstellungen in einem Prinzip vereint sein können. In dieser Hinsicht kann das Bild des Kreises hilfreich sein. Es ist nicht möglich, einen Kreis zu zeichnen, ohne sich vorwärtszubewegen, obwohl diese Bewegung schließlich zum Ausgangspunkt zurückführt. In einer Hinsicht ist der Ausgangspunkt des Kreises der gleiche wie der Endpunkt, aber in anderer Hinsicht sind die beiden Punkte klar unterschieden durch den Weg, der von einem zum anderen zurückgelegt wurde. Nach dem *I Ching* ist dieser Weg der Weg vom Chaos zur Ordnung. Westliche Sinologen tendierten dazu, den zyklischen Aspekt der chinesischen Vorstellung vom Wandel zu betonen, im Gegensatz zu ihrer eigenen linearen Geschichtsvorstellung. Die Idee der Wandlungen jedoch, wie sie im *I Ching* formuliert ist und von den Neokonfuzianern weiterentwickelt wurde, enthält deutlich beide Aspekte. Das *I Ching* betrachtet die Zivilisation als eine systematische, progressive Entwicklung von einfachen, undifferenzierten Anfängen zu einer komplexen Struktur und die Entwicklung des Individuums dementsprechend als Entwicklung von der Unwissenheit zum Wissen, vom Unbewußten zum Bewußtsein, von unbewußter Identität mit dem Tao zur Kenntnis des Tao. Der Anstoß zu dieser Entwicklung wird durch die Interaktion von Yin und Yang gegeben. Auch Chuang-tzu gibt dieser Vorstellung Ausdruck:

> Am Anfang war Nicht-Sein. Es hatte weder Sein noch Namen. Daraus entstand das Eine: Es hatte Einheit, aber noch keine physische Form. Wenn die Dinge dieses Eine erlangen und in die Existenz treten, das nennt man Tugend (die ihnen ihren individuellen Charakter gibt). Das Formlose wurde geteilt (in Yin und Yang), und von Anfang an fortschreitend ohne Unterlaß wird es Bestimmung genannt (*Ming*, Schicksal). Durch Ruhe und Bewegung erzeugt es alle Dinge. Wenn die Dinge in Übereinstimmung mit dem Prinzip des Lebens (*Li*) hervorgebracht werden, so entsteht physische Form. Wenn die physische Form den Geist bewahrt und verkörpert, so daß alle Aktivitäten ihren jeweils eigenen Prinzipien folgen, dann ist die Natur in Einklang. Indem man seine Natur vervollkommnet, kehrt man zur Tugend zurück. Wenn die Tugend vollendet ist, wird man eins mit dem Anfang. Mit dem Anfang eins zu sein, bedeutet leer zu werden (*Hsu*, empfänglich für alles); einer der leer ist, wird groß. Dann wird er mit dem Klang und dem Atem der Dinge eins. Wenn er mit dem Klang und dem Atem der Dinge eins geworden ist, ist er eins mit dem Universum. Diese unsichtbare, geheime Einheit mag nach außen hin töricht und verrückt erscheinen. Das ist die große und geheime Tugend, die vollkommene Harmonie.[11]
>
> Alles entspringt der Natur und kehrt zu dem natürlichen Ursprung zurück.[12]

Die Aufgabe des Weisen oder des Weisheitssuchenden ist, zu verstehen, wie sich alles wandelt; zum Beispiel zu verstehen, in welcher Reihenfolge die Dinge ablaufen und ihre Entwicklung im Keim, im Reifen und im Untergang zu erkennen. Politischer und psychologischer Friede ist von dieser Erkenntnis abhängig, weil nur diese Erkenntnis die Menschen darin bestärken kann, im Einklang mit dem Ablauf der Natur zu handeln und diesen Ablauf eher zu unterstützen als ihn zu behindern. Darauf weist das letzte Hexagramm des *I Ching* (*Wei Chi* oder »Vor der Vollendung«) hin: »Die Bedingungen sind schwierig. Die Aufgabe ist groß und verantwortungsvoll. Sie bedeutet nicht weniger, als die Welt aus der Verwirrung zurück zur Ordnung zu führen.«[13] Das Hexagramm besteht aus alternierenden Yin- und Yang-Linien. Es drückt die Vorstellung aus, daß die Vollendung von der Harmonie zwischen Yin und Yang abhängt. Sein Bild ist Feuer über dem Wasser; das Feuer lodert nach oben und das Wasser fließt nach unten, aber die Harmonie hängt davon ab, eine ergänzende anstatt einer gegensätzlichen Beziehung zwischen den beiden zu schaffen.

> Wenn das Feuer, das ohnehin nach oben dringt, oben und das Wasser, dessen Bewegung abwärts geht, unten ist, so gehen ihre Wirkungen auseinander und bleiben ohne Beziehung. Will man eine Wirkung erreichen, so muß man erst erforschen, was die Natur der in Betracht kommenden Kräfte und welches der ihnen zukommende Platz ist. Bringt man die Kräfte an der rechten Stelle zum Einsatz, so haben sie die gewünschte Wirkung, und die Vollendung wird erreicht. Um aber die äußeren Kräfte richtig handhaben zu können, ist es vor allem nötig, daß man selbst den richtigen Standpunkt einnimmt. Denn nur von da aus kann man richtig wirken.[14]

Die innere Entwicklung ist nach dem *I Ching* eine Grundbedingung für das heilsame und richtige Handeln in der äußeren Welt, nicht nur, weil wir erst nach der Harmonisierung des Yin- und Yang-Prinzips in unserer Psyche ohne Verwirrung handeln können, sondern auch wegen der Korrespondenz des Individuums mit dem Universum. Nach dem chinesischen Denken ist der Mensch als organischer Bestandteil des Kosmos zu betrachten, so daß sein Denken und Handeln niemals abgetrennt von dem Universum sein kann und immer Spuren in dieser Welt hinterläßt, ebenso wie das Universum sich in der Psyche jedes einzelnen widerspiegelt. Solange wir in Unkenntnis über die Prinzipien des Wandels verharren, werden wir diesem Prozeß hilflos ausgeliefert sein. Das Ringen um Erkenntnis ist gleichzeitig das Ringen um Freiheit. In unserer Unkenntnis des Ablaufs der Gesetzmäßigkeit der Wandlun-

Yang ist in Bewegung

Yin ist in Ruhe

Das Tao des Ch'ien
vervollkommnet
das Männliche

Das Tao des K'un
vervollkommnet
das Weibliche

Die Zehntausend Dinge
in ihrem Wandel und Wachstum

gen bleiben wir Marionetten, wenn wir sie erkennnen, können wir die Puppenspieler werden.

Einer der ersten Schritte in Richtung auf die Teilhabe an der Schöpfung ist, die Beziehung zwischen Yin und Yang verstehen zu lernen. Als die polaren Manifestationen des Tao sind sie in allen Dingen enthalten und können niemals getrennt werden, da das Eine immer den Keim seines Gegenpols enthält. Ein Diagramm des Philosophen des 11. Jahrhunderts, Chou Tun-i, stellt ihre Beziehung zueinander, zum Tao und zu den »zehntausend Dingen« der Schöpfung dar.

Chou Tun-i erklärt sein Diagramm folgendermaßen:

> Das Wahre (Prinzip) dessen, das keinen Gegenpol hat, und die Substanz der Zwei (Kräfte) und die Fünf (Elemente) vereinigen sich auf wunderbare Weise miteinander und Ausgleich folgt daraus *(Ning)*. Das Tao der Himmel vervollkommnet die Männlichkeit und das Tao der Erde die Weiblichkeit. Die beiden *Ch'i* (der Männlichkeit und der Weiblichkeit), die aufeinander wirken und sich gegenseitig beeinflussen *(Chiao Kan)*, wandeln sich und bringen die unzähligen Dinge hervor. Generation folgt auf Generation, und endlos ist die Reihe ihrer Wandlungen und Umformungen.[15]

Dieses Diagramm unterstreicht die grundsätzliche Relativität von Yin und Yang. Das eine kann genausowenig ohne das andere existieren, wie der Tag ohne die Nacht und die Stille ohne den Klang existieren kann. Wie das *Tao Te Ching* sagt:

> Wenn alle das Schöne als schön ansehen,
> dann gibt es auch das Häßliche;
> Wenn alle das Gute als gut ansehen,
> dann gibt es auch das Böse;
> Sein und Nichtsein erzeugen einander –
> Schwer und leicht vollenden einander.
> Lang und kurz gestalten einander.
> Hoch und tief bedingen einander.
> Vorher und Nachher folgen einander.[16]

Es gibt eine interessante Parallele zwischen dem *Tao Te Ching* und Heraklit, der ca. 500 v. Chr. in Griechenland lebte. Seine Paradoxa gleichen verblüffend denen der alten chinesischen Taoisten: »Gott ist Tag und Nacht, Winter und Sommer, Krieg und Frieden, Überfluß und Mangel.« Und »Es ist ein und dasselbe, lebendig oder tot zu sein, wach oder schlafend, jung oder alt. Der Anfang wird immer zum Ende werden, und das Ende wird plötzlich und unerwartet wieder zum Anfang.«[17]

Um die richtige Beziehung zwischen Yin und Yang herstellen zu können, ist mehr als die Kenntnis ihrer gegenseitigen Abhängigkeit oder des Prinzips der Wandlungen, das sie hervorbringen, notwendig. Es ist erforderlich, auch das Wesen der beiden Prinzipien zu verstehen. Das ist von der chinesischen Philosophie nicht befriedigend gelöst, die zumeist schematische Erklärungen liefert, welche im Grunde keine Erklärungen sind. Da diese jedoch von beeindruckender Symmetrie und poetischer Schönheit sind, lassen sie leicht den Wunsch nach vollständigeren Erklärungen gar nicht erst aufkommen. Joseph Needham, der bedeutende und berühmte Kenner der chinesischen Wissenschaft und Zivilisation, schreibt: »Das Buch der Wandlungen war fast von Anfang an ein vertracktes Hindernis« für die Entwicklung des wissenschaftlichen Denkens in China. Es war ein »System, nach dem man jede neue Erkenntnis in eine Schublade ablegen und dann wieder vergessen konnte. Sein allumfassender Symbolismus war eine riesige Registratur.«[18] Ohne das *I Ching* wären die Chinesen der industriellen Revolution wahrscheinlich wesentlich schneller entgegengegangen. Andererseits wäre dem 20. Jahrhundert mit seinen hochspezialisierten Informationen dann ein System vorenthalten geblieben, in das es seine Erkenntnis einordnen kann. Das *I Ching* vermag tatsächlich das notwendige System zu liefern, wenn seine intuitiven Einsichten gemeinsam mit den Erkenntnissen der modernen Wissenschaft und Psychologie untersucht werden. Diese Möglichkeiten stehen erst am Anfang, aber die moderne Physik und die analytische Psychologie haben schon viel dazu beigetragen, die Poesie des *I Ching* in einen größeren Zusammenhang zu bringen und dabei den Sinn und das Wesen des Yin und Yang zu erhellen.

Der zusammenfassende Begriff für die beiden Prinzipien ist *Ch'i*. Die Sinologen haben beträchtliche Schwierigkeiten gehabt, diese Vorstellung in eine westliche Sprache zu übertragen, da sie größtenteils in einer dualistischen Vorstellung befangen waren, die unerbittlich Geist und Materie, Form und Raum trennt. Es ist dies die klassische Newtonsche Sicht der materiellen Welt, die keinen Platz hat für eine Vorstellung, die sowohl Raum als auch Materie beschreibt. Genau dies ist jedoch die Funktion des Begriffes *Ch'i*, wie Chang Tsai (1020–1077 v. Chr.) deutlich macht: »Wenn die materielle Kraft (*Ch'i*) sich vervollständigt, so wird ihre Sichtbarkeit wirksam, und physische Form entsteht. Wenn die materielle Kraft sich nicht vervollständigt, wird ihre Sichtbarkeit nicht wirksam, und es gibt keine physische Form.«[19] Unter bestimmten Umständen nimmt *Ch'i* Form an und unter anderen Umständen bleibt es Raum. Diese Vorstellung der Relativität von »Materie« und Raum wird durch Fritjof Capras Beschreibung der modernen Physik erhellt:

> »Die Hochenergie-Streuexperimente der vergangenen Jahrzehnte zeigten uns überzeugend die dynamische und ständig wechselnde Natur der Teilchen. Die Materie erschien in diesen Versuchen als völlig verwandelbar. Alle Teilchen können in andere Teilchen umgewandelt werden; sie können aus Energie entstehen und zu Energie zerfallen. In dieser Welt haben klassische Begriffe wie ›Elementarteilchen‹, ›materielle Substanz‹ oder ›isoliertes Objekt‹ ihre Bedeutung verloren. Das ganze Universum erscheint als dynamisches Gewebe von untrennbaren Energiestrukturen.«[20]

Und an anderer Stelle sagt er:

> »Die Unterscheidung zwischen Materie und leerem Raum mußte endgültig aufgegeben werden, als entdeckt wurde, daß virtuelle Teilchen spontan aus der Leere entstehen und wieder in die Leere verschwinden können ... Das Vakuum ist bei weitem nicht leer. Im Gegenteil, es enthält eine unbegrenzte Anzahl von Teilchen, die ohne Ende entstehen und verschwinden.«[21]

Die modernen Physiker sehen Form und Raum als Teil eines einzigen Zusammenhanges, dem sogenannten Quantenfeld.

Die Vorstellung des *Ch'i* scheint eine intuitive Erkenntnis dieser Tatsache zu sein, lange bevor es die Instrumente gab, sie wissenschaftlich nachzuweisen. Das *Ch'i* ist das Äquivalent des modernen Quantenfeldes, welches ständig Form hervorbringt und wieder zerfallen läßt. Aber wie kommt es zu den vielen verschiedenen Formen, die das Zusammenspiel von Yin und Yang erzeugt? Wie wir im ersten Kapitel angaben, erklären die Chinesen »die Vielfalt der Dinge« durch den unterschiedlichen Yin- und Yang-Anteil in jedem Ding. Chu Hsi sagt, nur das perfekte harmonische Zusammenspiel der beiden Prinzipien könne das Tao widerspiegeln, aber alle Dinge und Menschen seien unharmonisch. Wir sind wie Spiegel, in deren Mitte ein oder zwei Punkte klar geblieben sind und deren restliche Fläche verdunkelt ist; nur ein kleiner Teil des Tao kann widergespiegelt werden. Daher die Einseitigkeit der Phänomene, einschließlich des menschlichen Bewußtseins:

> Was die Phänomene im allgemeinen angeht, läßt sich sagen, daß eine große Begabung in einer Richtung auf Kosten der Begabung in einer anderen Richtung geht, wie wenn zum Beispiel ein weichherziger Mensch keine Urteilsfähigkeit hat, und ein Mensch mit hervorragender Urteilsfähigkeit dazu neigt, tyrannisch zu sein.[22]

Die Vorstellung von dieser Unausgewogenheit spielt eine wichtige Rolle in der Jungschen Psychologie, die die Entwicklung des Selbst, unserer wirklichen Individualität, als von der Verwirklichung aller Aspekte unserer Natur abhängig sieht, besonders von der Entwicklung der maskulinen und femininen Archetypen. Das Selbst, oder die psychische Ganzheit, ist sehr schwer zu erlangen, und es ist eine der Aufgaben des Analytikers, uns zu der Erkenntnis der unterentwickelten Aspekte unserer Psyche zu führen. Nach Jung und den Neukonfuzianern hängt Gesundheit und Weisheit von der Aufhebung des Ungleichgewichts ab. Eine solche Richtigstellung ist nach Chu Hsi den Menschen möglich, da der höhere Grad des Gleichgewichts von Yin und Yang in ihrer Natur ihnen – im Gegensatz zu den Tieren – Einsichtsfähigkeit gibt.

In ihrer frühesten Form hatten die Schriftzeichen für Yin und Yang nicht die gleiche Form wie heute:

Ihnen fehlte das heute zu beiden Zeichen gehörende »Radikal«, welches »Abhang« bedeutet (statt 陰 und 陽 wurden sie 侌 und 昜 geschrieben). Ursprünglich stand für Yin nur das Schriftzeichen für Wolke, in der Bedeutung das »Überschattende«, das »Dunkle«. In diesem Bild ist der Gedanke des lebenspendenden, ernährenden Wassers impliziert. Das Schriftzeichen für Yang zeigt einen Yakschwanz oder einen in der Sonne flatternden Wimpel. Damit war etwas in der Sonne Glänzendes, Helles gemeint. Die Befehlsgewalt, deren rangmäßige Überlegenheit der aufgezogene Wimpel symbolisiert, ist ebenfalls in diesem Bild enthalten, und diese zusätzliche Bedeutung ging später nicht verloren.[23]

Das Radikal, das (Berg-)Abhang bedeutet, wurde den Zeichen für Yin und Yang später hinzugefügt, und gab ihnen die Bedeutung der sonnigen und schattigen Seite eines Tales. Damit wurde ihre Relativität nun explizit gemacht, und die beiden Symbole drückten die Idee der Polarität als dem fundamentalen Wesen der Welt aus.

Die Struktur der Hexagramme im *I Ching*, die aus der Kombination der acht Trigramme miteinander hervorgegangen sind, gibt der Vorstellung Ausdruck, daß alle Situationen aus einer Kombination von Yin und Yang entstehen. Die vierundsechzig Symbole sind aus den verschiedenen Kombinationen der Yin- und Yang-Linien entwickelt, aber die ersten beiden bestehen ausschließlich aus sechs Yang, beziehungsweise sechs Yin-Linien. Diese beiden zeigen am deutlichsten das unterschiedliche Wesen der beiden Prinzipien:

Ch'ien K'un

Ch'ien wird gewöhnlich als das Schöpferische (Erzeugende) und *K'un* als das Empfangende übersetzt, aber diese Übersetzungen sagen mehr über die Wertvorstellungen des konfuzianistischen Denkens aus als über den wesentlichen Sinn von

Yin und Yang. Bei dem Versuch, das maskuline und feminine Prinzip zu verstehen, entstehen immer wieder Schwierigkeiten, weil ihr Gehalt hinter der Vielzahl der Symbole, mit denen sie assoziiert werden, verborgen ist. Es ist notwendig, ihre fundamentalen Eigenschaften von den Wertungen zu trennen, die ihnen während verschiedener historischer Perioden und Stadien des Bewußtseins beigemessen wurden. »Schöpferkraft« ist eine unbefriedigende Übersetzung für *Ch'ien*, weil nur unter bestimmten Umständen Kreativität das Monopol des Männlichen ist. Zu anderen Zeiten ist das Weibliche kreativ, und öfter alle beide, sowohl in künstlerischer als auch in intellektueller Arbeit.[24] Jedenfalls war zu der Zeit, als die konfuzianistischen Gelehrten das *I Ching* kommentierten, das Maskuline in der Tat die kreative Kraft; schließlich hatte es das alte matriarchalische Bewußtsein entthront und eine neue, polarisierte Sicht des Kosmos eingeführt. Seine Verbindung mit Kreativität und in anderem Zusammenhang mit der Sonne bezeugt seine Rolle als Vermittler neuer Erkenntnisse[25], aber um zu einem Verständnis der von ihm repräsentierten Eigenschaften zu kommen, müssen wir die Werturteile durchschauen.

Nach den Kommentaren zu dem *Ch'ien* Hexagramm ist das Maskuline eine starke, aktive Kraft, deren Energie von keinerlei festen Gegebenheiten im Raum eingeschränkt ist und die deshalb als Bewegung verstanden wird. Sein Wesen ist es, den archetypischen Ideen, die vor der Schöpfung existierten, Gestalt zu verleihen. In dieser Funktion wird es mit dem Regen in Verbindung gebracht: »Die Wolken ziehen vorüber, der Regen tat sein Werk, und alle individuellen Wesen fließen in ihre Form.«[26]

Das Männliche ist das Prinzip, das durch seine erhaltende Kraft zur »dauernden Aktualisierung und Differenzierung der Form« führt.[27] Seine Bewegung verändert und formt alle Dinge, bis sie ihr eigenes, wahres Wesen erreichen. In Einklang mit dem *Ch'ien* zu leben, bedeutet, durch ordnende Aktivität Frieden und Sicherheit in die Welt zu bringen. Es ermöglicht, »mit großer Klarheit Ursache und Wirkung« zu erkennen.[28] Als das Prinzip der Führung, der Ordnung, der Differenzierung, der Individualität, der Bewegung in der Zeit und von Ursache und Wirkung ist *Ch'ien* der Gegenpol des *K'un*.

Das Feminine ist das Prinzip der Verbundenheit. Es umfaßt und ernährt alle Dinge und bietet ihnen vorbehaltlos Schutz und Unterstützung. »Alle Dinge umfassend wird es hell und leuchtet weit. Seine wesentliche Eigenschaft ist frohes Empfangen.«[29] *K'un* ist das Prinzip der Erde, insofern als es den Samen des *Ch'ien* empfängt und ihm zur Reifung verhilft. »Während es die Leistung des Schöpferischen *(Ch'ien)* ist, den Individuen ihre spezifische Form zu geben, ist es die Leistung des Empfangenden *(K'un)*, sie zum Gedeihen und zur Entfaltung zu bringen.«[30] Hingebungsvoll trägt es Gutes und Böses ohne Ausnahme. Es ist das Prinzip der Ruhe, der Zurückhaltung, des Nachgebens und der Mäßigung. Die Bewegung von *K'un* ist die Öffnung in den Raum, im Gegensatz zu der in *Ch'ien* enthaltenen Vorstellung von Zielrichtung. »In seinem ruhenden, geschlossenen Zustand umfaßt es alle Dinge wie in einem großen Mutterleib.«[31] Es bedarf keines Zieles; alles wird durch das *K'un* spontan, was es werden sollte. Seine Eigenschaften sind sanft und schutzgewährend. Es ist das Prinzip der Hingabe und der Kraft, die die Menschen nicht trennt, sondern zusammenführt. Eines seiner Symbole ist das Wasser, das Element, das Einheit und Gleichheit schafft, das alle Dinge in seinen stillen, dunklen Tiefen birgt und bedeckt.

Ein Vergleich der Struktur der beiden Hexagramme erhellt die Unterschiede zwischen ihnen weiterhin. Wie ein Kommentar sagt, gibt es zwei Möglichkeiten der Strukturierung im *I Ching*. Die erste erinnert deutlich an eine musikalische Struktur von Thema und Variationen, wobei das angeschlagene Thema sich durch die sechs Stufen des Hexagramms hindurchzieht. Die andere Struktur hat kein wiederkehrendes Leitmotiv, sondern ist eher mosaikartig als evolutionär aufgebaut.[32]

Ch'ien gehört zu der ersten Kategorie und *K'un* zu der zweiten. Jede Linie des maskulinen Hexagramms enthält den Keim der in der folgenden Linie ausgedrückten Situation, während die Linien von *K'un* keine Abfolge bilden, sondern als Ganzes zu sehen sind, wobei jede Linie einen anderen Aspekt des femininen Prinzips enthüllt. So drückt *Ch'ien* die

Idee einer Entwicklung in der Zeit aus, während *K'un* ein akausales, räumliches Prinzip darstellt.

Nun ist es möglich, eine Liste der wesentlichen Eigenschaften der beiden Prinzipien aufzustellen:

Yin	*Yang*	*Yin*	*Yang*
Beziehung	Individualisierung	Ernährendes	Befruchtendes
Raum	Zeit	Einheit	Polarität
Gemeinschaft	Hierarchie/ Ordnung	Akausalität	Kausalität
Nicht-Urteilen	Urteilen	Spontaneität	Planung
Absichtslosigkeit	Absicht	Ganzheit	Differenzierung

Das ist eine sehr abstrakte Aufzählung. Wenn sie ihren Zweck als Einführung in das jeweilige Wesen des maskulinen und femininen Prinzips erfüllen soll, müssen wir deren Auswirkungen auf einer weniger abstrakten Ebene untersuchen. Deshalb werden wir in den folgenden Kapiteln die unterschiedlichen Sichtweisen der Welt untersuchen, die die Vorherrschaft des einen oder anderen Prinzips im menschlichen Bewußtsein hervorbringt. Aber vorher ist es interessant, die chinesischen Definitionen der beiden Prinzipien durch zwei andere Beiträge zu diesem Thema zu ergänzen, die beide im 20. Jahrhundert in der Schweiz entstanden und die beide in verblüffender Weise die alten chinesischen Intuitionen bekräftigen. Der erste stammt von C. G. Jung, der zweite von Rudolf Steiner.

Jungs Vorgehen in der Psychologie war vorwiegend empirisch. Er beobachtete, daß alle Menschen ein gegengeschlechtliches Element in ihrer Psyche haben; Männer eine weibliche *Anima* und Frauen einen männlichen *Animus.* Die Prinzipien von Anima und Animus nannte er Eros und Logos. Eros, der Archetyp der psychischen Verbundenheit, ist für das Verbindende, Verknüpfende, die Beziehung von einer Person zur anderen, oder von einem Aspekt unserer Seele zum anderen verantwortlich. Logos ist dagegen das Prinzip des objektiven Interesses, das Prinzip des Unterscheidungsvermögens, der Urteilskraft, der Einsicht und der abstrakten Wahrheit. Aber Jungs Werk enthält auch die Vorstellung, daß die Archetypen

Anima und Animus nicht nur in der Psyche jeweils eines Geschlechtes gefunden oder dieser zugeordnet werden können, sondern daß sie beide Männern und Frauen gemeinsam sind.[33]

Man hat sich oft schwergetan, den Begriff des Archetypus in der Jungschen Psychologie zu definieren, aber wir können uns einem Verständnis dieses Begriffes durch eine Analogie mit den Instinkten nähern. In *Die Dynamik des Unbewußten* schreibt Jung: »So wie die Instinkte den Menschen zu einer spezifisch menschlichen Weise der Existenz zwingen, so lenken die Archetypen seine Art der Wahrnehmung und des Verständnisses in spezifisch menschliche Formen.«[34] An anderer Stelle erklärt Jung, daß die Archetypen »alle Aktivitäten der Phantasie in bestimmte Pfade lenken und auf diese Weise zu erstaunlichen mythologischen Parallelen in kindlichen Traumbildern und in den Wahnvorstellungen von Schizophrenen führen, wie man sie auch in geringerem Maße in den Träumen von Normalen und Neurotikern finden kann. Das ist hier nicht eine Frage von ererbtem Ideengut, sondern von ererbten Möglichkeiten von Ideen.«[35]

Anima und Animus stellen eine Polarität in allen Menschen dar, aber sie werden selten in harmonische Beziehung zueinander gebracht; gewöhnlich wird eine Seite zum Schaden der anderen hervorgehoben. Daraus entsteht das psychologische Ungleichgewicht in den meisten von uns, das wir unbewußt durch unsere Zuneigung zu oder Abhängigkeit von Menschen oder Ideologien kompensieren, die den unentwickelten Aspekt unserer eigenen Psyche repräsentieren. Unsere psychologische Reife hängt nach Jung davon ab, ob wir eine Beziehung zwischen diesen beiden Prinzipien in uns selbst herstellen können. Dies ist das geheiligte Verlöbnis, welches das zentrale Motiv vieler Religionen und Philosophien ist und die höchste Stufe psychologischer Entwicklung darstellt. Es kann erst nach der totalen Trennung des Maskulinen und Femininen voneinander stattfinden.

Rudolf Steiners Erkenntnis entwickelte sich auf ganz andere Weise als die Jungs. Steiner wurde im Jahre 1861 als das älteste von drei Kindern eines Bahnhofsvorstehers in Österreich geboren, nur einige Jahre nach der Publikation von Darwins *Die Entstehung der Arten.* Er erhielt seine wissenschaftliche Ausbildung an einem österreichischen Gymnasium und an der Technischen Universität in Wien. Wie er selbst berichtete, war er sich schon mit acht Jahren einer Realität bewußt, die sich von der materiellen Welt unterschied, die in seiner Sicht aber ebenso wirklich war wie die Dinge des täglichen Lebens, auch wenn man sie nicht fassen oder berühren konnte. Wollte er über diese Welt sprechen, so stieß er auf Unverständnis, so daß er sich entschloß, vorerst darüber zu schweigen. In seinen frühen Jahren beschäftigte er sich sehr mit der Frage der Beziehung zwischen den beiden Wirklichkeiten, der einen, die von den meisten Menschen anerkannt wurde, und der anderen, die nur er allein zu sehen schien. Er kam zu der Überzeugung, daß die Entdeckung der Wahrheit von der Entwicklung höherer Formen des Bewußtseins abhängig sei, die er für bestimmte Menschen in ihrem gegenwärtigen Stadium für möglich hielt und für die ganze Menschheit in einem zukünftigen Stadium. Während des ersten Teils seines Lebens arbeitete Steiner an der Entwicklung seines eigenen Bewußtseins, wieder und wieder seine Erkenntnisse überprüfend, bis er schließlich zu Beginn dieses Jahrhunderts die Zeit gekommen sah, seine Erkenntnisse zu veröffentlichen.

Er gründete die Anthroposophische Gesellschaft, deren Name die Vorstellung nahelegt, daß die Weisheit im Wissen über den Menschen und seine Beziehung zum Universum zu finden ist, und darüber hinaus, daß die göttliche Weisheit, die in der Vergangenheit den Menschen offenbart worden war, der einzelne nun durch sein Ringen um Selbsterkenntnis finden müsse. Anleitung dazu, wie diese Selbsterkenntnis zu verwirklichen sei, gab er in seinem Buch *Wie erlangt man Erkenntnisse der höheren Welten.*

Die »höheren Welten« sind, wie Steiner erklärt, nicht räumlich getrennte Regionen, sie durchdringen vollkommen die »niedrigeren Welten«.

> Sie unterscheiden sich dadurch, daß jede Welt eine begrenztere und kontrolliertere Stufe des Bewußtseins hat als die darüberliegende Welt. Das niedrigere Bewußtsein ist unfähig, das Leben der höheren Welt zu erfahren, und weiß nicht einmal von seiner Exi-

stenz, obwohl es von ihr durchdrungen wird. Aber wenn die Wesen einer niedrigeren Welt zu einer höheren Bewußtseinsstufe kommen, dann manifestiert sich diese höhere Welt in ihnen, so daß sie dann sagen können, sie sind in eine höhere Welt aufgestiegen, obwohl sie ihre Räumlichkeit nicht verlassen haben.[36]

Steiner betont, daß über lange Zeit gesehen das Erreichen höherer Stufen des Bewußtseins zum normalen Prozeß der menschlichen Entwicklung gehört, aber heute noch eine außerordentlich schwere Aufgabe für das Individuum ist, die eine ganz besondere sittliche Vorbereitung erfordert. Der Suchende muß vollkommene Demut entwickeln sowie einen Sinn für Ehrfurcht der ganzen Welt gegenüber und innere Ruhe. Er muß sich der übergeordneten Bedeutung des inneren Lebens von Denken und Meditation bewußt werden und eine zunehmende Kontrolle über sein Denken, Fühlen und Wollen erreichen. Und Steiner ermahnte seine Schüler: »Wenn du einen Schritt vorwärts zu machen versuchst in der Erkenntnis geheimer Wahrheiten, so mache zugleich drei vorwärts in der Vervollkommnung deines Charakters zum Guten.«[37]

Steiners Beschreibung des maskulinen und femininen Prinzips bestätigt und erhellt die des *I Ching* und der analytischen Psychologie. Er stellt das Maskuline als das differenzierende, individualisierende Prinzip im Gegensatz zum mütterlichen Prinzip der Annäherung dar. »Die dem weiblichen Prinzip innewohnenden Kräfte erzeugen Annäherung; die Kräfte, die Differenzierung erzeugen, liegen im männlichen Prinzip.«[38] Das Maskuline individualisiert, spezialisiert und trennt, während das Feminine zur Verallgemeinerung neigt. Steiner beschreibt in diesem Zusammenhang vor allem den Einfluß der beiden Prinzipien auf die Gestaltung des physischen Körpers, aber in einer anderen Schrift stellt er fest, daß auch die Seele gleichzeitig männlich und weiblich ist, beide Naturen in sich trägt. Es ist nicht klar, was er genau mit der Bisexualität der Seele meinte, aber in einer Reihe von Vorträgen über die »Allgemeine Menschenkunde« beschreibt er eine in allen Seelen wirksame Polarität, die, obwohl nirgends mit dem maskulinen und femininen Prinzip gleichgesetzt, doch so gravierende

Ähnlichkeiten mit seinen anderen Beschreibungen der beiden Prinzipien aufweist, daß es wahrscheinlich ihre Beschreibung von einem anderen Gesichtspunkt aus ist. Er nennt sie die Polarität von Sympathie und Antipathie.

Sympathie ist die Kraft, die uns mit der Welt und mit anderen Menschen verbindet, ob durch Liebe oder Haß oder ein dazwischenliegendes Gefühl. Antipathie trennt uns von der Welt, sie schafft die Möglichkeit für Erinnerung, Wahrnehmen und Erkennen. In Tieren sind die Kräfte der Sympathie viel stärker als die der Antipathie, sagt Steiner. Wenn die Menschen nicht mehr Antipathie für ihre Umwelt hätten als die Tiere, wären sie viel mehr mit der Natur verbunden, als sie es sind.

> Das Tier lebt in größerer Sympathie mit seiner Umgebung und ist daher mit ihr mehr verwachsen; deshalb ist es mehr vom Klima und den Jahreszeiten usw. abhängig als der Mensch. Weil er in größerer Antipathie zu seiner Umgebung lebt, ist er eine Persönlichkeit. Wir haben unser getrenntes Bewußtsein der Persönlichkeit, weil die Antipathie, die unter der Schwelle der Bewußtheit liegt, uns ermöglicht, uns getrennt von unserer Umgebung zu erfahren.[39]

Nach Steiners Beschreibung scheint Antipathie ein anderer Begriff für das Prinzip zu sein, das während des Bewußtseinsstadiums der Großen Mutter entstand und eine zunehmende Entfremdung des Menschen von seiner Umgebung und gleichzeitig eine Entwicklung des individuellen Bewußtseins herbeiführte. Antipathie ist das Verlieren, das eine Vorbedingung für Neufinden ist, oder die Differenzierung, die eine Voraussetzung für eine neue Beziehung und Einheit ist. Die Yin-Yang-Theorie wäre niemals ohne das Auftauchen des männlichen Prinzips und die von ihm bedingte Polarisierung des Bewußtseins entstanden.

Weil die ersten Ansätze einer auf der Polarität von Yin und Yang basierenden Weltsicht vor so langer Zeit entstanden sind (im 2. Jahrtausend v. Chr.), wurden ihre Erkenntnisse niemals vollständig von einer einzelnen Schule der chinesischen Philosophie formuliert. Die meisten Schulen, und zu einem noch höheren Maße die bemerkenswerte philosophische Synthese von Chu Hsi, betonen in ihren Interpretationen der menschlichen und kosmischen Natur ein Prinzip auf Kosten des anderen. Die Konfuzianer neigten dazu, den Prozeß der Polarisierung, der der polarisierten Auffassung von der Realität innewohnte, zu betonen, während die späteren Taoisten und *Chan*- oder Zen-Buddhisten sich auf die der Polarität zugrundeliegende Einheit konzentrierten. Diese Einseitigkeit hatte ihre Vorteile; sie half, die konstante Gefahr im chinesischen Denken, nach der Harmonie zu streben, bevor die maskulinen und femininen Gegensätze ausreichend differenziert worden waren, zu mildern. Trotzdem könnte man behaupten, daß diese Differenzierung nicht weit genug gegangen ist, daß ein Sinn für die Einheit der ganzen Schöpfung sowohl in der konfuzianistischen als auch in der taoistischen Philosophie ein Verständnis der Verschiedenheit überwog.

Das Ergebnis war eine erdrückende gegenseitige Abhängigkeit, die man auf persönlicher Ebene mit der allzu vereinfachten Interpretation der Ehe als der Bildung eines Körpers mit vier Beinen, anstatt der freien Beziehung von zwei Individuen, vergleichen könnte. Aber der Keim einer wirklich polaren Vorstellung von der Welt, die der Verschiedenheit wie der Einheit gleich große Bedeutung beimißt, war in der Yin-Yang-Theorie enthalten. Bevor wir nun die beiden Pole im chinesischen Denken untersuchen, werde ich die wichtigsten Punkte der Theorie noch einmal kurz zusammenfassen.

Die Yin-Yang-Theorie, die durch die moderne Physik sowie die analytische Psychologie in mancher Hinsicht bestätigt wird, behauptet, daß es zwei kosmische Prinzipien gibt, das maskuline und das feminine, die allen Erscheinungen innewohnen und deren Zusammenspiel das Werden und Vergehen aller Dinge bedingt. Die Geschlechtlichkeit ist demnach ein kosmisches oder archetypisches Phänomen, das in verschiedenen Formen in der ganzen Schöpfung von der Ebene des Anorganischen bis zu der Ebene des menschlichen Bewußtseins zum Ausdruck kommt. Weil Yin und Yang sowohl die sichtbaren als auch die unsichtbaren Welten hervorbringen, beschreiben sie eine Welt, in der Geist und Körper, Form und Raum nicht unvereinbare Gegensätze, sondern verschiedene Ausdrucksformen eines Kontinuums sind. Da sie zudem die polaren Manifestationen des Tao sind, des Prinzips, das der ganzen Schöpfung zugrunde liegt, hängt das Erlangen physischer und geistiger Gesundheit, ebenso wie der Weisheit, von der Herstellung einer harmonischen Beziehung zwischen den beiden Prinzipien ab. Das Wesen des Menschen kann sich nur in seiner fundamentalen Ganzheit offenbaren, wenn Yin und Yang in eine bewußte Verbindung miteinander gebracht worden sind. Die Voraussetzung dafür ist ihre Unterscheidung von dem undifferenzierten Tao. Das menschliche Bewußtsein hat die Möglichkeit, Ganzheit zu finden, wenn es lernt, das Prinzip der Entwicklung zu erkennen, das den Wandlungen von Yin und Yang innewohnt. Dieses Prinzip beinhaltet eine schrittweise Evolution, die sich zyklisch vom Chaos zur Ordnung bewegt, von der Undifferenziertheit zur Differenzierung. Bei dieser Entwicklung wird das Tao durch die aktive, trennende Energie des Yang, das wiederum seinen Gegensatz, das feminine Prinzip, hervorruft, in Yin und Yang geteilt. Die dialektische Beziehung der beiden Prinzipien führt zu ihrer zunehmenden Polarisierung, aber, wenn die Wandlungen nach ihrer eigenen Gesetzmäßigkeit verlaufen, nicht zu ihrer unwiderruflichen Entfremdung.

4. Das männliche Bewußtsein

Die Geburt und die Entwicklung des maskulinen Prinzips im Bewußtsein revolutioniert die Selbst- und Welterfahrung des Menschen. Statt instinktiv an den Rhythmen der Natur teilzuhaben, von ihr geborgen und von ihren Gesetzen gelenkt zu sein, entsteht nun ein Bewußtsein, das davon ausgeht, daß in erster Linie die Menschen, nicht die Natur, für die Gestaltung des menschlichen Lebens verantwortlich sind. Dieses Bewußtsein versucht sich aus der alten vorbewußten Identität mit dem Kosmos zu lösen und die frühere Unterwerfung unter unbekannte Naturgewalten durch das Streben der Herrschaft über die Natur und durch das Verständnis ihrer Gesetze zu ersetzen. Ein solches Bewußtsein sucht nach Unabhängigkeit, Autonomie und Freiheit. Es verfolgt diese Ziele durch die Entwicklung der verschiedensten Eigenschaften und Fähigkeiten, die aber alle auf verschiedene Weise den unterscheidenden Impuls des maskulinen oder Yang-Prinzips ausdrücken.

Der Drang, sich aus der Hegemonie der Natur zu lösen und das eigene Schicksal selbst zu bestimmen, ist ein verhältnismäßig neues Phänomen in der Geschichte der Menschheit. Angesichts der Tatsache, daß die Entwicklungsgeschichte der Menschheit Millionen Jahre zurückreicht, scheint diese Entwicklung sehr jung zu sein, da sie wohl in keiner Kultur vor 5000 v. Chr. auftrat. Grundsätzlich bleibt es ein Geheimnis, warum Individuen, gefolgt von Gruppen, in bestimmten Gesellschaften begannen, sich selbst und ihre Beziehung zur Welt anders zu erfahren. Es gibt jedoch genügend Hinweise aus verschiedenen Teilen der Welt, daß dies zu einem bestimmten Zeitpunkt der Evolution tatsächlich geschah.[1] Eine radikale Veränderung des menschlichen Bewußtseins begann, die weitreichende Folgen für die zukünftige Evolution der Menschheit haben sollte. Eine Möglichkeit, diesen Vorgang zu erforschen, besteht darin, das Denken und die Wertvorstellungen der Wegbereiter dieser Veränderung in einer der Kulturen, die diese Revolution erlebten, zu untersuchen – in der chinesischen Gesellschaft. Die beiden traditionellen Schulen des chinesischen Denkens, die am klarsten das neue, maskuline Bewußtsein widerspiegeln, sind Legalismus und Konfuzianismus.

Die chinesischen Kommunisten haben sich beharrlich als Feinde des Konfuzianismus erklärt. Sie verdammen das Konglomerat aus Theorien und Aberglauben, welches ihrer Meinung nach das ideologische Fundament für die extreme Unterdrückung und Ausbeutung darstellte, unter denen das chinesische Volk, mit Ausnahme der Mitglieder der herrschenden Elite, und die chinesischen Frauen aller Klassen zu leiden hatten. Sie halten sich selbst zugute, eine viel humanere Alternative zu der konfuzianistischen Herrschaft ermöglicht zu haben. Ihr Standpunkt gegenüber dem Legalismus, dem traditionellen Feind des Konfuzianismus, ist ambivalenter: Während sie das elitäre Denken und die Ausbeutung, die dieser Schule des Denkens innewohnte, erkennen, haben sie doch versucht, die Beschimpfungen, mit denen der Legalismus von Generationen konfuzianistischer Gelehrter überhäuft wurde, wegzuräumen und seine grundlegende Bedeutung für das Leben des chinesischen Volkes wieder zu würdigen. Sie geben ihrer Bewunderung für den Angriff der Legalisten auf die alten Denk- und Unterdrückungsstrukturen Ausdruck und preisen sie für die Einführung eines neuen Rationalismus in das chinesische politische Denken. Sie heben hervor, daß diese Denker sich für eine größere Unabhängigkeit des Menschen von der Gnade und den Geboten der Götter eingesetzt und eine Ablösung der Herrschaft der Natur durch die Herrschaft des Menschen gefordert haben. Außerdem achten sie die Legalisten für die Errichtung des ersten, vereinigten chinesischen Reiches.[2] Hinter diesem vorsichtigen Lob der Kommunisten könnte jedoch noch ein anderer Grund für die Anerkennung der Verdienste der Legalisten stecken; in gewisser, sehr bezeichnender Weise haben die Kommunisten, die Legalisten und die Konfuzianer eine gleichartige Einstellung gegenüber dem Menschen und der Welt.

Ihre Definitionen einer guten Regierung sind zweifellos unterschiedlich. Die Legalisten befürworteten ein festgegliedertes System, das auf einer strengen Gesetzgebung basierte und ermächtigt war, durch Belohnung und Bestrafung alle Bereiche der Gesellschaft zu kontrollieren. Nach Ansicht der Konfuzianer sollte die Regierungsgewalt von denen ausgeübt werden, deren geistige und moralische Kräfte am höchsten entwickelt waren, und die Kommunisten glauben, daß die Regierung den Interessen der Arbeiterklasse dienen sollte – »den Massen« –, indem sie es dieser ermöglicht, ihre Lebensbedingungen zu verbessern. Die politische Macht sollte also von denen ausgeübt werden, die ihre Fähigkeit bewiesen haben, diese Interessen zu verstehen und zu befriedigen. In der politischen Theorie bestehen offensichtlich fundamentale Unterschiede zwischen den drei Schulen. Was jedoch die Evolution des Bewußtseins angeht, sind alle drei in gewisser Weise Ausdrucksformen des männlichen Prinzips. Jede tritt für Kontrolle und Ordnung ein und behauptet, die Voraussetzung hierfür sei die Differenzierung und Analyse der menschlichen und natürlichen Welt und der Menschen untereinander. Alle drei stellen Aktivität über Passivität sowie Urteilskraft und Vernunft über Intuition und Imagination, und sie bewerten eine hierarchische und kritische Einstellung gegenüber dem Menschen und der Natur höher als eine unparteiische tolerante und nachgiebige.

Der Legalismus stellte die extreme Weiterführung der autoritären Ideen des konfuzianistischen Philosophen Hsün-tzu dar, der im 3. Jahrhundert v. Chr. lebte. Die auf Hsün-tzu aufbauenden Ideen von Han Fei-tzu, Shang Yang und Li Ssu bildeten das Fundament für die Vereinigung Chinas unter den Ch'in im Jahre 221 v. Chr. und für ein Reich, das, obwohl nicht ohne Unterbrechungen, mehr als 2000 Jahre überdauern sollte. Eine zentrale Verwaltung wurde eingerichtet, und China wurde in 36 Kommandanturen eingeteilt, die wiederum in Präfekturen unterteilt waren. Ein System der privaten Landpacht, ohne Privilegien, mit gleichen Rechten und Besteuerung, das erstmals im alten Ch'in-Staat praktiziert worden war, wurde über das ganze Reich ausgedehnt. Der Erbadel von China (ungefähr 120 000 Familien) wurde in der Hauptstadt versammelt, um ihn von den Wurzeln seiner Macht zu trennen, Maße und Gewichte wurden vereinheitlicht, die Münzprägung und sogar, um den Transport zu erleichtern, die Achsmaße der Wagen wurden standardisiert. Li Ssu, oberster Administrator der Ch'in, vereinheitlichte die chinesischen Schriftzeichen, und es entwickelte sich eine Form der Schriftsprache, die sich während der folgenden 2000 Jahre kaum veränderte. Im Jahre 213 v. Chr. vollendet Li Ssu sein rigoroses Streben nach Uniformität mit der berüchtigten Bücherverbrennung, um alles andersgläubige Denken und Schrifttum auszurotten. Die einzigen Schriften, die den Flammen entgingen, waren Gebrauchsliteratur über Medizin, Landwirtschaft und das weissagende *Buch der Wandlungen.* In einer bemerkenswert kurzen Zeit wurde China aus einer Anzahl sich bekriegender Staaten zu einem vereinigten Reich. Jedoch die Dynastie, die das erreicht hatte, war kurzlebig. Nach nur fünfzehn Jahren brach das erste Reich zusammen, gestürzt von den unterdrückten und ausgebeuteten Bauern. Sein Sturz war das Ende des ersten und einzigen Versuchs, eine rein legalistische Herrschaft zu errichten.

Die zentrale Idee des Legalismus war, daß der Mensch eher als die Natur, die bewußte Kontrolle eher als Instinkte, die Gegenwart eher als die Vergangenheit die Basis der sozialen, politischen und ökonomischen Ordnung bilden sollten. Der Legalismus behauptet, der Mensch sei von Natur aus unmoralisch und daher könne nur eine strenge Gesetzgebung, ausgestattet mit einem ebenso rigorosen Belohnungs- wie Bestrafungssystem, auf die sicherste, diszipliniertestе und daher vernünftigste Art die politische Stabilität sichern und die Menschheit vor den verheerenden Auswirkungen der Natur und der Unzuverlässigkeit ihrer eigenen Gefühle schützen. Die Legalisten waren unerbittliche Gegner aller instinktiven Äußerungen. Sexualität wurde daher zum Gegenstand einer Serie strenger Erlasse und Verordnungen. Als Ch'in Shih Huang Ti China vereinigte, war vor allem noch in den Grenz- und Küstengebieten eine weitgehende sexuelle Freiheit in der Beziehung zwischen Männern und Frauen üblich.[3] Die Ch'in-Dynastie tat jedoch ihr Äußerstes, alle »Unreinheiten« auszulöschen und sexuelle Praktiken gesetzlich zu regeln. Ehebruch wurde zum Beispiel schwer bestraft. Eine Steininschrift dieser Zeit lautet:

Wenn eine Witwe mit einem Sohn wieder heiratet, ist sie treulos und unkeusch. Die Geschlechter sind streng getrennt, Zügellosigkeit ist verboten, und Männer und Frauen sind makellos und redlich. Wenn ein Mann Ehebruch begeht, ist es kein Verbrechen, ihn zu töten; folglich müssen die Männer den richtigen Sittenregeln folgen. Wenn eine Frau sich von ihrem Liebhaber entführen läßt, kann ihr Sohn sie verstoßen; folglich werden die Frauen keusch und gut.[4]

Die Legalisten betonten den Wert gesetzlicher Maßnahmen, Anordnungen und strikter Organisation und hielten Gesetze und Verordnungen jederzeit der Sensivität oder der Inbetrachtziehung einer bestimmten Person oder Situation gegenüber für vorrangig. Das ging manchmal bis zum Extrem, wie die folgende Anekdote aus dem *Han Fei-tzu*, einem Text aus dem 3. Jahrhundert v. Chr., zeigt:

Eines Tages war der Fürst Chao von Han betrunken und schlief ein. Der königliche Hutbewahrer sah, daß dem Fürsten kalt war, und deckte ihn mit einem Mantel zu. Als der Fürst erwachte, fragte er seine Diener erfreut: »Wer hat mich mit dem Mantel zugedeckt?« – »Der königliche Hutbewahrer«, antworteten sie.

Daraufhin bestrafte der Fürst sowohl den königlichen Hutbewahrer als auch den königlichen Gewandbewahrer. Er bestrafte den Gewandbewahrer für das Versäumnis seiner Pflicht und den Hutbewahrer für die Übertretung seines Amtes. Er liebte es zwar nicht zu frieren, aber er hielt das Eingreifen eines Beamten in die Pflichten eines anderen Beamten für eine größere Gefahr als die Kälte.[5]

Diese Anekdote macht die potentielle Unflexibilität des Legalismus deutlich, aber es ist wichtig, seine Bedeutung für die Herstellung von Ordnung, die Gewinnung von Klarheit des Denkens und von Urteils- und Differenzierungsfähigkeit für ein Volk, das noch stark von der undifferenzierenden, ganzheitlichen Macht der Großen Mutter beeinflußt war, nicht zu unterschätzen.

Wenn der Ch'in-Staat auch zusammenbrach, so wurde der Geist des Legalismus doch zum Bestandteil der Ideologien der meisten nachfolgenden Dynastien, auch der des direkten

Nachfolgers. Die Han-Dynastie, die 206 v. Chr. von dem bäuerlichen Rebellenführer Liu Pang gegründet wurde, machte den Konfuzianismus zur Staatslehre, was er, abgesehen von einigen bedeutsamen Zwischenspielen, während des größten Teils der folgenden 2000 Jahre auch blieb, bis zur Abschaffung des Prüfungssystems, das den Zusammenbruch der Ch'ing-Dynastie und das Ende des Kaiserreiches einleitete. Im Jahre 175 v. Chr. wurden die Lehren des Konfutse (K'ung-tzu) in Stein gemeißelt, und 124 v. Chr. richtete der Kaiser Wu Ti die erste kaiserliche Universität ein, die Beamte in der neuen Staatslehre unterrichtete.[6] Während der folgenden Jahrhunderte, besonders ab dem 8. Jahrhundert, wurde die Zahl der Beamten, die ihre Stellung durch Prüfungen erlangten, langsam größer als die Zahl derer, die sie gekauft oder durch Vetternwirtschaft erhalten hatten. Das bedeutete nicht, daß nun Reichtum und Amt vollkommen getrennt waren; die Ausbildung zum Staatsbeamten war immer teuer, so daß die Inhaber großer Güter oder offizieller Positionen am ehesten die Erziehung ihrer Söhne oder Sippenangehörigen finanzieren konnten. Jedenfalls bedeutete diese Entwicklung, daß das Kaiserreich in zunehmendem Maße von einer Elite regiert wurde, die darin ausgebildet war, die Welt auf konfuzianistische Weise zu sehen und zu interpretieren. Wer in die herrschende Klasse aufsteigen wollte, mußte vor allem die Fähigkeiten des neuen männlichen Bewußtseins beherrschen.

Der Konfuzianismus als Staatsideologie war eine Mischung aus dem Glauben der Legalisten an Hierarchie und feste Kontrolle durch absolute Gesetze und den Ideen von K'ung-tzu, seinem Jünger Menzius (Meng-tzu) und den Neukonfuzianern der Sung-Dynastie (10.–13. Jahrhundert n. Chr.). Daß eine solche Synthese von Legalismus und konfuzianistischem Denken möglich war, liegt weniger an dem sich ergänzenden Inhalt der Ideen der beiden Schulen, als an der Ähnlichkeit des Bewußtseins, das dahinter stand.

Rationalismus ist das beherrschende Thema des Konfuzianismus. Der neukonfuzianistische Philosoph Ch'eng I (1033–1107 n. Chr.) schrieb: »Alle Dinge in der Welt können durch das Licht der Vernunft begriffen werden. Jedes Wesen lebt nach seinem Prinzip oder der Ordnung der Natur. In beidem herrscht daher die Vernunft.«[7] Einige der kritischsten Bemerkungen von K'ung-tzu richten sich gegen irrationales Verhalten: »Es gibt zwei Dinge«, sagte er, »die ich nicht verstehe, die Frauen und das gemeine Volk. Und beide aus dem gleichen Grund: wenn du ihnen reserviert gegenübertrittst, nehmen sie es übel, wenn du mit ihnen vertraulich umgehst, nutzen sie es aus.«[8]

Die Abneigung gegen die Frauen und die Unterdrückung des Weiblichen wurden einer der Grundsätze des konfuzianischen Staates. Ein berühmtes Gedicht von Fu Hsuan aus dem 3. Jahrhundert lautet:

Wie traurig ist es, eine Frau zu sein,
Nichts auf der Welt ist geringer geachtet.
Die Knaben lehnen lässig an der Tür,
Wie Götter, die vom Himmel fielen;
Ihr Mut trotzt den vier Ozeanen,
Dem Wind und Staub von tausend Meilen.
Doch niemand freut sich,
Wenn eine Tochter ihm geboren wird,
Sie bringt ihrer Familie nichts ein.

Die Geschichte des chinesischen Kaiserreiches seit dem 3. Jahrhundert v. Chr., von der Ch'in- bis zur Ch'ing-Dynastie (1644–1911 n. Chr.) und besonders die der Sung-Dynastie (960–1279 n. Chr.), ist zum Teil die Geschichte der schrittweisen Entwertung der Position der Frau. Während des 10. oder 11. Jahrhunderts, zur Zeit der wachsenden Urbanisierung der chinesischen Gesellschaft, wurde die Sitte eingeführt, den Frauen die Füße einzuschnüren. Damit einher ging ein Zunehmen des Konkubinats und eine Verschärfung der sozialen Regeln gegen die Wiederheirat von Witwen in der herrschenden Klasse. Die Macht des Maskulinen und die Herrschaft der Männer über die Frauen setzte sich weitgehend unangefochten über die folgenden Jahrhunderte fort. In der späten Ming-Zeit (17. Jahrhundert) und nach dem Ch'ing-Gesetz wurde eine Frau, die ein Verbrechen begangen hatte, nicht gefangengenommen, sondern der Aufsicht ihres Ehemannes unterstellt.[9]

Das von einer Frau namens Pan Chao im 1. Jahrhundert n. Chr. geschriebene *Nü-chieh* (Regeln für Frauen) wurde zur Grundlage der Erziehung der Frauen. Es lehrte sie, sanft und unaufsässig, beständig und still, keusch und ordentlich sowie bedacht in ihrem Tun zu sein und sich in allen ihren Handlungen an die Regeln zu halten. Und da Frauen den Männern als unterlegen galten, lehrte es sie, dem Mann zu dienen, ihn zu verehren und ihm gegenüber eine unterwürfige Haltung einzunehmen.

Für die Konfuzianer war die Welt ein vollkommen vernünftiges Phänomen. So behaupteten sie, weil das höchste Prinzip, das Tao, die Vernunft ist, und weil jede Person das Tao widerspiegelt, können alle Menschen Kraft ihres denkfähigen und vernunftbegabten Geistes die Geheimnisse des Universums verstehen. »Um zur Erkenntnis seines Herzens zu kommen, muß ein Mensch seine Natur verstehen. Ein Mensch, der seine eigene Natur kennt, kennt den Himmel.«[10] Die Entscheidung, die eigene Natur kennenzulernen, stand dem einzelnen jedoch keineswegs frei; im Gegenteil, die Konfuzianer hielten sie für eine soziale Verpflichtung. Sie glaubten, daß jeder seine Denkfähigkeit entwickeln solle, nicht nur um den widersprüchlichen Anforderungen seiner eigenen Gefühle und Leidenschaften mit Ruhe und Ordnung gegenübertreten zu können, sondern auch um in der Lage zu sein, die Welt in Ordnung zu halten.

Der konfuzianistische »Edelmann« *(Chün-tzu)* durfte kein Einsiedler sein, der still in seiner Strohhütte über die Geheimnisse des Universums nachsann. Es konnte für ihn keine Erfüllung bedeuten, sich von seinen Mitmenschen abzusondern. Menschsein bedeutete für ihn, einen moralischen Auftrag zu haben; seine angeborene Mission war, das Tao in der Welt zu verbreiten. Der Wunsch nach sozialer oder politischer Verantwortung wurde als der natürliche Ausdruck eines reifen und gesunden Geistes gesehen. Ein konfuzianistischer Edelmann mußte aus Treue zu sich selbst einen Teil seines Lebens der Hilfe und der Führung anderer widmen.

Vernunft, im Sinne der Konfuzianer, bedeutete die Fähigkeit, eine in ihren Gesetzmäßigkeiten erkennbare Welt klar zu verstehen. Das war allerdings keineswegs eine rein intellektuelle Übung. Die Konfuzianer verstanden unter Vernunft im wesentlichen einen sittlichen Geist, der Fühlen und Denken umfaßte. Durch das Denken unterscheidet der Geist zwischen verschiedenen Aspekten der Psyche, ebenso wie zwischen bestimmten Situationen und Menschen der Außenwelt. Durch das Fühlen unterscheidet er zwischen richtig und falsch und erfährt die den Umständen angemessenen Gefühle. Sie glaubten, daß die Entwicklung dieses Geistes die Menschen von den Tieren unterscheidet. So sagte Meng-tzu: »Wessen Herz ohne Mitleid ist, der ist nicht menschlich; wessen Herz frei von Scham ist, der ist nicht menschlich; wessen Herz frei von Höflichkeit und Bescheidenheit ist, der ist nicht menschlich; wessen Herz keinen Sinn für richtig und falsch hat, der ist nicht menschlich.«[11] Um derart verstehen zu können, ist es wichtig, sowohl bewerten als auch unterscheiden zu können. Ohne Bewertung, warnt Meng-tzu, können wir den Fehler machen, »daß wir für einen Finger auf Kosten der Schultern sorgen«.

> Ein Mann liebt alle Teile seiner Person ohne Unterscheidung. Da er sie alle ohne Unterscheidung liebt, nährt er sie alle ohne Unterscheidung. Wenn er keinen Fingerbreit seiner Haut nicht liebt, dann gibt es keinen Fingerbreit, den er nicht ernährt. Gibt es einen anderen Weg zu erkennen, ob das, was ein Mann tut, gut oder schlecht ist, als darauf zu schauen, wofür er sich entscheidet? Die Teile seines Körpers sind von unterschiedlichem Wert und unterschiedlicher Bedeutung. Vernachlässige nie die wichtigeren Teile auf Kosten der unwichtigeren Teile, oder die wertvollen auf Kosten der weniger wertvollen. Wer die Teile von geringer Bedeutung pflegt, der ist ein geringer Mann. Wer die Teile von großer Bedeutung pflegt, der ist ein großer Mann. Man betrachte einen Gärtner. Pflegt er die gewöhnlichen Bäume und vernachlässigt die kostbaren, so ist er ein schlechter Gärtner. Ein Mann, der sich um einen Finger kümmert, auf Kosten seiner Schulter und seines Rückens, ohne seinen Fehler zu bemerken, ist ein Wirrkopf. Ein Mann, der sich nur um Essen und Trinken kümmert, wird von den anderen verachtet, weil er sich nur um die unwichtigeren Teile zum Schaden der wichtigeren kümmert. Wenn ein Mann sich um Essen und Trinken kümmern kann, ohne die anderen Teile seines Körpers zu vernachlässigen, dann sind sein Mund und sein Bauch viel mehr als nur ein Stück Haut.[12]

Im konfuzianistischen Denken erstreckte sich die Bedeutung der Urteilskraft auf jeden Lebensbereich. Meng-tzu sagte: »Es liegt in der Natur der Dinge, daß sie ungleich sind ... Wenn ihr sie gleich macht, werdet ihr die Welt in Verwirrung stürzen.«[13] Das führte zu einem System der Abstufung von Liebe und Pflicht. Die Konfuzianer meinten, zwischen Vater und Sohn sollte Zuneigung herrschen, zwischen Herrscher und Minister sollte Rechtschaffenheit herrschen, zwischen Mann und Frau sollte Achtung und Aufmerksamkeit für ihre getrennten Aufgaben herrschen, zwischen jung und alt sollte Ordnung herrschen, und zwischen Freunden Ehrlichkeit. Die Konfuzianer vertraten die Meinung, daß zu jeder Beziehung bestimmte Gefühle gehören, und wiesen die Vorstellung des Philosophen Mo-tzu (5. Jh. v. Chr.), der meinte, dem Wohl der Welt sei am besten gedient, wenn jedermann jeden anderen so lieben würde, wie jedermann sich selbst liebt, entschieden zurück.

Die moralischen Gefühle, die den Konfuzianern so wichtig waren, dürfen nicht mit Leidenschaften verwechselt werden. Während diese kommen und gehen, irreführen und verwirren und Chaos zur Folge haben, entspringen die ursprünglichen moralischen Gefühle der Mitte unseres Wesens und führen, wie das richtige Denken, zu Klarheit und Einsicht. Sie können unser Handeln mit Vertrauen, Ziel, Würde und Freiheit erfüllen. Es ist jedoch nicht immer einfach, zwischen diesen reinen Gefühlen und subjektiven Emotionen zu unterscheiden. Das zu können, erfordert einen hohen Grad an Selbsterkenntnis, der, wie der Konfuzianismus lehrt, die Vorbedingung für weises Denken und Handeln ist:

> Wenn andere deine Liebe nicht mit Liebe erwidern, überprüfe deine eigene Güte; wenn andere deinen Versuch, sie zu führen, nicht mit Ordnung beantworten, überprüfe deine eigene Weisheit. Wenn andere deine Höflichkeit nicht erwidern, überprüfe deine eigene Rücksicht. Mit anderen Worten, prüfe dich selbst, wenn immer du dein Ziel nicht erreichst.[14]

Und an anderer Stelle:

Güte gleicht dem Bogenschießen; ein Bogenschütze versichert sich seines korrekten Standes, bevor er seinen Pfeil abschießt, und wenn er die Zielscheibe verfehlt, nimmt er es nicht dem Sieger übel. Er sucht ganz einfach den Grund in sich selbst.[15]

Das *I Ching* erteilt eine ähnliche Lektion. Es meint, daß der Weg aus ausweglos erscheinenden Situationen in der Selbstüberprüfung liegt: »Während der niedere Mensch sein Schicksal beweinend die Schuld auf andere schiebt, sucht der hervorragende Mensch den Grund in sich selbst.«[16] Nur indem wir uns von erworbenen Interessen und unbewußten Zwängen befreien, können wir unser innerstes Selbst entdecken, das frei sehen, denken und fühlen kann, und das nicht nur weiß, was getan werden müßte, sondern das es auch zur rechten Zeit zu tun weiß. Das ist der Geist. Seine Verwirklichung im Individuum ist das Ziel der Konfuzianer, das Zeichen der Weisheit.

Die männliche Art, sich durch Beurteilung, Analyse und Wertung der Erkenntnis zu nähern, benötigt zu ihrer Wirksamkeit genaue und sinnvolle Begriffe. Eine mißverständliche oder nachlässig benutzte Sprache würde diesen Weg des Wissens behindern, deshalb beschäftigte Konfuzius sich sehr intensiv mit der Sprache. Nach seiner Meinung haben Wörter eine wahre Bedeutung, die bestimmte absolute Wahrheiten des Universums widerspiegelt. Die meisten Menschen hätten allerdings den Kontakt mit diesen Wahrheiten verloren und benutzten deshalb die Sprache nach eigenem Gutdünken. Das führte zu ungenauem Denken, falschen Urteilen, wirren Handlungen und schließlich dazu, daß die falschen Leute Zugang zur politischen Macht bekämen. Er behauptete, die Klärung von Begriffen sei die Vorbedingung einer guten Regierung, denn bevor die Menschen nicht den wahren Sinn von Begriffen wie »Güte«, »Menschlichkeit« oder »Rechtschaffenheit« wiederentdeckten, werde es unmöglich bleiben, diese Tugenden zu verstehen, zu entwickeln und zu praktizieren. In einem Gespräch mit seinem Jünger Tzu-lu erklärte er seinen Standpunkt:

Tzu-lu fragte: »Der Herrscher von Wei wartet auf Eure Hilfe bei der Staatsverwaltung. Was wird Eure erste Maßnahme sein?«

Konfuzius erwiderte: »Es wird dabei sicherlich um die Klärung der Begriffe gehen.« Tzu-lu sagte: »Wirklich? Dann hättet Ihr das Ziel verfehlt. Was soll denn eine solche Klärung?« Konfuzius entgegnete: »Wie ungebildet du bist! Bei Dingen, von denen er nichts versteht, sollte der gebildete Mann sich zurückhalten. Wenn die Begriffe nicht geklärt werden, stimmt die Sprache nicht mit der Wahrheit überein. Wenn die Sprache nicht mit der Wahrheit übereinstimmt, können die Dinge nicht zur Vollendung kommen; wenn die Dinge nicht zur Vollendung kommen, können die Riten und die Musik sich nicht entfalten. Wenn die Riten und die Musik sich nicht entfalten, werden die Strafen nicht gerecht sein. Wenn die Strafen nicht gerecht sind, kann das Volk weder Hand noch Fuß rühren. Deswegen wird der überlegene Mann nur Begriffe benutzen, die mit der Sprache beschrieben werden können, und wird nur verlautbaren lassen, was in der Praxis ausgeführt werden kann. Der überlegene Mann geht nicht leichtfertig mit der Sprache um. Das ist alles.«[17]

Das männliche Bewußtsein, in der Form, wie es sich im traditionellen China entwickelte, war für die Elite eine Befreiung von der vorherigen instinktiven und emotionellen Abhängigkeit von der Natur. Es gab ihr die Möglichkeit, den Kosmos zu verstehen, anstatt von ihm versklavt zu sein, ihr eigenes Leben zu führen und zu planen, anstatt den Naturgesetzen ausgeliefert zu sein. Es erlaubte dem Menschen, seine Individualität und innere Freiheit zu entdecken, anstatt dem Zwang der kollektiven Impulse der Gruppe ausgeliefert zu sein. Durch das Maskuline erlangte der Mensch eine bis dahin unbekannte Möglichkeit, seine Gesellschaft nach seinen eigenen Vorstellungen von Recht und Ordnung einzurichten.

In der Praxis wurden die Möglichkeiten dieses neuen Bewußtseins natürlich nur von einer kleinen Minderheit realisiert. Für die meisten Mitglieder der herrschenden Klasse war der Konfuzianismus wohl auch eher ein Mittel, ihren Reichtum und ihren Status zu schützen, als ein Weg zu psychologischer und intellektueller Befreiung. Diese Menschen plapperten seine Prinzipien nach, ohne seine Botschaft zu verstehen. Für die Millionen chinesischer Bauern und für die Frauen aller Klassen war der Einfluß des männlichen Bewußtseins eindeutig negativ. Der Konfuzianismus war grundsätzlich hierarchisch und antifeminin. K'ung-tzu's herabsetzende Betrachtung der Frauen und des »gemeinen Volkes« bestimmte den Tenor der folgenden 2000 Jahre. Sein Jünger Meng-tzu stellte ganz offen die Beziehung zwischen den Herrschenden und den Beherrschten dar: »Die einen benutzen ihren Geist, die anderen benutzen ihre Muskeln. Die ersteren herrschen, die letzteren werden beherrscht.«[18] Die Tugend des Herrschers »ist wie der Wind, die Tugend des gemeinen Volkes ist wie das Gras. Laß den Wind über das Gras streichen, und das Gras wird sich beugen.«[19]

Die meiste Zeit erfüllte das Gras die Forderungen des Windes; die Handarbeiter unterwarfen sich still ihrer Aufgabe, die Grundbesitzer und Bürokraten zu ernähren, aber nicht immer. Das Kaiserreich wurde während seiner Geschichte immer wieder ganz oder regional von Aufständen erschüttert. Wenn das geschah, orientierten die Rebellen sich selten an der Ideologie ihrer Ausbeuter – was nicht überraschend ist –, sondern holten sich statt dessen bei dem alten Bewußtsein der Großen Mutter die Kraft, um gegen die Mißhandlung durch das hierarchische, vom männlichen Prinzip beherrschte konfuzianische System zu kämpfen.

Die Bedeutung von übernatürlichen Omen, Geistheilungen, kollektiven sexuellen Orgien, ritueller Betrunkenheit, schamanistischen Ekstasen und anderen Ausdrucksformen des matriarchalischen Bewußtseins für solche Rebellionen läßt sich am deutlichsten bei den Aufständen in der frühen Zeit des Kaiserreiches nachweisen. Die »Gelber-Turban«- und die »Fünf-Scheffel-Reis«-Revolten im Jahre 184 v. Chr., die sich beide auf ihre Rechtfertigung durch Hsi Wang Mu (die königliche Mutter des Westens) beriefen, sowie die Rebellionen gegen die Sui-Dynastie im Jahre 613 sind denkwürdige Beispiele. In späteren Jahrhunderten nahm die Anziehungskraft des alten Bewußtseins mit seiner Betonung der Intuition und der ekstatischen Identifikation mit der Natur ab. Aber wie der außergewöhnliche Erfolg der Geheimorganisation »Weißer Lotus«, welche die Basis für die große »Weiße-Lotus«-Rebellion von 1795 bildete, zeigt, verschwand die Anziehungskraft dieses Bewußtseins niemals ganz. Die Geheimorganisation »Weißer Lotus«, deren Wurzeln wahrscheinlich bis in das 4.

Jahrhundert zurückreichen, verehrte »die ewige, ehrwürdige Mutter ohne Geburt«, die jungfräuliche Mutter, die von dem matriarchalischen Bewußtsein als die Quelle und Beschützerin der ganzen Schöpfung verehrt wurde.[20]

Das Bewußtsein der Großen Mutter tauchte jedoch nicht nur durch die Bauernrebellionen wieder im öffentlichen Leben auf, um die wachsende Macht des Männlichen in Frage zu stellen. Es gab auch Intellektuelle und Dichter, die sich dem Trinken, sexuellen Orgien und dem Schamanismus zuwandten, um die Einheit der Natur und der Menschen wieder zu entdecken und zu feiern. Die vorherrschenden Regungen in vielen ihrer Schriften sind Antiintellektualismus, Sehnsucht nach psychologischer Identität mit der Natur und nach Anonymität, Verehrung für den Instinkt als Gegensatz zu den Gedanken, Verlangen nach Spontaneität und Liebe zur Natur im Gegensatz zur menschengeschaffenen Welt, eine Vorliebe für das Land- eher als für das Stadtleben. Die folgenden drei Gedichte geben einen Geschmack von ihrer Einstellung:

Rückkehr zum Leben auf dem Lande, von T'ao Ch'ien (376–427)

Ich war nie geschaffen für ein geregeltes Leben,
Meine Natur liebte stets die Berge und die Hügel.
Ein Mißgeschick warf mich in die Welt des Staubes,
Und einmal dort blieb ich ganze dreizehn Jahre.
Ein gefangener Vogel sehnt sich nach den alten Wäldern,
Der Fisch im Teich träumt von seinem Heimatfluß.
So ging ich denn, den südlichen Acker zu pflügen,
Kehrte zurück zum einfachen Landleben.
Zwei Morgen Land umgeben mein Heim,
Mein strohgedecktes Haus hat acht oder neun Räume.
Weide und Ulme beschatten den Hof,
Und vor dem Haus wachsen Pfirsich- und Pflaumenbaum.
Im Dunst der Ferne liegt das Dorf,
Man sieht noch gerade den Rauch seiner Kamine.
Irgendwo in der langen Gasse bellt ein Hund,
Ein Hahn kräht von der Spitze des Maulbeerbaums.
Es gibt keinen Staub und keine Verwirrung
In diesen leeren Räumen, nur reichlich freien Raum.

So lange lebte ich in einem Käfig!
Nun endlich kann ich zur Natur zurückkehren.[21]

Frage und Antwort in den Hügeln, von Li Po (701–762)

Ihr fragt, zu welchem Zweck ich denn
in den blauen Bergen lebe,
Ich lächle, doch entgegne nichts,
das Herz voll Seelenruh.
Die Pfirsichblüten treiben auf dem Strom
davon in weite Ferne,
Andere Himmel gibts und Erden
als die der Welt der Sterblichen.[22]

Der Fischer an der Elster-Brücke, anonymer Autor

Eine Angelrute in der mondhellen Brise,
Ein Strohumhang im dunstigen Regen.
Mein Heim liegt westlich des Hafendammes,
Und selbst wenn ich Fische verkaufe,
Dann meide ich die Stadt.
Sollte ich tiefer
In die staubige Welt der Sorgen eindringen?
Wenn die Flut hereinkommt, löse ich die Taue,
Beim höchsten Wasserstand greife ich zu den Rudern,
Wenn die Ebbe einsetzt, kehre ich singend heim.
So mancher hält mich für einen Einsiedler wie Yen Kuang*,
Doch bin ich nur ein namenloser Fischer.[23]

Der Gegensatz zwischen der Dichtung des Poeten Li Po und der seines engen Freundes Tu Fu bietet einen erhellenden Einblick in die Unterschiede zwischen matriarchalischem und patriarchalischem Bewußtsein. Li Po war ein taoistischer Weinliebhaber, der der Überlieferung nach während einer Bootsfahrt ertrank, als er in trunkener Ekstase nach dem Spiegelbild des Mondes im Wasser griff. Fast alle Gedichte von Li Po sind

* Yen Kuang war ein Studienfreund des ersten Kaisers der späteren Han-Dynastie. Nach dessen Machtübernahme änderte Yen Kuang seinen Namen und wurde ein Einsiedler, der standhaft die Angebote des Kaisers, ein Amt zu übernehmen, zurückwies.)

»in gewisser Weise Traumgedichte, viele der längeren sind Geist-Reisen; sie schließen sich der Tradition der Gedichte des Altertums an, in denen die Trancen der Medien der frühen religiösen Tänze beschrieben werden«.[24] Tu Fu's Leben und Dichtung sahen ganz anders aus. Während Li Po's wiederkehrendes Symbol die Widerspiegelung des Mondlichts bei Nacht ist, ist Tu Fu's Symbol der Phönix, der Feuervogel. Während Li Po sich vom öffentlichen Leben zurückzog, um seinen Träumen zu leben, lassen Tu Fu's Leben eines kleinen Beamten und seine Dichtung sein Gefühl der öffentlichen Verantwortung, seine Beschäftigung mit der Entwicklung einer bewußten Selbstlosigkeit und seine Heldenverehrung erkennen. Viele seiner Gedichte sind von den öffentlichen Ereignissen seiner Zeit inspiriert, und er selbst unterschied wohl kaum zwischen seinen poetischen und seinen politischen Ambitionen.

Das Bewußtsein der Großen Mutter verlor im alten China niemals seine Anziehungskraft. Es zog vor allem jene an, die das maskuline Bewußtsein ablehnten oder die von den Vorteilen dieses Systems und der urbanen Kultur, die es hervorbrachte, ausgeschlossen waren. Aber das archaische matriarchalische Bewußtsein ist ungeeignet, politische, soziale und ökonomische Einrichtungen zu schaffen. Ein politisches System kann nicht von Menschen aufgebaut werden, die sich selbst und andere noch als untrennbar mit der Natur verbunden erfahren. Die Bauernrebellen im alten China konnten diesen Konflikt niemals befriedigend lösen. Sie begeisterten ihre Anhänger oft mit der Erinnerung an eine frühere, gemeinschaftlichere Lebensform, frei von der Ungleichheit, der Ausbeutung und den autoritären Praktiken der konfuzianischen Elite. Wenn sie dann aber ihre eigene Organisationsform finden sollten, erwiesen sie sich als unfähig, das neue Bewußtsein von dem System, das es beeinflußt hatte, zu trennen und eine alternative politische Theorie zu formulieren. So richteten sie denn ihre Angriffe mehr auf das, was sie für die Mißstände des konfuzianischen Systems hielten, als auf das System selbst. Daher wirkten sich die Bauernrebellionen in China bis zum 19. Jahrhundert eher wohltuend als zerstörerisch auf den *status quo* aus; sie lieferten den Vorwand für eine gründliche

Reinigung des Systems, manchmal durch den Wechsel der Dynastie, und dienten so mehr als Werkzeug der Reformation als der Revolution. Diese Situation änderte sich bis zur kommunistischen Revolution im 20. Jahrhundert nicht wesentlich.

Die chinesischen Kommunisten führten ein vollkommen neues Regierungssystem anstelle der alten Herrschaft der konfuzianistischen Bürokraten oder der örtlichen Kriegsherren ein. Sie stellten viele der traditionellen Werte und Praktiken auf den Kopf oder schafften sie ganz ab; zum Beispiel wurde Handarbeit achtbar und Ahnenkult unehrbar; ko-operativer, kommunaler und staatlicher Besitz von Land und Eigentum trat an Stelle des privaten Landbesitzes und der Lehensherr-Pächter-Beziehung. Ein Eherecht wurde eingeführt, das die freie Heirat und Scheidung sicherte; die Frauen wurden von der Unterdrückung durch ihre Väter, Ehemänner und Söhne befreit und erlangten, wenigstens im Prinzip, gleiche Rechte in allen Dingen. Kinderehen, das Füßeeinschnüren und Kindesmord wurden abgeschafft, und das Recht auf Ausbildung sowie das Recht auf Teilnahme am politischen Leben waren nicht mehr das Privileg der Elite, sondern wurden zu Grundrechten jedes Individuums.

Die sozialen, ökonomischen, politischen und ideologischen Unterschiede zwischen dem traditionellen und dem gegenwärtigen China sind immens. In ihrer Verehrung des analytischen Denkens jedoch, der Vernunft, des Urteilsvermögens, der Bewertung, der individuellen Verantwortlichkeit, der persönlichen Initiative, des Selbstvertrauens und der Kontrolle über die Natur ist die Gesinnung des Konfuzianismus und des chinesischen Kommunismus ähnlich. Aber während unter der alten Herrschaft die Vor- und Nachteile des männlichen Bewußtseins hauptsächlich auf die Mitglieder der herrschenden Elite begrenzt waren, betreffen sie unter dem gegenwärtigen System zunehmend das ganze Volk. Das wird nirgends deutlicher als in der kommunistischen Definition der Befreiung der Frauen. Das Hauptschlagwort der Bewegung war immer »Alles, was ein Mann tun kann, kann eine Frau auch«. Die Frauen werden ermutigt, sich auf den traditionell männlichen Arbeitsgebieten in der Industrie, Landwirtschaft und Medizin, im Lehramt, in der Wissenschaft und im Ingenieurwesen hervorzutun. Es wird von ihnen erwartet, aktiv bei Entscheidungen mitzuwirken, und sie werden wie die Männer von Jugend an gelehrt, ihre Energien der Entwicklung ihrer rationalen, organisatorischen und unterscheidungsfähigen Seiten ihrer Natur zu widmen, auf Kosten ihrer mehr intuitiven, imaginativen, rezeptiven, mütterlichen und passiven Eigenschaften.

In der Praxis haben die Frauen noch nicht die volle Gleichberechtigung mit den Männern erreicht; sie machen noch einen großen Teil der schlechtbezahlten Arbeit oder gleiche Arbeit für geringeren Lohn, und man findet sie selten in Machtpositionen. Darüber hinaus wird von den Frauen erwartet, die Hauptverantwortung für die Kinder und die Hausarbeit neben ihrem Beruf zu übernehmen. Dennoch ist offensichtlich, daß die chinesischen Frauen zum ersten Mal in ihrer Geschichte begonnen haben, etwas von der Unabhängigkeit, der Selbstachtung und der persönlichen Verantwortlichkeit, die ein Ausdruck des differenzierenden Impulses des männlichen Bewußtseins sind, zu erfahren.

Die Kommunistische Partei Chinas hat jedem das Recht auf sicheren Lebensunterhalt gegeben, indem sie dem männlichen Prinzip die Herrschaft in allen Bereichen des sozialen, politischen und ökonomischen Lebens eingeräumt hat. Allerdings wurde dies unter der strengen Kontrolle der Partei durchgeführt. Während der Chinese dazu ermutigt wird, selbstverantwortlich zu werden, Eigeninitiative zu ergreifen, die Verantwortung für sein persönliches Leben zu übernehmen, die Natur zu kontrollieren und zu verstehen, anstatt passiv zu akzeptieren, was ihm zustößt, bleibt die Macht, über die Struktur der Gesellschaft zu entscheiden, Prioritäten zu setzen, Gesetze zu formulieren sowie die Ausübung der letzten Autorität fest in den Händen der Kommunistischen Partei und ihrer Vertreter an der Spitze der sozialen und politischen Institutionen, die das Land beherrschen. Das maskuline Bewußtsein befindet sich daher im heutigen China in einem Übergangsstadium von seiner Bedeutung als dem anerkannten Prinzip der Elite während der konfuzianischen Herrschaft zu seiner Verwirklichung durch jedes Individuum. Die Auswirkungen dieses Endzustandes könnten für die chinesische Gesellschaft ebenso revolutionär sein wie der frühere Sturz der traditionellen Herrschaft oder die vorzeitliche patriarchalische Revolution. Bedeutet doch die volle Erfahrung des maskulinen Prinzips in jedem Individuum, daß jeder in sich selbst seine Autorität entdeckt und entsprechend seiner eigenen Erkenntnis sein Leben analysiert, organisiert, kontrolliert und gestaltet, also nicht mehr entsprechend dem Diktat einer äußeren Gruppe, Institution oder Ideologie.

Das maskuline Prinzip hilft uns nicht nur, die Welt zu erkennen, in der wir leben, zwischen den verschiedenen Aspekten der Natur zu unterscheiden, zu klassifizieren und zu ordnen, es führt uns auch zur Erfahrung unserer grundsätzlichen Individualität. Es gibt uns die Gewißheit, daß wir vollkommen allein in der Welt stehen, ungeschützt von Institutionen, persönlichen Beziehungen und Ideologien, oder von der Zugehörigkeit zu Rasse, Geschlecht oder Klasse. Es bringt die außerordentliche und oft erschreckende Erkenntnis, daß wir in nichts und niemand außer uns selbst nach Antwort und Ziel suchen können. Dieses Bewußtsein zu entdecken und damit zu leben, bedeutet, ganz nackt in der Welt zu stehen. Dann können wir nur noch sagen: »Ich bin Ich«, und wir müssen lernen, daß dies nicht eine Verarmung unserer Natur bedeutet, sondern daß uns dieses Bewußtsein, je deutlicher es uns den Kern unseres Selbst enthüllt, die Tür zur Freiheit aufstößt und daß es der Beginn der Selbst-Erkenntnis ist.

Solch ein Höchstmaß der Selbsterkenntnis, auf das schon der Konfuzianismus hinzielte, wenn es auch von den Konfuzianern selten erreicht wurde, verbindet mit dem Begriff der Individualität eine Vorstellung, die weit entfernt ist von exzentrischem, antisozialem oder unverantwortlichem Benehmen, das oft für Individualismus gehalten wird. Das Individuum wird dann nicht länger von »äußeren« Dingen – Menschen, Institutionen, Ideen oder persönlichen Leidenschaften – beherrscht oder kontrolliert, es hat vielmehr entdeckt, daß der Mittelpunkt des Seins seine eigene Autorität ist. Eine solche Stufe der Selbsterkenntnis und Individualität offenbart, daß die Loyalität dem Selbst gegenüber nicht die Isolation von der Menschheit und der Natur bedeutet, oder gar die Verfolgung egoistischer Interessen auf Kosten anderer. Sie macht ganz im Gegenteil deutlich, daß die Bestimmung jedes einzelnen eng mit der Bestimmung der Welt verbunden ist, so daß die Liebe zum Selbst die Liebe zu den anderen ist, und die Hilfe für das Selbst die Hilfe für andere. So schreibt C. G. Jung:

»Wieder und wieder stelle ich fest, daß der Individuationsprozeß mit dem Auftauchen des Ego im Bewußtsein verwechselt wird, und daß in Folge davon das Ego mit dem Selbst gleichgesetzt wird, was natürlich zu einer hoffnungslosen begrifflichen Verwirrung führt. Individuation wäre dann nichts anderes als Egozentrik und Autoerotik. Aber das Selbst beinhaltet unendlich viel mehr als das bloße Ego, wie seine Symbolik von alters her zeigt ... Individuation schließt den einzelnen nicht von der Welt aus, sondern versammelt die Welt in ihn.«[25]

Zu der Erfahrung dieser gegenseitigen Abhängigkeit des Individuums und der Welt kann es jedoch erst kommen, wenn die Erkenntnisse des Maskulinen mit den Erkenntnissen des Femininen zusammentreffen. Wenn das passiert, wird aus dem einsamen »Ich« viel mehr: Ohne seine Einzigartigkeit zu verlieren, beginnt der Mensch zu ahnen, daß er gesondert und gleichzeitig die Widerspiegelung eines viel größeren »Ich« ist, das nicht nur die ganze Menschheit, sondern die ganze Schöpfung umfaßt.

Eine Verbindung zum femininen Bewußtsein zu bewahren, ist in allen Stadien der Entwicklung des maskulinen Bewußtseins wertvoll. Anfangs ist das wahrscheinlich weniger deutlich, weil es zuerst einmal vordringlich ist, sich vom Bewußtsein der Großen Mutter zu trennen und Unabhängigkeit und Autonomie zu erlangen. In diesem Stadium könnte die Betonung des gegensätzlichen Prinzips seine Verwechslung mit der undifferenzierten, bisexuellen Mutter fördern. Aber wenn einmal genügend Unabhängigkeit von dem alten Bewußtsein erreicht ist, dann braucht die Gesellschaft ebenso wie das Individuum den Einfluß des Femininen, um Grausamkeit, Unterdrückung, Zerstörung der Umwelt und psychologische Vereinsamung zu vermeiden, die aus dem Drang, die Natur zu beherrschen und die Instinkte zu unterdrücken, entstehen können. Sollten die Chinesen beginnen zu bemerken, daß es Zeit ist, den vernachlässigten Seiten der Psyche des einzelnen und der Gruppe ein wenig mehr Aufmerksamkeit zu schenken, dann müssen sie sich nicht an anderen Kulturen orientieren, um diese Seiten zu verstehen. Sie können in ihre eigene Geschichte zurückblicken und das feminine Prinzip, wie es im Bewußtsein einiger ihrer größten Poeten und Schriftsteller lebte, wiederentdecken.

5. Das weibliche Bewußtsein

Jung war der erste moderne Psychologe, der begriff, daß der feminine Archetypus sowohl der Psyche der Frauen wie der des Mannes innewohnt. Freud und einige seiner Anhänger, wie Erik Erikson, stützten sich hauptsächlich auf den weiblichen Körper als Zugang zur femininen Psychologie, während andere, wie Karen Horney und Margaret Mead, die vorrangige Funktion soziologischer Faktoren bei der Entstehung der »Feminität« behaupten.[1] Jung bestritt, daß »feminin« und »maskulin« nur psychische Reflexionen von biologischen und kulturellen Phänomenen sind, und behauptete, daß sie in beiden Geschlechtern präsente, psychische Prinzipien seien. Er meinte, daß weder das Feminine auf die Frauen beschränkt sei, noch das Maskuline auf die Männer, und daß alle Individuen die Fähigkeit zur Selbsterkenntnis haben, die die Entdeckung und Entwicklung beider sexueller Prinzipien in der Psyche voraussetze.[2]

Während der letzten zehn Jahre erfuhren Jungs Erkenntnisse eine wachsende Anerkennung; eine Anzahl von Studien über das Feminine sind erschienen, teilweise angeregt durch die Einsicht, daß viele der psychologischen, politischen und sozialen Probleme unserer Zeit direkt auf das Unverständnis, die Herabsetzung und die Vernachlässigung dieses Prinzips zurückgeführt werden können.[3] Auf jeden Fall steckt unser Wissen über das Feminine im Bewußtsein noch in den Kinderschuhen. Wie wir bereits gesehen haben, beschrieb Jung es als das Prinzip der Verbundenheit im Gegensatz zu dem maskulinen Prinzip, das er mit Unterscheidungsvermögen, Urteilsvermögen und Abstraktionsfähigkeit assoziierte.[4] Jungsche Psychologen wie E. Neumann, Esther Harding, A. B. Ulanov und I. de Castillejo haben weitere Erkenntnisse über das feminine Prinzip gewonnen, seine Komponenten und Manifestationen in verschiedenen Stufen der psychologischen Entwicklung. Aber sie bieten kein umfassendes Bild des femininen Bewußtseins. Sie geben keine Antwort auf die Frage, was es bedeutet, die Welt mit den Augen des femininen Bewußtseins, im Unterschied zum matriarchalischen und patriarchalischen Bewußtsein zu sehen.

Die Undefinierbarkeit des Femininen ist nur zum Teil eine Reflexion seiner Natur; in erster Linie ist sie Ausdruck seiner Vernachlässigung. Der Versuch, das Feminine zu erforschen und wieder aufzuwerten als eine Art, die Dinge zu sehen, ist mit Schwierigkeiten überhäuft. Die Unklarheit über das Wesen des Weiblichen wird wahrscheinlich so lange andauern, bis mehr Menschen dieses Prinzip in sich selbst verwirklicht haben. Voreilige Versuche, das Feminine zu definieren, könnten mehr verhindern als helfen, es zu begreifen. Dieses Kapitel wird einige der Schwierigkeiten aufzählen, die seiner Erforschung im Wege stehen, und im Rekurs auf die traditionelle chinesische Kultur auf einige Ausdrucksformen des Femininen im Bewußtsein hinweisen. Ein verbreiteter Irrtum ist die Vorstellung, das Feminine sei gleichbedeutend mit dem Unbewußten, es stelle all jene Inhalte dar, die von dem herrschenden analytischen, rationalen und beurteilenden männlichen Bewußtsein herabgesetzt, unterdrückt oder vernachlässigt wurden.

Eine solche Einstellung hat bei manchen Menschen eine Bewunderung für alle Art von impulsivem Benehmen im Namen des Femininen ermutigt sowie eine Tendenz dazu, unbewußte Handlungen mehr als bewußte Handlungen zu respektieren. Aber das Feminine ist genausowenig unbedingt unbewußt wie das Maskuline. Beide haben ihren Ursprung im Unbewußten, aber beide sind zu bewußtem Begreifen und Ausdruck gleichermaßen fähig und zur Erlangung ihrer Reife und ihres Wertes auch davon abhängig. Um zur Selbsterkenntnis zu kommen, ist es nötig, das Unbewußte zu respektieren, anzuerkennen, daß es psychische Dimensionen gibt, die dem Individuum nicht bewußt sind, und eine größere Empfindsamkeit diesen Dimensionen gegenüber zu entwickeln. Zweifellos sind in einer maskulin beherrschten Kultur und in einem gewissen Stadium der psychologischen Entwicklung wahrscheinlich viele dieser unrealisierten Aspekte der Psyche feminin. Das Feminine jedoch einfach mit dem Unbewußten gleichzusetzen, würde bedeuten, es auf ein Stadium des impulsiven und chaotischen Ausdrucks zu begrenzen und dadurch seine Undefinierbarkeit und Unklarheit weiter fortbestehen zu lassen. Nur indem man es allmählich bewußter macht, kann sich eine freiere Beziehung zum Femininen entwickeln: Wenn es unbewußt bleibt, wird es unsere Gedanken und Gefühle weiterhin auf eine Art und Weise beeinflussen, die sich unserem Wissen, unserer Einsicht und Kontrolle entzieht.

Ein zweites Hindernis beim Begreifen des femininen Prinzips ist die Polarisierung des Denkens und Fühlens in bezug auf die Geschlechtlichkeit, die sich unter dem Patriarchat ergeben hat. Joseph Campbell schreibt, es sei ein Charakteristikum des Maskulinen, die Welt in Gegensatzpaare zu teilen und eine Seite zu bevorzugen. Das nennt er die Sicht des »Sonnenmythos«, da alle Schatten vor der Sonne fliehen. Aus der Sicht des »Mondmythos«, der mehr der Natur des Femininen entspricht, wechseln Licht und Schatten in *einer* Sphäre ab, und das Zusammenspiel der Gegensätze erzeugt Ganzheit.[5] Das maskuline Bewußtsein fördert analytische, rationale und organisatorische Geschicklichkeit auf Kosten aller anderen Formen des Denkens und Fühlens. Maskuline Gefühle, wie Geltungsdrang, Selbstvertrauen und alle anderen, die ein Ausdruck von Unabhängigkeit und Selbstkontrolle sind, sowie jene, die Urteilsfähigkeit und moralische Wertungen fördern, werden respektiert oder toleriert, aber das maskuline *Denken* wird am lautesten gepriesen. Für die Frauen trifft das Gegenteil zu: Anstatt zum Denken ermutigt zu werden, wurde den Frauen vom Patriarchat beigebracht, aus ihrer natürlichen Empfindungsfähigkeit heraus die mütterlichen Aspekte zu entwickeln, auf Kosten ihrer übrigen psychischen und intellektuellen Möglichkeiten.

Das Resultat ist die übliche Assoziierung der Frauen mit Gefühl und der Männer mit Geist. Die Frauenbewegung hat diese traditionelle Rollenfestlegung in Frage gestellt. Eine zunehmende Zahl von Frauen und Männern nehmen an der psychologischen und politischen Unterdrückung Anstoß, die von einem Bewußtsein hervorgebracht wurde, das eine bestimmte Art zu denken für ein männliches Vorrecht hält, das mit Geld und Macht belohnt wird, und den Frauen die Aufgaben des Kindergebärens und häuslicher und sexueller Dienstleistungen zuweist. Teile der Frauenbewegung laufen jedoch Gefahr, gerade das Bewußtsein zu stärken, das sie vorgeben zu bekämpfen. Anstatt auf eine neue und umfassendere Definition des Denkens und Fühlens zu drängen, die das maskuline und feminine Prinzip einschließt und frei von der höheren Bewertung des Denkens gegenüber dem Fühlen oder dem Überlegenheitsanspruch männlichen Denkens gegenüber dem weiblichen ist, haben sie ihre Forderungen weitgehend darauf beschränkt, daß beiden Geschlechtern die gleiche Chance gegeben sein sollte, die maskulinen Seiten des Denkens und Fühlens zu entwickeln, wobei die Frauen von den Pflichten der Mutterschaft befreit werden sollten. Ihre Handlungsweise unterscheidet sich daher nicht sehr von der des bäuerlichen chinesischen Rebellen, der den Lehensherrn besiegt, seinen Grundbesitz enteignet und dann an seiner Stelle den Titel und die Rolle des Herrn übernimmt. Sicher wird durch dieses Vorgehen eine gewisse Befreiung erreicht, aber in dem Maße, in dem das Herr-Diener-Verhältnis erhalten bleibt, ist die Freiheit begrenzt. Die Frauen mögen eine geachtetere Position in der Gesellschaft einnehmen, aber die Macht des Bewußtseins, das maskulines Denken über feminines Denken und alles Denken über das Fühlen setzt, wird intakt bleiben.

Die einzig wirkungsvolle Art, die Vorherrschaft des Maskulinen im Bewußtsein zu überwinden, ist es, nicht nur die relative Machtposition von Männern und Frauen gegenüberzustellen, sondern auch die relative Machtposition von Denken und Fühlen und die damit verbundenen geschlechtsspezifischen Assoziationen in Frage zu stellen. Es muß anerkannt werden, daß Denken und Fühlen weder unbedingt feminin noch unbedingt maskulin sind, sondern daß in beiden, ebenso wie im Körper des Menschen, eine Polarität der beiden Prinzipien besteht, und daß die Gesundheit und psychologische Reife des Individuums von der Entwicklung *beider* Pole auf jeder Ebene abhängt. Der Jungianer Ulanov beschreibt es so:

> Das Feminine ist die Hälfte der menschlichen *Ganzheit,* ein wesentlicher Teil von ihr, ohne den die Ganzheit unmöglich wäre.

Ganzheit beinhaltet beide Pole, beide Arten, und Ganzheit ist nicht einfach Identifikation und Verschmelzung, sondern Gegensätzlichkeit und Vereinigung. Wir brauchen beide Pole, um einen zu verstehen, weil jeder an der Entwicklung und Vervollkommnung des anderen beteiligt ist. Wenn wir diese sich ergänzenden Pole als »Männlichkeit« und »Weiblichkeit« bezeichnen, so sollen damit nicht der Mann oder die Frau charakterisiert werden, sondern eine Reihe von Eigenschaften, die die beiden Geschlechter symbolisch beschreiben.[6]

Nach Ulanov sind Maskulinität und Femininität als zwei Modalitäten zu sehen, »die das Ego von der ursprünglichen unbewußten Matrix trennen, durch die man sich selbst der Welt und den anderen gibt und mit deren Hilfe man sich die Welt selbst erschafft«. Maskuline und feminine Elemente existieren nur in Beziehung zueinander und ergänzen sich eher, als daß sie sich bekämpfen. Das Feminine und das Maskuline sind also archetypische Prinzipien der menschlichen Psyche, deren Polarität und gegenseitige Ergänzung in der Beziehung der beiden Geschlechter zueinander ebenso aufzufinden sind wie in der Beziehung des Ego zu Anima und Animus innerhalb jeder einzelnen Person. Das Individuum muß eine bewußte Beziehung zu der maskulin-femininen Polarität in sich selbst erreichen, um ganz zu werden.

Zwar ist das Wirken des maskulinen und femininen Prinzips im Körper ebenso wie im Denken und Fühlen von einigen Psychologen, Philosophen und Sexologen bestätigt worden, aber die polarisierende Tendenz des Maskulinen, ein negativer Ausdruck seines Einflusses auf das Bewußtsein, hält uns oft von der Erkenntnis und Entwicklung beider Prinzipien ab. Unser Eifer, eine einzige Antwort auf die Frage »Wer sind wir?« zu finden und diese als richtig, und alle anderen als falsch abzustempeln, hat die Entwicklung des einen Prinzips auf Kosten des anderen gefördert. Die gegenwärtige Diskussion über den weiblichen Orgasmus ist ein ausgezeichnetes Beispiel für die Gefahren, die dem Streben nach »entweder – oder« innewohnen.

In den letzten Jahren wurde in einer Anzahl von Büchern die Behauptung aufgestellt, der klitorale Orgasmus sei die ursprüngliche feminine Reaktion und er sei am besten durch direkte Stimulation der Klitoris zu erreichen. Damit implizierte man, daß jede andere Form der sexuellen Erregung schlechter sei. Wir Frauen, so hieß es, mögen vaginale Stimulation tolerieren oder gern hinnehmen, aber in diesem Falle befriedigte uns wahrscheinlich eher die Befriedigung unserer Partner, für die wir »brave« passive Frauen seien; unserer natürlichen Sexualität entspräche diese Befriedigung jedoch nicht. Diese Einstellung zur Sexualität beinhaltet die Annahme, daß der wichtigste Aspekt der sexuellen Begegnung die maximale eigene Befriedigung sei, ohne Rücksicht auf die Wünsche und Abneigungen des Partners. Die Vorstellung und Empfindung, daß Sex ein liebevoller Austausch sein kann, eine erotische Beziehung, in der Körper und Geist zweier Menschen zusammenwirken, und daß es ebenso befriedigend und lustvoll sein kann, dem anderen Vergnügen zu bereiten, wie zu empfangen, wird oft mit Vorstellungen von Selbsterniedrigung und Untertänigkeit verwechselt.

In einer Kultur, die die Männer als die Nehmenden und Führenden und die Frauen als die Gebenden und Folgenden betrachtet, kann es leicht zu einer solchen Assoziation von Geben und Nachgeben mit Unterdrückung kommen. Um solche Vorstellungen bekämpfen zu können, ist es notwendig, daß die Frauen sich selbst und den Männern gegenüber ihre eigenen Bedürfnisse und Abneigungen mit mehr Selbstvertrauen definieren. An einem bestimmten Punkt ist es jedoch ebenso notwendig zu erkennen, daß das Streben nach klitoralem Orgasmus oder nach Penetration nicht alles ist. Die sexuelle Begegnung kann auch das Geben und Empfangen körperlicher und emotionaler Zärtlichkeiten einschließen und letzten Endes eine Begegnung des ganzen Selbst mit der ganzen Person des anderen sein. Die Folgen der Verfechtung des klitoralen Orgasmus sind ebenso erschreckend wie Freuds Behauptung, daß das Zeichen weiblicher Reife der vaginale, nicht der klitorale Orgasmus sei. Innerhalb eines Zeitraumes von fünfzig Jahren wurden beide Richtungen mit gleicher Unerbittlichkeit verfochten, und zwei Generationen von Frauen wurden in ihren Empfindungen, die einen wichtigen Teil ihres Körpers betrafen, verunsichert. Die frühere Generation lernte, ihre klitoralen Empfindungen zu unterdrücken, die spätere, den klitoralen Orgasmus zu praktizieren und die Vagina zu vernachlässigen. Das Ergebnis war für beide Geschlechter Verwirrung und Kummer sowie eine Abhängigkeit von einer fremden Autorität und nicht der Autorität der eigenen Gefühle und Erfahrungen.

Diese Entwicklung hatte jedoch auch einige Vorteile. Es ist für die Frauen heute wahrscheinlich leichter als früher, zu erkennen, daß die Verfechter beider Richtungen in gewisser Weise recht haben. Darüber hinaus bewirkte die durch diese Debatte ausgelöste Unsicherheit, daß viele Frauen die Antwort bei sich selbst suchten, anstatt sich auf die zu verlassen, »die es wissen müssen«. Das konnte zu der befreienden Schlußfolgerung führen, daß die feminine Sexualität nicht klitoral oder vaginal ist, sondern beides. Durch die Klitoris können Frauen ihre maskuline, aktive, konzentrierte, zielgerichtete Sexualität erfahren, durch die Vagina ihre weiche, erwartende, rhythmisch allumfassende und überströmende Reaktion. Das Sexualverhalten der Frauen kann reicher und ausgeglichener werden, wenn sie sich des männlichen und weiblichen Prinzips, das in ihrem Körper wirkt, bewußt werden. In der Entdeckung der passiven und aktiven Möglichkeiten des Körpers liegt die Chance zu einer reicheren sexuellen Erfahrung und zu der Fähigkeit, weniger von Beziehungen zu fordern und sie mehr zu genießen.

Eine ähnliche Einseitigkeit ist im Denken zu beobachten, sowohl auf der öffentlichen Ebene der Philosophie als auch in individuellen Denkstrukturen. Alan Watts behauptet in *The Book on the Taboo Against Knowing Who You Are*, alle philosophischen Debatten ließen sich auf den Streit zwischen denen reduzieren, die »hartherzig, rigoros und genau sind und die Unterschiede und die Trennung zwischen den Dingen hervorheben«, und jenen »weichherzigen Romantikern, die breite Verallgemeinerungen und große Verschmelzung lieben und die zugrunde liegende Einheit betonen«. Die erste Gruppe, so sagt Alan Watts, bevorzugt die Vorstellung, daß die Materie aus unzusammenhängenden Teilchen entsteht, während die zweite die zusammenhängende Schöpfung sieht.[7]

Diese gegensätzlichen Denkweisen führen zu diametral

entgegengesetzten Philosophien. Nach den maskulinen Vorstellungen sollte die Gesellschaft hierarchisch strukturiert sein und durch rigorose Kontrolle und Disziplin aufrechterhalten werden. Die feminine Haltung befürwortet unvoreingenommene Passivität, sie vertraut der grundlegenden Einheit und Harmonie aller Teile der Schöpfung sowie der Fähigkeit des Menschen, spontan zu erkennen, was für ihn richtig ist. Eine Geschichte des *Chuang-tzu* zeigt, wie wenig Achtung das feminine Denken von der politischen Herrschaft der Männer erwarten kann.

> Eines Tages erschien Poh Loh und sagte: »Ich verstehe mit Pferden umzugehen.« Also brandmarkte er sie, stutzte ihre Mähne und beschlug sie; er gab ihnen Zaumzeug, band sie fest, fesselte ihre Füße und stellte sie in Ställe, mit dem Ergebnis, daß zwei oder drei von zehn starben. Dann ließ er sie hungern und dursten, traben und galoppieren; er striegelte sie und prügelte sie, und sie vegetierten zwischen der Schande des geschmückten Zaumzeugs und der Angst vor der knotigen Peitsche, bis mehr als die Hälfte von ihnen starben ... Jene, die das Reich regieren, machen denselben Fehler.[8]

Die maskuline politische Philosophie, in diesem Fall der Konfuzianismus, hält es für notwendig, die Gesellschaft zu striegeln, zu prügeln und am Halfter zu halten. Das Feminine behauptet dagegen, diese Haltung hindere die Natur daran, ihren eigenen Weg zu offenbaren, und die Menschen, Einfühlsamkeit in ihre eigene Psyche zu entwickeln.

Das Feminine regiert durch Stille und Dienen, indem es die Manifestationen des Tao zuläßt und ihm folgt. Das wird in einigen Passagen des *Tao Te Ching,* denen die Beobachtung der Natur zugrunde liegt, ganz klar ausgedrückt. Zum Beispiel:

> Daß Ströme und Meere Könige aller Bäche sind,
> kommt daher, daß sie sich gut unten halten können.
> Darum sind sie die Könige aller Bäche.
> Also auch der Berufene:
> Wenn er über seinen Leuten stehen will,
> so stellt er sich in seinem Reden unter sie.

Wenn er seinen Leuten voran sein will,
so stellt er sich in seiner Person hintan.
Er weilt in der Höhe,
und die Leute werden durch ihn nicht belastet.
Er weilt am ersten Platze,
und die Leute werden von ihm nicht verletzt.
Die ganze Welt ist willig, ihn voranzubringen,
und wird nicht unwillig.
Weil er nicht streitet,
kann niemand auf der Welt mit ihm streiten.[9]

Beide Bewußtseinsformen betrachten die Welt durch eine andere Brille, deshalb sind beide Sichtweisen voneinander verschieden. Weil wir noch weit davon entfernt sind zu wissen, welche Sicht richtig ist oder ob sogar beide richtig sein können, scheint es vernünftiger, beide Richtungen zu entwickeln, um unsere Vorstellung und Erkenntnis von uns selbst und der Welt nicht durch Übernahme eines Bewußtseins auf Kosten des anderen zu beschränken.

Ausschließlich auf dem maskulinen oder femininen Bewußtsein zu beharren, hat den weiteren wichtigen Nachteil, daß es die Entwicklung dieses Bewußtseins selbst behindern kann. Kein Prinzip kann all seine Möglichkeiten ohne dauernde Beziehung zu seinem Gegenpol realisieren. Psychologisch drückt sich das in vielfacher Weise aus. »Wenn ein Mann seine Beziehung zu dem weiblichen Element in sich selbst nicht entwickelt, leidet er bestenfalls an einer partiellen Reduzierung seines Wesens und schlimmstenfalls an einer ernsten Geisteskrankheit.«[10] Das gleiche trifft natürlich auch für Frauen zu. Eine Peron, die übermäßig von dem männlichen Prinzip beherrscht wird, kann zu dem Punkt kommen, wo das Leben für sie keinen Sinn mehr hat. Er oder sie wird heftig zwischen Arroganz und Verzweiflung schwanken und eine wachsende Entfremdung von sich selbst und seiner Umwelt erfahren, wenn der trennende maskuline Einfluß ohne die Ergänzung des verbindenden Femininen anhält. Eine solche Person vereinsamt psychisch und ist unfähig, zu den vernachlässigten Teilen seiner Psyche oder zu anderen Menschen und der Natur Zugang zu finden. Neue Einsichten, Gefühle und

Gedanken können durch den starren, trennenden Einfluß des Maskulinen nicht ins Bewußtsein treten und psychisches Wachstum wird unmöglich. Die Psyche bleibt stecken. Unfruchtbarkeit, Sinnlosigkeit und totale Orientierungslosigkeit sind die Folge. In diesem Stadium können nur die femininen Fähigkeiten des Zuhörens, Nachgebens, Hinnehmens, Wartens und Hoffens sowie der Hingabe an die Außenwelt und an die Eingebung des Unbewußten die Psyche wieder zum Leben erwecken. Nur das Feminine kann das einsame, ausgedörrte Ego ernähren und die notwendige Verbindung nach innen und außen und zu anderen Menschen schaffen, die dem Leben wieder Sinn und Ziel geben kann.

Eine ähnliche psychische Stagnation und Unausgeglichenheit kann ebenso aus der Beherrschung durch das feminine Prinzip entstehen. In diesem Fall wird die Person ein intellektueller und emotionaler Krüppel, ohne die Fähigkeit und den Willen, als Individuum zu handeln; sie ist auf Gnade oder Ungnade jeder äußeren Forderung und jedem äußeren Einfluß ausgeliefert. Das maskuline Prinzip muß dann geweckt werden, um der Person einen Sinn für das Selbst und für Unabhängigkeit sowie für die Unterscheidungsfähigkeit zu vermitteln, die wesentlich für die Entwicklung des Verstandes ist. Mit dem Femininen ist es wie mit dem Maskulinen: Wenn wir zu sehr darauf beharren, laufen wir Gefahr, es zu verlieren. Es kann im Bewußtsein nur lebendig sein und sich entwickeln, wenn es in dauernder Beziehung zu seinem polaren Gegensatz erforscht und entwickelt wird. Andernfalls drückt sich nicht das Feminine in der Psyche aus, sondern ein undifferenziertes Chaos. Wir brauchen das Maskuline, um die femininen Fähigkeiten klar zu erkennen und zu verstehen.

Es ist wichtig, bereits eine gute Verbindung zu den maskulinen Seiten unseres Bewußtseins zu haben, wenn wir – unabhängig davon, ob wir instinktiv einige feminine Aspekte ausdrücken können – die Natur des Femininen erkennen und ihr im richtigen Moment Ausdruck verleihen wollen. Es hängt von der dauernden Beziehung zu seinem Gegenteil ab, ob wir das Feminine auf jeder Ebene unserer Natur verstehen und ein freies anstelle eines zwanghaften Verhältnisses zu ihm haben können. »Die Überbetonung der verschwommenen femininen Werte kann uns lähmen und Handeln in der Außenwelt unmöglich machen. Auf der anderen Seite kann ein zu sehr zielgerichtetes Denken von den femininen Schichten unserer Seele ablenken oder sie total vernichten.«[11] Es scheint so zu sein, daß die Verwirklichung und Reife des femininen Bewußtseins von der vorhergehenden Entwicklung des Maskulinen abhängt. Die verbreitete Vorstellung, daß das Maskuline führt und das Feminine folgt, die durch die Identifikation mit dem entsprechenden Geschlecht eine beträchtliche Unterdrückung beider Geschlechter zur Folge hatte, bekommt in dem speziellen Sinn der Beziehung zwischen den beiden Prinzipien eine neue und wichtige Bedeutung.

Ein bemerkenswertes Beispiel für die Gefahren, die der Suche nach dem Femininen ohne Unterstützung der maskulinen Fähigkeiten der Analyse und Urteilskraft innewohnen, ist die Identifikation des Femininen mit dem matriarchalischen Bewußtsein. Die Entdeckung des femininen Bewußtseins hängt zuerst einmal von der Fähigkeit ab, es vom matriarchalischen Bewußtsein zu unterscheiden. Der Unterschied zwischen dem alten matriarchalischen Bewußtsein und dem neuen femininen läßt sich durch eine Analogie mit der Mutter-Kind-Beziehung erläutern. Solange das kleine Kind keinen Unterschied zwischen sich und der Mutter kennt, ist es eins mit der Mutter, beherrscht von dem matriarchalischen Bewußtsein. Die Mutter kann jedoch den Unterschied zwischen sich und dem Kind erkennen. Sie beschützt und ernährt das Kind und umgibt es mit ihrer Liebe, aber trotz gelegentlicher Einblicke in das Bewußtsein des Kindes, in Momenten, in denen die Welten von Mutter und Kind verschmelzen, ist sie sich normalerweise der Trennung zwischen sich und dem Kind, das sie in den Armen hält, bewußt. In ihrer Mutterschaft drückt sich der mütterliche Aspekt des femininen Bewußtseins aus, nicht das matriarchalische Bewußtsein.

Eine einseitige Entwicklung des maskulinen oder femininen Prinzips hat eine weitere ungünstige Folge für unsere psychische und intellektuelle Gesundheit: Sie fördert ein Phänomen, das »Projektion« genannt wird. Bei diesem Prozeß projizieren wir auf andere Menschen, Dinge oder Ideologien die Aspekte unserer Person, die wir, aus welchem Grund auch immer, nicht akzeptiert oder entwickelt haben. Das vertrauteste Beispiel dafür ist die Besessenheit, die meistens den Zustand der Verliebtheit begleitet. Ein Mensch, dessen feminine Seite nicht entwickelt ist, wird sich häufig in das Feminine verlieben, das er oder sie in einer anderen Person sieht, und das gleiche trifft auf das Maskuline zu.

Verliebt zu sein bedeutet, eine starke Abhängigkeit zu erfahren. Solange die Projektion mit dem Objekt übereinzustimmen scheint, kann die Person das Vorhandensein der Projektion nicht sehen. Früher oder später bemerkt der oder die Verliebte jedoch einige Unstimmigkeiten zwischen seinen eigenen Wünschen und der Person, die zu ihrer Befriedigung ausgesucht wurde. Groll, Enttäuschung, Wut und Ablehnung folgen schnell und oft geht die Verbindung auseinander. Das ist ein trauriger Augenblick, aber auch ein möglicher Wendepunkt, der die Möglichkeit bietet, uns selbst zu verstehen und manchmal auch die Beziehung auf einer freieren Basis neu zu gründen. Die damit verbundenen Schwierigkeiten und Mühen können sich allerdings als so unangenehm erweisen, daß wir lieber eine neue Beziehung suchen und uns wieder an den alten Teufelskreis der Projektion klammern. Wenn wir jedoch in der Lage sind, unsere eigene Psyche zu erforschen, dann können wir vielleicht herausfinden, was es eigentlich ist, das wir von unserem Partner erwarten, und wir können beginnen, es in uns selbst zu entwickeln. Ist uns das möglich, dann beginnen wir, andere Menschen ein bißchen klarer zu sehen. Wir sind von dem Bedürfnis befreit, die anderen so zu machen, wie wir sie haben wollen, und lernen, sie so zu lieben, wie sie sind.

Projektionen verschleiern und unterminieren nicht nur persönliche Beziehungen, sie verzerren auch unsere Sicht anderer Dinge. Politische Gefolgschaft zum Beispiel kann aus einer Projektion entstehen, und weder der fanatische Verfechter einer Sache noch die Ziele, die er vorgibt zu verfolgen, gewinnen durch solche Projektionen. Ideologische Projektionen kommen auf die gleiche Weise zustande wie persönliche Projektionen. Wie eine Frau, deren maskulines Prinzip stärker entwickelt ist, von dem femininen Element in anderen Männern und Frauen angezogen werden kann und durch diese

Anziehung in eine emotionelle Beziehung gerät, können Menschen unbewußt von Ideologien angezogen werden, die Eigenschaften betonen, die in ihnen selbst unrealisiert oder weniger realisiert sind.

Ein Teil der emotionalen Unterstützung der gegenwärtigen chinesischen Ideologie von westlicher Seite kann als Beispiel für diesen Vorgang der Projektion gesehen werden. Das Image eines gemeinschaftlichen, selbstlosen, dienenden chinesischen Sozialismus mit einer Betonung auf einer ganzheitlichen Einstellung zur Ökologie und zur sozialen Organisation, in dem jeder Mensch als Diener der Gemeinschaft gesehen wird und nicht als einsam kämpfendes Individuum, übt eine magische Anziehungskraft auf viele westliche Menschen aus, die unter der ernsten Vernachlässigung ihrer weiblichen Psyche leiden. Sie sehen in China das große Vorbild der Ganzheit und Humanität. Aber diese Projektion macht sie blind für die anderen Aspekte des chinesischen Sozialismus, die weniger human und bestimmt weniger harmonisch sind. Die chinesische Politik ist, wie schon erwähnt, in erster Linie darauf bedacht, das maskuline Element im sozialen, politischen und ökonomischen Leben zu fördern. So ist es zum Beispiel ein großes Mißverständnis, die Sorge der Chinesen um die Ökologie als Ausdruck der Achtung für die Verbundenheit des Menschen mit der Natur und des Verständnisses für die fundamentale Einheit des Universums zu betrachten. Die chinesische Umweltpolitik entstand aus der Erkenntnis, daß sich Umweltverschmutzung für die Menschheit als Bumerang erweisen kann. Die daraus resultierenden Maßnahmen mögen – unabhängig von den Motiven, die dahinter stekken – ähnlich aussehen. Aus der Sicht der Entwicklung des menschlichen Bewußtseins jedoch ist die Entscheidung, die Umwelt zu schützen, um sie produktiver und den menschlichen Bedürfnissen besser dienstbar zu machen, sehr verschieden von der Entscheidung, sie aus Achtung vor der tiefen Verbundenheit von Mensch und Natur zu schützen.

Es mag durchaus vorteilhaft sein, daß das maskuline Bewußtsein in diesem Stadium der chinesischen Geschichte dominierend ist, aber zu entscheiden, ob dem so ist, wird für Beobachter und Sinologen, die selber in irgendeiner Form der

Projektion befangen sind, schwierig sein. Projektionen machen uns für die wahre Natur des »Anderen« blind, ob es sich um eine andere Person oder ein politisches System handelt. Sie verleiten uns dazu, in anderen zu sehen und zu schätzen, was wir in uns selbst brauchen. Der unbewußte Ausgangspunkt für die auf Projektion basierende politische oder persönliche Bindung ist die Annahme, »was richtig für mich ist, ist auch richtig für den anderen«, oder als Alternative, »was falsch für mich ist, ist auch falsch für den anderen«. Negative Projektionen kommen auf die gleiche Weise zustande; wir lehnen in anderen ab, was wir bei uns selbst ablehnen oder fürchten. Projektionen lähmen unsere Urteilskraft und gefährden unsere Beziehungen, und sie begrenzen viele, wenn nicht die meisten unserer Gefühle. Wenn Menschen beginnen, das zu erkennen, ist ihre erste Reaktion häufig, das Vertrauen in ihre Gefühle zu verlieren, sich von ihnen abzuwenden und statt dessen auf das Denken zu vertrauen. Eine nur intellektuelle, abstrakte, quantifizierbare Beziehung zum Leben bringt uns jedoch nicht sehr weit. Mit Hilfe der Logik kann man eine Anzahl von Ideen, mögliche Lösungen und Handlungsabläufe entwickeln, die alle sehr rational und vernünftig erscheinen. Aber die Logik ist selten in der Lage, Erklärungen und Handlungsanweisungen zu geben. Dazu müssen wir uns schon unserer Gefühle bewußt sein und sie achten, müssen die Fähigkeiten besitzen, nicht nur auf Gedanken, sondern auch auf Gefühle zu hören, ihnen zu vertrauen und danach zu handeln. Unsere Kultur belohnt das Denken und bietet wenig Hilfe bei der Erziehung der Gefühle; darin sind wir auf uns allein angewiesen.

Der erste Schritt dazu kann sein, Projektionen zurückzunehmen, so daß wir eine andere Person oder eine Situation unbelastet von persönlicher Neigung und Abneigung sehen können. Dies bedarf einer gründlichen Bestandsaufnahme aller Gefühle, um ihren Ursprung ermitteln zu können. Dazu brauchen wir die Fähigkeit, Fragen zu stellen wie: Liebe ich wirklich den Anderen oder nur einen unentwickelten Aspekt von mir selbst? Versuchen wir das zum ersten Mal bewußt, so mag es uns so vorkommen, als würden langsam alle Gefühle ausgerottet, aber gewöhnlich ist genau das Gegenteil der Fall.

Statt der Verarmung der Gefühle kann der Entzug der Projektion Raum für neue Gefühle schaffen, die bis dahin von der Kraft und dem Zwang unserer eigenen Sympathien und Antipathien verschleiert wurden. Haben wir erst einmal aufgehört, auf besessene Weise »verliebt« zu sein, schaffen wir einen Abstand zwischen uns und der anderen Person, indem wir beginnen, das, was wir sehen wollen, von dem zu scheiden, was wirklich zu sehen ist, dann können wir beginnen, die andere Person auf eine Weise zu lieben, die ihr Leben ebenso wohltuend bereichert wie unser eigenes mit einer Liebe, die nichts fordert und keine Gegenleistungen erwartet.

Wenn diese neue Freiheit anhalten soll, ist es jedoch nicht ausreichend, die Projektionen zurückzunehmen; wir müssen auch die Bedürfnisse befriedigen, deren Ausdruck sie waren. War die Projektion ein Aspekt des Maskulinen, zum Beispiel die Fähigkeit zu analysieren, dann muß die Person diese Fähigkeit in sich selbst entwickeln. Obwohl das Mühe und Zeit erfordert, dürfte es keine Unklarheit darüber geben, was in diesem Fall zu lernen ist. Ist aber die Entwicklung des femininen Prinzips vonnöten, dann liegen die Dinge nicht so einfach. Während unsere Kultur viele Möglichkeiten bietet, die maskulinen Seiten unseres Bewußtseins zu schulen, fehlen die gleichen Möglichkeiten, das Feminine zu entwickeln. Abgesehen von dessen mütterlichem Aspekt, sind die Vorstellungen der meisten Menschen über das Wesen des Femininen sehr verworren. Manchmal geben uns die Projektionen selbst Hinweise, aber meistens deuten sie nur in eine Richtung oder auf ein Gebiet, dessen genaue Natur und Lokalisierung dunkel bleibt. Langsam beginnt man jedoch zu erkennen, welche verheerenden Folgen die Unkenntnis und Vernachlässigung des femininen Prinzips haben. Die zweite Hälfte des 20. Jahrhunderts kann sich als wichtiger Wendepunkt der Einstellung gegenüber dem Femininen erweisen. Wenn das eintreten soll, ist es wichtig, zu einer klareren Erkenntnis des Femininen zu kommen. Dabei hilft es uns, auf die Erkenntnis derer zurückzugreifen, die bereits nach dem Femininen gesucht haben. Aus diesem Grund betrachten wir das Werk einiger Menschen, die im alten China gelebt und geschrieben haben. Letzten Endes muß jedoch jeder die Anstöße, die uns so vermittelt werden, in eine persönliche und seinem eigenen Kontext entsprechende Erfahrung umwandeln.

Es gibt eine alte chinesische Geschichte, »Der Regenmacher«, die uns etwas vom Geist des femininen Bewußtseins vermittelt. Sie handelt von einem abgelegenen chinesischen Dorf, das von einer Dürre heimgesucht wird. Die Ernte ist in Gefahr, und dem Volk droht Hunger. Die Dorfbewohner beten und opfern, aber es fällt kein Regentropfen. Schließlich lassen sie in ihrer Verzweiflung einen Regenmacher von weither kommen. Als der kleine alte Mann ankommt, fragen sie ihn, was er braucht, um seinen Zauber durchzuführen. »Nichts«, antwortet er, »außer einem ruhigen Raum, wo ich allein sein kann.« Dort verbringt er zwei Tage in stiller Zurückgezogenheit, und am dritten Tag regnet es.

Die Magie des Regenmachers besteht in seiner Fähigkeit, die Dinge *zuzulassen*, nicht sie zu *machen*. Die Dorfbewohner hatten sich krampfhaft bemüht, den Regen zu erzwingen; der Regenmacher schuf einfach Raum für Regen, zu fallen. Weil er nichts wollte und nichts verlangte, hatte er einen ganz anderen Einfluß als die vorsätzliche, organisierte Anstrengung des Maskulinen und offenbarte durch sein Beispiel, daß nicht alles erzwungen werden kann. Manche Dinge muß man einfach zulassen. Diese Dinge können wir nicht erzwingen oder kontrollieren; wir können sie nur erwarten und ihnen die Möglichkeit zu sein einräumen. Daß man die Dinge geschehen lassen sollte, auch im eigenen Geist, ihnen erlauben sollte zu wirken und sich auf ihre Weise zu entwickeln, eher als sie zu organisieren und zu manipulieren, das war eine zentrale Vorstellung im Taoismus und später im Zen-Buddhismus. Sie wurde durch die Schriftzeichen 自 然 *(Tz'u-jan)*, »aus sich selbst so-sein«, ausgedrückt, was manchmal mit »Spontaneität« übersetzt wird. Ein anderer Begriff, der benutzt wurde, um diese Vorstellung auszudrücken, war *Wu-wei*, was ungefähr bedeutet »nicht eingreifen, nicht gegen den Fluß der Natur schwimmen«. Das ist der Weg des Nicht-Eingreifens und Hinnehmens, den die Poeten über Jahrhunderte hinweg priesen. Auch Jung maß ihm besondere Bedeutung bei. Eine Frau sprach einmal mit ihm über einige ihrer Probleme und fragte ihn schließlich, »was kann ich gegen all das tun?« – »Einfach abwarten«, antwortete er. »Alles, was Sie zu tun haben, wird auf Sie zukommen.« Und innerhalb einiger Jahre geschah es auch so.[12]

Jung hatte begriffen, daß die Menschen der aktiven Lösung ihrer Probleme nur bis zu einem gewissen Punkt entgegengehen können. Es kann ein Moment kommen, von dem ab Handeln sinnlos oder gar zerstörerisch wäre. Dann ist es das Beste, nichts zu tun, zu warten. Während dieser Zeit ist es wichtig zu wissen, daß Passivität ein Akt des Glaubens ist, nicht ein Ausdruck der Verzweiflung. Vertrauen ist der Mittelpunkt des femininen Bewußtseins. Sein Fehlen treibt die Menschen in voreilige Entscheidungen und bringt sie dazu, andere Menschen und Situationen, die Zeit und Raum brauchen, sich auf ihre Weise zu entwickeln, zu stören und zu behindern.

Für Menschen, die gelernt haben zu glauben, daß das zielgerichtete Denken immer die Kontrolle behalten muß, und den nachgebenden, empfangenden Weg des Femininen zu fürchten, ist es nicht leicht, darauf zu vertrauen, daß die richtigen Dinge im richtigen Moment geschehen. Dieses Vertrauen beinhaltet die Erkenntnis, daß wir in einem bestimmten Sinn nicht wählen oder entscheiden können, daß uns das Leben ebenso lebt, wie wir das Leben leben. Es ist die Fähigkeit, das individuelle Ego einem Sinn und einem Ziel auszuliefern, das zuerst nicht verständlich sein mag, das wir nicht bewußt ausgewählt haben und über das wir offenbar sehr wenig Kontrolle haben.

Warten, vertrauen, nachgeben und zulassen zu können, ist die Vorbedingung für die Fähigkeit zu empfangen, die ein anderes Charakteristikum des Femininen ist. Die alten Taoisten maßen dieser Fähigkeit großen Wert bei, und sie erkannten, daß diese Aufnahmebereitschaft unmöglich ist, wenn der Geist von Gedanken überflutet und das Fühlen von Emotionen gestört ist. Sie sagten, es sei notwendig zu lernen zuzuhören, nachgiebig, schwach und unaufdringlich zu werden. Auch die *Chan*- oder Zen-Buddhisten machten das Prinzip der stillen Empfänglichkeit zu ihrer zentralen Botschaft.

Die chinesische Zivilisation war schon mindestens 2000 Jahre alt, als der Buddhismus im ersten Jahrhundert zum ersten Mal nach China kam. Die Wurzel dieser indischen Philosophie ist die Erkenntnis der totalen Ungreifbarkeit der Welt. Sie ergreifen, messen oder daran festhalten zu wollen, bedeutet, das Wesentliche zu verfehlen. Für die Buddhisten ist die Welt eine sich ständig transformierende Einheit, in der nichts von dem Ganzen getrennt ist. Das Leiden entsteht aus der Mißachtung der Gesetze des Universums, aus dem Versuch, das Unmögliche zu tun, durch Ergreifen und Festhalten. Das schließt die Begierde ein, denn etwas zu begehren entsteht daraus, etwas als begehrenswert definiert zu haben. Da Definitionen vom Anderssein abhängen, gehören Begierden zu einer fragmentarischen Welt. Nirvana ist die Lebensweise und der Bewußtseinszustand, die sich einstellen, wenn das Greifen nach Dingen aufhört und die Ganzheit erfahren wird. Nirvana kann nicht erlangt werden, da es nichts zu erlangen gibt. Daher ist Buddhismus in seiner reinsten Form eine Philosophie des wachen Seins ohne Ziel und ohne Begierde. Nirvana ist die vollkommene Einswerdung mit der Welt. Diese Vorstellung kommt in dem chinesischen Schriftzeichen für *Chan* (Zen) zum Ausdruck. Es ist aus zwei Teilen zusammengesetzt, einer bedeutet »Eins-Sein« und der andere »das Universum«; so bedeuten sie zusammen »Eins werden mit dem Universum«.[13]

Der Ursprung des Zen-Buddhismus ist unklar. Vielleicht war er eine Schöpfung der Taoisten und Konfuzianer. Nach der Zen-Überlieferung kam 520 v. Chr. ein indischer Mönch, Bodhidharma, nach China und begab sich an den Hof des Kaisers Wu von Liang, einem Schirmherren des Buddhismus. Dieser Mönch gilt als der erste Patriarch des Zen-Buddhismus. Allerdings ist die Geschichte des Zen erst seit dem sechsten Patriarchen, Hui-neng (637–713 n. Chr.), dokumentiert. Die folgenden zweihundert Jahre (während der Tang-Dynastie) waren die Blütezeit des Zen, und die Zen-Klöster wurden zu Zentren der chinesischen Gelehrsamkeit.

Hui-neng lehrt, daß die Wahrheit sich jenen offenbart, die sich ihr ausliefern. Sie ist ein Geschenk, das nicht erfaßt, gegeben oder definiert werden kann, das aber in jedem Moment gegenwärtig ist, ja, das jeder Moment *ist*. Wenn wir die Wahrheit verfolgen, wird sie sich unserem Zugriff entziehen, aber wenn wir uns dem Augenblick vollkommen hingeben können, können wir den »Weg«, das Tao, erfahren. »Loslassen« wurde der Weg derer, die Zen praktizierten. Das bedeutet, die Gedanken, die im Geist auftauchen und ihn verschleiern, verschwinden lassen – nicht indem man sie unterdrückt, sondern indem man einfach von ihnen abläßt. Lin-chi (jap.: Rinzai), ein chinesischer Meister, riet seinen Schülern, ein Leben zu führen, in dem alles ganz einfach zur rechten Zeit getan wird: »Wenn es Zeit ist, sich anzuziehen, zieht euch an. Wenn ihr gehen müßt, geht; wenn ihr sitzen müßt, sitzt.«[14]

> Seid ganz gewöhnlich, nichts Besonderes. Entleert eure Gedärme, laßt Wasser, zieht euch an, eßt eure Mahlzeiten. Wenn ihr müde seid, geht und legt euch hin. Unwissende Menschen mögen darüber lachen ... aber der Weise wird verstehen ... Wenn ihr so von Ort zu Ort geht und jeden als eure Heimat betrachtet, wird jeder Ort vollkommen sein, denn wenn gewisse Umstände eintreten, braucht ihr nicht versuchen, sie zu verändern.[15]

Lin-chi lehrte seine Schüler, von allen Verhaftungen und allen Begriffen abzulassen, damit sie beginnen könnten zu schmekken ohne zu schwelgen, zu hören ohne den Klang zu beurteilen, anzufassen ohne zu drücken, zu tragen ohne festzuhalten und schließlich zu lieben ohne zu besitzen.

Gib dich der Welt hin, nimm sie in deine Stille auf, das ist der Ratschlag der Taoisten und Zen-Buddhisten. Interessanterweise ist es auch die Lehre, die Thomas Henry Huxley (1825–1895), der agnostizistische Vertreter von Darwins Evolutionslehre, aus der Naturwissenschaft zog: »Die Naturwissenschaft scheint mir auf der höchsten und einleuchtendsten Ebene die große Wahrheit zu lehren, die in der christlichen Vorstellung von der totalen Ergebenheit in Gottes Willen verkörpert wird. Setz dich hin und betrachte die Wirklichkeit wie ein kleines Kind, sei bereit, jede Voreingenommenheit aufzugeben, folge demütig der Natur, oder du wirst nichts lernen.« Joseph Needham sagt dazu: »Jeder alte taoistische Philosoph könnte das gesagt haben, und kein Konfuzianer hätte es jemals verstanden.«[16] Natürlich verlangt die Naturwissenschaft mehr als die Fähigkeit sich hinzugeben; unter anderem zum Beispiel die Fähigkeit, die empfangene Information zu analysieren. Aber eine Vorbedingung für neue Erkenntnisse ist, der Welt gegenüber bescheiden und offen zu sein, vorgefaßte Meinungen und »bewiesene Tatsachen« fallenzulassen, um Raum zu schaffen, neue Dinge zu sehen, zu empfinden und zu denken.

Die Hingabe der alten Taoisten war eine Form der stillen Kontemplation, keine Kontemplation, die von einer Subjekt-Objekt-Beziehung zur Welt ausgeht, sondern ein Weg des Seins und Betrachtens, in dem es keine Dualität von Seher und Gesehenem gibt. Das chinesische Wort dafür ist *Kuan*. *Kuan* führt zur Erkenntnis durch die reflektive Identifikation, die Gefühle und Gedanken einschließt. *Kuan* offenbart die Eigenschaften der Dinge, die durch Analyse nicht enthüllt werden können. Es ist vollkommene Klarheit und Geistesgegenwart, eine aktive Passivität. Intellektuelles Wissen und Verstehen können uns nur teilweise dabei helfen, die Geheimnisse des Universums zu enträtseln. Der Philosoph und Mathematiker Alfred North Whitehead (1861–1947) schrieb: »Auch wenn sie alles über die Sonne und alles über die Atmosphäre und alles über die Erdumdrehung wissen, so mag ihnen doch der Glanz des Sonnenuntergangs entgehen.«[17] Das maskuline Bewußtsein registriert Informationen, analysiert und klassifiziert sie. Im Gegensatz dazu empfängt das Feminine eine Idee, betrachtet sie von allen Seiten, nimmt liebevoll daran teil und läßt sie langsam wachsen, bis sie reif ist, zur Welt zu kommen. Wie Ulanov schrieb: »Die Eigenschaft der Aktivität des Femininen Ego ist, eine Vorstellung anzunehmen, Wissen zu tragen, es zu assimilieren und es reifen zu lassen. Es ist eine Art der Hingabe an einen Prozeß, der als etwas gesehen wird, das einfach geschieht und sich durch Willensanstrengung nicht forcieren oder zum Erfolg bringen lassen kann.«[18] Eine solche Art des Wissens und Begreifens kann nicht im konventionellen Sinne untersucht und bewiesen und auch kaum verbal weitergegeben werden. Ohne sie wird uns jedoch wahrscheinlich der Glanz des Sonnenuntergangs entgehen, und alles, was uns schließlich bleibt, ist eine bloße Aufzählung von Fakten.

Irene Claremont de Castillejo hat das feminine Bewußtsein als diffus, im Gegensatz zu dem konzentrierten männlichen Bewußtsein, beschrieben. Sie sagt:

Das konzentrierte Bewußtsein hat sich über Tausende von Jahren aus dem Unbewußten entwickelt und entwickelt sich immer noch. Unsere ganze Erziehung ist ein Versuch, es zu fördern und zu schärfen, damit es uns die Kraft gibt, die Dinge zu sehen und in ihre Bestandteile zu zerlegen, um uns fähig zu machen, Vorstellungen zu formulieren und zu transformieren, zu erfinden und zu erschaffen. Dieses konzentrierte Bewußtsein benutzen wir im täglichen Leben dauernd. Ohne es würde es keine Kultur und keine wissenschaftlichen Entdeckungen gegeben haben.

Aber es gibt noch eine andere Form des Bewußtseins, »ein diffuses Wissen von der Ganzheit der Natur, in dem alles miteinander verbunden ist und die Menschen sich als Teil eines bestimmten Ganzen fühlen ... daher kommt die Weisheit der Künstler, kommen die Worte und Parabeln der Propheten, die so verschlüsselt sind, daß nur die sie hören, die Ohren haben zu hören, und die weniger Reifen nicht erschüttert werden«.[19]

Das Feminine hat eine verbindende Wirkung. Es verbindet den bewußten mit dem unbewußten Geist und die individuelle mit der Außenwelt. In dieser Eigenschaft vermittelt es psychologischen Wandel und Transformation, ohne die wir erstarren würden. Dadurch wachsen wir und entwickeln uns durch dauernde Begegnung mit neuen Gefühlen, neuen Ideen und neuen Situationen, die unsere Erkenntnis und Einsicht erfordern.

Der positive emotionale Effekt der Transformation besteht in dem Gefühl des Einbezogenseins in einen kreativen Prozeß, in Gefühlen der Erregung, Begeisterung, Vitalität oder der Empfindung, inspiriert und über sich selbst hinausgeführt zu werden durch eine unwiderstehliche, lebenspendende Kraft. Die positive Eigenschaft der transformierenden Seite des Femininen kann durch eine Öffnung für neue Einsichten oder durch die Veränderung der Form und Struktur des Lebens oder der Beziehungen zum Ausdruck kommen.[20]

Während durch das Maskuline ein Subjekt-Objekt-Bewußtsein entsteht, fördert das Feminine die Erfahrung der Einheit von Subjekt und Objekt. Ein Holzschnitzer im *Chuang-tzu* erklärt, wie er dieses Bewußtsein erreicht:

Ein Holzschnitzer schnitzte einen Glockenständer. Als der Glokkenständer fertig war, da bestaunten ihn alle Leute, die ihn sahen, als ein göttliches Werk.

Der Fürst von Lu besah ihn ebenfalls und fragte den Meister: »Was habt Ihr für ein Geheimnis?«

Jener erwiderte: »Ich bin ein Handwerker und kenne keine Geheimnisse, und doch, auf eines kommt es dabei an. Als ich im Begriffe war, den Glockenständer zu machen, da hütete ich mich, meine Lebenskraft (in anderen Gedanken) zu verzehren. Ich fastete, um mein Herz zur Ruhe zu bringen. Als ich drei Tage gefastet, da wagte ich nicht mehr, an Lob und Tadel zu denken; nach sieben Tagen, da hatte ich meinen Leib und alle Glieder vergessen. Zu jener Zeit dachte ich auch nicht mehr an den Hof Euerer Hoheit. Dadurch ward ich gesammelt in meiner Kunst, und alle Betörungen der Außenwelt waren verschwunden. Danach ging ich in den Wald und sah mir die Bäume auf ihren natürlichen Wuchs an. Als mir der rechte Baum vor Augen kam, da stand der Glockenständer fertig vor mir, so daß ich nur noch Hand anzulegen brauchte. Hätte ich den Baum nicht gefunden, so hätte ich's aufgegeben. Weil ich so meine Natur mit der Natur des Materials zusammenwirken ließ, deshalb halten die Leute es für ein göttliches Werk.«[21]

Der Holzschnitzer verband seinen Geist mit dem des Baumes und vermied so, dem Holz seine Vorstellung aufzuzwingen, er läßt sich den Ständer aus der Natur des Holzes heraus entwickeln. Eine ähnliche Einstellung zur Kunst ist auch im Werk einiger westlicher Künstler zu erkennen, besonders in den Skulpturen von Auguste Rodin. Seine Skulpturen scheinen dem Marmor oder Stein nicht aufgezwungen zu sein, sondern sich aus den Wünschen des Künstlers wie des Materials entwickelt zu haben.

Auch für die Entwicklung der chinesischen Landschaftsmalerei war das feminine Bewußtsein von großer Bedeutung. Wo das matriarchalische Bewußtsein die undifferenzierte Einheit erfährt, sieht das feminine die Verbindungen zwischen den Teilen, die Harmonie, die den Polaritäten zugrunde liegt. Der chinesische Begriff für Landschaftsmalerei, *Shan Shui,* drückt die Bestandteile dieser Kunst aus: *»Shan»* heißt Berg und *»Shui«* Wasser. Zusammen symbolisieren sie die Harmonie von Yin und Yang, das Wesen des Tao. Das Ziel dieser Malerei war, den Rhythmus und die Einheit der Natur in all ihren wechselnden Manifestationen darzustellen. Das versuchte man durch sorgfältige Komposition; Gegensätze wie Wachstum und Verfall, Raum und Form, weit und nah, dunkel und hell usw. werden dabei nicht durch überlegte Kalkulation harmonisiert, sondern spontan als Ergebnis des langen Weges der meditativen Selbst-Schulung des Malers, die die Vorbedingung für das Malen war. Diese Schulung lehrte den Maler, den Geist zur Ruhe zu bringen, so daß das Tao sich in seiner inneren Stille vollkommen manifestieren konnte. »Wenn es sein Herz beruhigt, kann ein Individuum eins werden mit den Elementen der Natur, den großen schöpferischen Kräften des Tao. Dieses Einswerden ist der wahre Sinn der Ganzheit. In der Malerei wird dieses Ziel zum Streben des Malers nach der Einswerdung mit dem dargestellten Objekt.«[22] Der Maler muß das Tao in sich selbst finden, um es in der Außenwelt darstellen zu können. Dann ist Malen ein vollkommen natürlicher Prozeß, unbehindert von persönlicher Interpretation und jeder Art von Egoismus, es ist eine Art Verehrung des Tao. »Die Anonymität der rituellen Handlung ist in Wirklichkeit die Einheit mit dem Tao. Malen ist nicht der Selbstausdruck, sondern ein Ausdruck der Harmonie des Tao.«[23] Wu Chen, ein Maler des vierzehnten Jahrhunderts, beschrieb seine Erfahrung so: »Wenn ich beginne zu malen, dann weiß ich nicht, was ich male; ich vergesse völlig, daß ich es bin, der den Pinsel hält.«[24]

Eine ähnliche Überschreitung der Subjekt-Objekt-Polarität durchdringt viele der taoistischen Gedichte. Ch'eng Ho (11. Jh.) freute sich in dem folgenden Gedicht seiner Fähigkeit, sich völlig im gegenwärtigen Augenblick zu verlieren:

Gegen Mittag, wenn die Wolken duftig sind
  und der Wind weht sanft,
Dann schlendre ich am Fluß entlang,
  vorbei an Wiesen und blühenden Bäumen.
Die Menschen dieser Tage
  können meine Freude nicht verstehen,
Sie werden sagen, daß ich den Tag verbummle
  wie ein junger Taugenichts.[25]

Die Fähigkeit, die Subjekt-Objekt-Orientierung zu überschreiten und die Welt als Ganzes zu sehen, ist eine wichtige Botschaft des Chuang-tzu:

> Wenn man zum Beispiel die einzelnen Glieder eines Pferdes aneinanderreihen wollte, so würde man noch kein Pferd dadurch bekommen. Das Pferd muß zuerst da sein und seinen einzelnen Teilen Zusammenhang geben, dann erst haben wir etwas vor uns, das wir Pferd nennen. Hügel und Berge sind eine Anhäufung von unbedeutenden Teilen, die in ihrer Gesamtheit die Höhe ausmachen. Und der ist ein rechtschaffener Mann, der alle Teile vom Standpunkt des Ganzen aus sieht.[26]

Chuang-tzu betont häufig die Dummheit, die Bäume mit dem Wald zu verwechseln. Auf einem bestimmten Punkt einer Sache oder einem bestimmten Stadium des Lebens zu beharren, bedeutet, die Ganzheit zu übersehen. Die Geschichte vom Tod seiner Frau zeigt, wie er selbst dieses Bewußtsein lebte:

> Die Frau des Dschuang Dsi (Chuang-tzu) war gestorben. Hui Dsi ging hin, um ihm zu kondolieren. Da saß Dschuang Dsi mit ausgestreckten Beinen auf dem Boden, trommelte auf einer Schüssel und sang.
>
> Hui Dsi sprach: »Wenn eine Frau mit einem zusammen gelebt hat, Kinder aufgezogen hat und im Alter stirbt, dann ist es wahrlich schon gerade genug, wenn der Mann nicht um sie klagt. Nun noch dazuhin auf einer Schüssel zu trommeln und zu singen, ist das nicht gar zu bunt?«
>
> Dschuang Dsi sprach: »Nicht also! Als sie eben gestorben war, (denkst du), daß mich da der Schmerz nicht auch übermannt hat? Aber als ich mich darüber besann, von wannen sie gekommen war, da erkannte ich, daß ihr Ursprung jenseits der Geburt liegt; ja nicht nur jenseits der Geburt, sondern jenseits der Leiblichkeit; ja nicht nur jenseits der Leiblichkeit, sondern jenseits der Wirkungskraft. Da entstand eine Mischung im Unfaßbaren und Unsichtbaren, und es wandelte sich und hatte Wirkungskraft; die Wirkungskraft verwandelte sich und hatte Leiblichkeit; die Leiblichkeit verwandelte sich und kam zur Geburt. Nun trat abermals eine Verwandlung ein, und es kam zum Tod. Diese Vorgänge folgen einander wie Frühling, Sommer, Herbst und Winter, als der Kreislauf der vier Jahreszeiten. Und nun sie da liegt und

schlummert in der großen Kammer, wie sollte ich da mit Seufzen und Klagen sie beweinen? Das hieße, das Schicksal nicht verstehen. Darum lasse ich ab davon.«[27]

Seine allumfassende Sicht ermöglichte es Chuang-tzu, die Relativität aller Erscheinungen zu erkennen. Er sah, daß nichts absolut groß oder klein, gut oder schlecht ist, weil die Dinge nur in Beziehung zueinander und zum Ganzen bestehen. Zu wissen, daß »das Universum nicht mehr ist als ein Samenkorn, und die Spitze eines Haares ein Berg ist«, das war in seinen Augen, was den wahrhaft Weisen auszeichnete. Das ist ein anderer Aspekt des femininen Bewußtseins. Es erfährt die Welt als ständig wechselnde Erscheinung, vergleichbar mit dem Meer, das unaufhörlich neue Wellen aller Größen und Formen hervorbringt und sie dann wieder in sich zurücknimmt. Nichts hat absolute, unwandelbare Existenz, denn alles fließt, teilt sich, formt sich aus und vereinigt sich wieder. K'ung-tzu, der 479 v. Chr. starb, schrieb: »So fließt alles dahin, wie dieser Fluß, ohne Aufhalten Tag und Nacht.«[28]

Die Vorstellung von der Existenz als dauerndem Wandel ist auch eine zentrale Vorstellung des Zen-Buddhismus, der das Leben als dauernden Prozeß der Wiedergeburten von Augenblick zu Augenblick sieht. Das feminine Bewußtsein erfährt die Welt als ständiges Werden und Vergehen, Steigen und Fallen, ununterbrochenen Wandel und Transformation. Auch das *I Ching* betrachtet alle Zustände und Momente als einem ständigen Prozeß des Wandels unterworfen. Die Dinge sind nicht voneinander getrennt, sondern integrale Aspekte des sich wandelnden Ganzen. Die Hexagramme stellen nicht Dinge und Situationen als solche dar, sondern ihre Entwicklungstendenz; von ihrer Vergangenheit ausgehend weisen sie auf ihre mögliche Zukunft hin.

Das feminine Bewußtsein leugnet nicht die Existenz einer differenzierten Welt; im Gegenteil, es könnte ohne diese Differenzierung nicht existieren. Es ist jedoch der Auffassung, daß die Unterscheidung der Dinge nicht die einzige Wirklichkeit ist, daß es noch eine andere Betrachtungsweise gibt. Diese Betrachtungsweise wird sehr gut durch die berühmte Geschichte von dem Koch im *Chuang-tzu* illustriert:

> Der Fürst Wen Hui hatte einen Koch, der für ihn einen Ochsen zerteilte. Er legte Hand an, drückte mit der Schulter, setzte den Fuß auf, stemmte das Knie an: ritsch! ratsch! – trennte sich die Haut und zischend fuhr das Messer durch die Fleischstücke. Alles ging wie im Takt eines Tanzliedes, und er traf immer genau die Gelenke.
>
> Der Fürst Wen Hui sprach: »Ei, vortrefflich! Das nenn' ich Geschicklichkeit!« Der Koch legte das Messer beiseite und antwortete zum Fürsten gewandt: »Das Tao ist es, was dein Diener liebt. Das ist mehr als Geschicklichkeit. Als ich anfing, Rinder zu zerlegen, da sah ich eben nur Rinder vor mir. Nach drei Jahren hatte ich's soweit gebracht, daß ich die Rinder nicht mehr ungeteilt vor mir sah. Heutzutage verlasse ich mich ganz auf den Geist und nicht mehr auf den Augenschein. Der Sinne Wissen hab' ich aufgegeben und handle nur noch nach den Regungen des Geistes. Ich folge den natürlichen Linien nach, dringe ein in die großen Spalten und fahre den großen Höhlungen entlang. Ich verlasse mich auf die (anatomischen) Gesetze. Geschickt folge ich auch den kleinsten Zwischenräumen zwischen Muskeln und Sehnen, von den großen Gelenken ganz zu schweigen...«[29]

Bevor der Koch gelernt hatte, meisterhaft einen Ochsen zu zerteilen, ohne ihn zu zerhacken, mußte er durch ein Stadium gehen, in dem er den Ochsen zuerst als ganzes Tier sah, getrennt von ihm selbst, und dann als ein schon in Stücke geteiltes Ding. Er mußte die maskuline Fähigkeit zu unterscheiden entwickeln, bevor er die feminine Fähigkeit, die Subjekt-Objekt-Perspektive zu überwinden und den Ochsen mit seinem Geist zu erfassen, entdecken konnte. Den Weg des Koches aus dem *Chuang-tzu* müssen alle gehen, die das Feminine entdekken wollen. Es hat keinen Wert, auf den WEG zu horchen, zu warten und die Hoffnung zu nähren, ihn in der Natur und den Menschen zu erkennen, wenn wir nicht einen Weg vom anderen unterscheiden können. Wir können kein harmonisches soziales und ökonomisches Leben entwickeln, wenn wir die Unterschiede zwischen den Menschen und den verschiedenen Bereichen und Interessen der Gesellschaft nicht verstehen und anerkennen. Vernunft, Analyse und Unterscheidungsvermögen sind die Vorbedingungen der Harmonie.

Das Verständnis und die Praxis der Zen-Meister ging in

diese Richtung. Ihre Lehre legte großen Wert auf die Unterscheidung der Dinge als Vorbedingung für die Entdeckung ihrer »absichtslosen Absicht« und ihrer harmonischen Beziehung zum Ganzen. Diese Haltung wird im Verhältnis des Zen zur Gärtnerei besonders deutlich:

> Dem Zen-Gärtner liegt es fern, natürlichen Formen seine eigenen Intentionen aufzuzwingen, er verwendet jedoch große Sorgfalt darauf, der »absichtslosen Absicht« der Formen selbst Folge zu leisten, obschon dies höchste Genauigkeit und größtes Können verlangt. Der Gärtner kann in der Tat kein Ende finden, seine Pflanzen zu stutzen, zu beschneiden, sie von Unkraut zu befreien und aufzuziehen, aber er tut das aus dem Gefühl heraus, selbst ein Teil des Gartens zu sein, anstatt außenstehender Anordner. Er wirkt nicht störend auf die Natur ein, denn er ist die Natur, und er pflegt, als pflegte er nicht. Daher ist der Garten gleichzeitig äußerst künstlicher und höchst natürlicher Art.[30]

Der Zen-Gärtner entwickelt das maskuline Prinzip jedoch selektiv. Er ignoriert die Vorzüge des individuellen Bewußtseins und konzentriert sich mehr auf die Intuition als auf das rationale Denken. Anscheinend entwickelt er das maskuline Bewußtsein, übernimmt einige seiner Einsichten und weist sie dann zugunsten der femininen Identifikation mit der Welt zurück, wobei er in einem unausgewogenen Bewußtseinsbefangen bleibt. Es ist schwer zu beurteilen, ob die Zen-Adepten inmitten des chinesischen Kaiserreichs hätten weniger einseitig sein können, und schließlich können wir auch uns selbst eine solche Frage stellen. Man muß die Beziehung zwischen der Entwicklung des allgemeinen und des individuellen Bewußtseins, ebenso wie die Beziehung zwischen Körper und Geist verstehen, um diese Fragen zu beantworten.

6. Yin und Yang im Individuum

> Yü Hiung sprach: »Der Kreislauf hört nicht auf. Wer aber merkt die verborgenen Veränderungen von Himmel und Erde? Denn wenn die Dinge auf der einen Seite verringert werden, so werden sie auf der anderen Seite vermehrt; wenn sie hier voll werden, so nehmen sie dort ab. Verringerung und Vermehrung, Vollwerden und Abnehmen werden fortwährend erzeugt und hören fortwährend auf, ihr Gehen und Kommen ist miteinander verbunden durch unsichtbare Übergänge. Wer merkt es wohl? Überall nimmt eine Kraft nicht plötzlich zu, nimmt eine Form nicht plötzlich ab, darum bemerkt man ihr Vollwerden und Abnehmen nicht. Es ist wie bei dem Menschen, der von Geburt bis zum Alter im äußeren Aussehen und im Stand seiner Erkenntnis sich täglich ändert: Haut, Nägel und Haare werden fortwährend erzeugt und fallen fortwährend ab. Nicht gibt es ein Stillstehen auf der Stufe der Kindheit ohne Wandlung. Die Übergänge sind unmerklich; erst hinterher erkennt man es.«[1]

Yang und Yin pulsieren rhythmisch durch unser Leben, das Zunehmen des einen bedingt das Abnehmen des anderen. Nichts ist statisch, nur unser Unwissen läßt es uns so erscheinen. »Der Kreislauf hört nimmer auf.« Aber wer von uns »merkt die verborgenen Veränderungen von Himmel und Erde«? Die Aufgabe des chinesischen Arztes war es, diese Bewußtheit zu erlangen.

Die chinesische Medizin verdankt viele ihrer Hauptprinzipien des Gelben Kaisers »Klassischem Buch der inneren Medizin«, dem *Huang Ti Nei Ching Su Wen.* Nach der chinesischen Überlieferung lebte der Gelbe Kaiser von 2674–2575 v. Chr., als erster der legendären »Fünf Kaiser«. Seine Mutter, Fu Pao, soll ihn auf wunderbare Weise empfangen haben, und er wurde als Erfinder des Rades, von Rüstungen, Schiffen, Töpferwaren und anderen nützlichen Gegenständen verehrt. Das Ende seiner Regentschaft wurde durch das Erscheinen des Phönix und des *Ch'i lin,* des glückverheißenden Einhorns, das manchmal als Hermaphrodit dargestellt wird, verklärt. Ob der Gelbe Kaiser wirklich existierte und der Autor des Buches der inneren Medizin war, bleibt unbekannt. Die heutige Ausgabe des bemerkenswerten Buches verdankt ihre Form einem berühmten Kommentator der Tang-Dynastie (618–907 n. Chr.), Wang Ping. Jedenfalls beschließt Ilza Veith, die den Text übersetzte, die Diskussion über seinen Ursprung mit der Feststellung, daß »man gerechterweise annehmen muß, daß ein großer Teil des Textes während der Han-Dynastie existierte (206 v. Chr. – 220 n. Chr.), sowie daß vieles davon wahrscheinlich älteren Ursprungs ist und möglicherweise aus Chinas frühester Geschichte mündlich überliefert wurde«.[2]

Der Klassiker der inneren Medizin stellt die chinesische Medizin als untrennbar von der Philosophie der Interdependenz von Individuum und Kosmos dar; diese Idee blieb die Basis der Theorie und Praxis der chinesischen Medizin. Die Kosmologie des *Nei Ching* läßt die frühesten Vorstellungen vom Tao als dem vereinigenden Prinzip des Universums erkennen. Die Aufgabe des Arztes sei es, die Harmonie von Himmel und Erde zu verstehen und in allen Dingen zum Ausdruck zu bringen, um sicherzustellen, daß die Muster des menschlichen Lebens den Mustern in der Natur entsprechen. Seine Aufgabe war also in erster Linie die Erhaltung des Wohlbefindens der Menschen; das Verschreiben von Medikamenten und andere Formen der Therapie waren zweitrangig.

Der Klassiker der inneren Medizin stellt fest, daß, obwohl die Menschheit in Männer und Frauen geteilt ist, jedes Geschlecht für sich aus dem maskulinen und femininen Prinzip besteht. »Als Mann gehört der Mensch zu Yang; als Frau gehört der Mensch zu Yin. Da aber sowohl der Mann als auch die Frau Produkte der beiden primären Elemente sind, sind beide Eigenschaften in beiden Geschlechtern enthalten.«[3] Der menschliche Körper kann in drei Teile unterteilt werden, den unteren, den mittleren und den oberen, von denen jeder sowohl Yin als auch Yang ausdrückt. Die Oberfläche des Körpers ist Yang, das Innere ist Yin, der Puls ist sowohl Yin als auch Yang. Auch die Organe sind nach den beiden Prinzipien klassifiziert. Den fünf Yin-Organen – Herz, Leber, Milz,

Lunge und Nieren – wird die passive Fähigkeit der Speicherung zugeschrieben, nicht die Ausscheidung. Die Gallenblase, der Magen, die Gedärme, die Harnblase und der »Dreifache Erwärmer« (der das chemische Milieu des Organismus regelt und aus dem Zusammenwirken von Atmung, Verdauung und urogenitalem System besteht) sind aktiv und Yang.

> Nach Auffassung der traditionellen Heilkunde stehen die einzelnen Organe miteinander in enger funktioneller Verbindung. Heutigen Begriffen zufolge gehören sie in das Gefüge des vegetativen Nervensystems. Ihre energetische Verknüpfung zeigt das Bild einer Kette. So schließt die Leber an die Lunge an, die Lunge an den Dickdarm, der Dickdarm an den Magen, der Magen an die Milz, die Milz an das Herz, das Herz an den Dünndarm, der Dünndarm an die Harnblase, die Harnblase an die Nieren, die Nieren an den »Meister des Herzens« (der den peripheren Blutkreislauf regelt), der »Meister des Herzens« an den »Dreifachen Erwärmer«, dieser an die Gallenblase, und die Gallenblase an die Leber – wodurch sich der Kreis schließt.[4]

Nach dieser Zusammenstellung gehören die Yin- und Yang-Organe paarweise zusammen; Leber und Lunge, zum Beispiel, sind Yin, während der Dickdarm und der Magen Yang sind. »Vollkommene Harmonie zwischen den beiden Urprinzipien bedeuteten Gesundheit, Disharmonie oder übermäßiges Vorherrschen eines Elements brachten Krankheit und Tod.«[5] Die beiden Elemente – Yin und Yang – wurden das Tao genannt. Sie wurden für die Basis des ganzen Universums gehalten, für das in der ganzen Schöpfung enthaltene Prinzip.[6] Der chinesische Arzt lernte die Fluktuationen von Yin und Yang zu erkennen und das Ungleichgewicht zwischen ihnen, das Krankheit verursachte, zu beheben.

Diese Yin-Yang-Sicht des menschlichen Körpers ist auch die Grundlage der Akupunktur. Die Theorie der Akupunktur, die im *Nei Ching* ausführlich behandelt und in den folgenden Jahrhunderten erweitert wurde, lehrt, daß zahlreiche, auf der Oberfläche des Körpers verstreute Punkte die Funktion ein und desselben Organs beeinflussen und daß alle Punkte, die ein Organ beeinflussen, miteinander verbunden sind. Die Verbindungen wurden *Ching* oder »Meridiane« genannt. Der Klassiker der inneren Medizin kannte zwölf Hauptmeridiane, zwei weitere wurden später ergänzt. Die Entdeckung der Verbindung zwischen der Hautoberfläche und den inneren Organen entstand aus dem chinesischen Verständnis der Yin- und Yang-Beziehung zwischen dem Inneren des Körpers und seiner Oberfläche.[7]

Die Meridiane sind selbst wieder nach Yin und Yang eingeteilt; diejenigen, die entlang der Innenseite der Arme und Beine verlaufen, sind Yin, die an der Außenseite der Glieder verlaufenden sind Yang. Die Yin-Meridiane gehören zu den Yin-Organen und die Yang-Meridiane gehören zu den Yang-Organen. Die Yin-Yang-Energie der Meridiane wird *Ch'i* genannt. Wenn sein Fluß behindert wird, entsteht ein Ungleichgewicht von Yin und Yang im Körper, das sich als Krankheit manifestiert. Die Genesung hängt von der Regulierung des Ungleichgewichts ab. Der Einfluß von Yin wurde mit dem Wasser verglichen; es ist die lebenerhaltende Energie, die für die Speicherung der Lebenskraft zuständig ist, die Verdauung regelt und den Frieden und die Harmonie im Körper sichert. Yang wurde mit dem Feuer verglichen, es treibt die Organe zur Aktion, sichert die Trennung des Körpers von der Außenwelt und schützt ihn vor äußeren Einflüssen.

Die verschiedenen Formen der chinesischen Therapie, die sich während der Jahrhunderte entwickelt haben – Akupunktur, Moxibustion, Atemtherapie, Heilmassage, Physiotherapie, Pflanzenheilkunde und T'ai chi-ch'uan – haben alle die Aufgabe, eine Harmonisierung von Yin und Yang im Körper herbeizuführen. So war das *Nei Ching* der Ausgangspunkt für eine lange Geschichte der medizinischen Theorie und Praxis. Es stellt die Entwicklung des Individuums dar und identifiziert die wichtigsten Phasen im Leben der Männer und Frauen. Das Leben der Frau ist in Sieben-Jahres-Perioden eingeteilt:

> Wenn ein Mädchen sieben Jahre alt ist, sind die Ausflüsse der Nieren (Keimdrüsen) reichlich, sie bekommt die zweiten Zähne und ihre Haare werden länger. Wenn sie ihr vierzehntes Jahr erreicht, beginnt sie zu menstruieren und kann schwanger werden, und die Bewegung in der großen Hauptschlagader ist kräftig ...

Wenn das Mädchen einundzwanzig Jahre alt wird, sind die Ausflüsse der Nieren normal... sie ist ausgewachsen... Wenn die Frau achtundzwanzig Jahre alt wird, sind ihre Knochen und Muskeln stark, ihr Haar hat seine volle Länge erreicht, und ihr Körper ist blühend und fruchtbar.

Wenn die Frau das Alter von fünfunddreißig Jahren erreicht, vermindert sich der Puls, der (den Bezirk) des »Sonnenlichts« anzeigt, ihr Gesicht wird faltig und ihre Haare beginnen auszufallen. Wenn sie zweiundvierzig Jahre alt wird, vermindert sich der Puls der drei (Regionen des) Yang...

Wenn sie neunundvierzig Jahre alt wird, kann sie nicht mehr schwanger werden, und der Puls der großen Hauptschlagader läßt nach. Ihre Menstruation ist erschöpft... ihr Körper wird schwächer, und sie ist nicht mehr in der Lage, Kinder zu bekommen.[8]

Das Leben des Mannes ist in Acht-Jahres-Perioden eingeteilt:

Wenn ein Knabe acht Jahre alt wird, sind die Ausflüsse seiner Testikel (Nieren) voll entwickelt; sein Haar wird länger, und er bekommt die zweiten Zähne. Wenn er sechzehn Jahre alt wird, sind die Ausflüsse seiner Testikel reichlich, und er beginnt, Samen auszuscheiden. Er hat einen Überfluß an Samen und versucht, sich davon zu befreien; wenn sich zu diesem Zeitpunkt das männliche und das weibliche Element in Harmonie vereinigen, kann ein Kind empfangen werden.

Im Alter von vierundzwanzig Jahren werden die Ausflüsse seiner Testikel normal... Mit zweiunddreißig Jahren sind seine Muskeln und Knochen auf dem Höhepunkt der Kraft...

Mit vierzig Jahren werden die Ausflüsse seiner Testikel geringer, er beginnt, sein Haar zu verlieren, und seine Zähne werden schlechter. Mit achtundvierzig Jahren ist seine männliche Kraft geringer oder erschöpft; er bekommt Falten im Gesicht, und das Haar an seinen Schläfen wird weiß. Mit sechsundfünfzig Jahren wird die Kraft seiner Leber geringer... seine Samenausscheidung ist erschöpft, seine Vitalität reduziert, seine Testikel bilden sich zurück, und seine physische Kraft geht zu Ende. Mit vierundsechzig Jahren verliert er seine Zähne und seine Haare.[9]

Die alten Chinesen betrachteten die zweite Hälfte des Lebens für beide Geschlechter als eine Zeit, in der die sexuellen Kräfte abnahmen; der Körper zahlte für die Fruchtbarkeit und Fülle der ersten fünfunddreißig Jahre mit der Abnahme der physischen Kräfte in den folgenden Jahrzehnten. So wird das Leben jeder Person ins Gleichgewicht gebracht.

Der Überfluß an Yin-Energie bei Frauen führt unweigerlich zu deren Verfall, welcher das Ende der Menstruation und den Verlust der Fähigkeit, Kinder zu empfangen, zur Folge hat. Bei Männern folgt auf einen Überfluß von Yang in der Jugend die Verminderung der Samenausscheidung und Potenz in der zweiten Hälfte des Lebens. Die Körper von Männern und Frauen weisen in zunehmendem Maße weniger geschlechtliche Unterschiede auf, wenn sie auf den Tod zugehen, und nehmen eine Gestalt an, die in gewisser Weise mit der des Kindes verglichen werden kann.

Die Erkenntnisse von der Beziehung von Yin und Yang im Individuum, die die Grundlage eines großen Teils der alten und modernen chinesischen Medizin bilden, entsprangen der Intuition oder Inspiration und wurden durch empirische Beobachtungen geprüft. Sie wurden niemals im modernen wissenschaftlichen Sinn des Wortes bewiesen oder erkannt. Man arbeitet damit, weil sich das als wirkungsvoll erwiesen hat, nicht, weil man die Wirkungsweise vollkommen verstanden hätte. Die Meridiane sind zum Beispiel noch nicht anhand bekannter physiologischer Prozesse oder anatomischer Strukturen erklärt worden, aber der Wert einer Theorie, die solch aufsehenerregende Ergebnisse wie die wirkungsvolle Anästhesie bei Operationen am offenen Herzen vorweisen kann, ist wohl kaum zu bezweifeln. Trotz der Forschungen, die nun auf dem Gebiet der Akupunktur getrieben werden, bleibt ihre Wirkungsweise ein Geheimnis. Auf einigen anderen Gebieten der Medizin jedoch, wie der Funktion des maskulinen und femininen Prinzips im menschlichen Körper, beginnt die moderne Wissenschaft Erklärungen zu finden, die einen beachtlichen Beitrag zu unserem Verständnis der alten chinesischen Weisheit liefern, wenn sie auch bei weitem noch keine vollkommenen Antworten sind.

Vor ungefähr zwanzig Jahren erkannten westliche Biologen, daß die Embryos aller Säugetiere die ersten fünf oder sechs Wochen, während jede Zelle noch männlich oder weiblich werden kann, morphologisch eher weiblich als zweigeschlechtig oder neutral sind. Genetisch wird das Geschlecht bei der Empfängnis bestimmt; die weibliche Eizelle, die ein X-Chromosom enthält, trifft entweder ein männliches X- oder Y-Spermium. Aus einer XX-Verbindung entsteht ein weiblicher Embryo, aus einer XY-Verbindung ein männlicher. Der Einfluß der Chromosomen macht sich jedoch nicht vor der fünften oder sechsten Woche des embryonalen Lebens bemerkbar. Während der ersten Wochen sind alle Embryos weiblich. »Wenn die Keimdrüsen des Fötus in den ersten Wochen vor der Differenzierung entfernt werden, wird sich der Embryo, unbeeinflußt von dem genetischen Geschlecht, zu einem normalen weiblichen Körper entwickeln, dem lediglich die Eierstöcke fehlen.«[10]

Ungefähr nach fünf Wochen bewirken die männlichen Gene die Entwicklung der Hoden und die Produktion männlicher Hormone, der Androgene, deren wichtigstes Testosteron ist. Ab diesem Zeitpunkt sorgen die Hormone, nicht die Chromosomen, für die weitere geschlechtliche Differenzierung. Das Testosteron unterbindet das Wachstum von Eierstöcken und bewirkt das Entstehen der inneren und äußeren männlichen Geschlechtsorgane. Zwischen der zwölften und sechzehnten Woche sind die männlichen Geschlechtsmerkmale angelegt. Wenn das genetische Geschlecht weiblich ist, beeinflussen die Keimzellen während der siebten Woche die Eierstöcke und regen die Produktion zweier weiblicher Hormone, Östrogen und Progesteron, an. An diesem Punkt gibt es einen entscheidenden Unterschied zwischen der männlichen und weiblichen Entwicklung: Das Östrogen ist für die weitere Entwicklung der weiblichen Fortpflanzungsorgane nicht notwendig. »Die weibliche Entwicklung resultiert aus der angeborenen, genetisch bestimmten weiblichen Morphologie der Embryos bei allen Säugetieren.«[11]

Die weiblichen Organe entwickeln sich auf direktem Weg, auf dem die Fortpflanzungsorgane keiner »hormonal differenzierten Transformation« unterworfen sind. »Die fötalen und mütterlichen Östrogene fördern in einem späteren Stadium lediglich, und zwar langsam und zu relativ geringem Grad, die sich bereits entfaltende weibliche Gestalt.«[12] Die weibliche Entwicklung ist daher autonom. Im Gegensatz dazu benötigt die männliche Entwicklung außerordentlich hohe Mengen von Androgenen während des fötalen Lebens, um die angeborene weibliche Anatomie und die Wirkung der zirkulierenden mütterlichen Östrogene zu überwinden. Wenn das nicht eintritt, wird die autonome Entwicklung des Embryos zu einem morphologisch weiblichen Wesen fortschreiten, auch wenn er genetisch mit männlichen XY-Chromosomen ausgestattet ist. Demzufolge differenziert sich nur der männliche Embryo von dem frühen Stadium embryonalen Lebens, indem er aktiv gegen die mächtige und »natürliche« Tendenz weiblich zu werden ankämpft. In diesem Sinn kann die männliche Entwicklung als ein fortgesetzter Kampf um Unabhängigkeit von dem Einfluß des Weiblichen gesehen werden. Eine der Konsequenzen daraus ist, daß männliche Embryos nach der vollzogenen Unterscheidung bei Experimenten eine hohe Resistenz gegen injizierte Östrogene zeigten, »es waren hohe Dosen notwendig, bevor sich eine verweiblichende Wirkung zeigte«. Bei Frauen, deren feminine Anatomie genetisch festgelegt und nicht hormonell bestimmt ist, trifft das Gegenteil zu; bei ihnen können bereits geringe Mengen Androgen starke vermännlichende Effekte hervorrufen. »Alle getesteten weiblichen Säugetiere – Embryos, Junge und Erwachsene – reagierten in wesentlich höherem Maße auf Androgen als die männlichen auf Östrogen.«[13]

Nach der Geburt spielen die männlichen und weiblichen Hormone weiterhin eine wichtige Rolle bei der Entwicklung beider Geschlechter. In ihrem physischen Aufbau bewahren die Keimdrüsen – die Eierstöcke und Hoden – einen mehr oder weniger hohen Anteil von andersgeschlechtlichem Gewebe, der das ganze Leben hindurch wirksam bleibt. Die Sexualhormone beeinflussen jeden Teil des Körpers mit der möglichen Ausnahme der Großhirnrinde. Sie beeinflussen das Benehmen, die Gefühle und die körperliche Gestalt auf viele Weisen; die Kastratensänger des Barock und der europäischen Klassik, wie die Eunuchen im imperialistischen China, sind wohlbekannte Beispiele für ihren Einfluß. Unterschiede im hormonellen Muster der Individuen sind aufgrund der Tatsache, daß unsere Körper, unabhängig von dem genetischen Geschlecht, alle bis zu einem gewissen Grade bisexuell sind, möglich. Das wird von June Singer erörtert:

Wenn es keinen Beweis für die strukturelle Bisexualität des Embryos gibt, taucht die Frage nach der Quelle unseres Begriffs von Bisexualität als der Basis für Verhaltensweisen auf. Während Männlichkeit und Weiblichkeit genetisch bestimmt sind, sind Maskulinität und Femininität der hormonellen Modifikation unterworfen. Trotz des Vorherrschens eines Hormons findet eine andauernde Produktion sowohl der Östrogene als auch der Androgene bei beiden Geschlechtern statt.

Die besondere Mischung dieser Hormone bei jedem Individuum scheint zu einer Entwicklung zu führen, die irgendwo zwischen den Extremen kräftiger, muskulöser Männlichkeit auf der einen Seite und der zartesten Weiblichkeit auf der anderen Seite liegen kann. Jedenfalls ruft der genetische Code des Menschen, verglichen mit dem der Tiere, eine bestimmte Proportionierung jedes Hormons hervor, mit dem Ergebnis, daß Männer und Frauen nicht sehr verschieden voneinander sind. Bei manchen anderen Spezies ist das Ungleichgewicht so groß, daß Männchen und Weibchen kaum der gleichen Art anzugehören scheinen.

In Anbetracht dieser Tatsache scheint es tatsächlich eine biologische Grundlage für die Bisexualität zu geben, oder auch für die individuelle Verschiedenheit der sexuellen Neigungen bei Männern und Frauen. Wenn das Verhältnis der männlichen und weiblichen Hormone die maskulin-feminine Ausprägung der verschiedenen Spezies beeinflußt, scheint es gerechtfertigt anzunehmen, daß geringere Unterschiede innerhalb einer Spezies Individuen hervorbringen würden, die entsprechend von der sexuellen Norm abweichen würden. Daher sollten wir bei Männern aufgrund der Verteilung ihrer Hormone einen mehr oder weniger hohen Grad an Maskulinität feststellen, und umgekehrt bei den Frauen eine ähnliche Abhängigkeit von der Verteilung ihrer Hormone.[14]

Ein Blick auf die menschliche Sexualität läßt uns beträchtliche Schwankungen der Verteilung der Hormone bei verschiedenen Individuen erkennen. Jeder Mensch nimmt eine etwas andere Position in diesem Spektrum ein. Abgesehen von der Position jedes einzelnen zwischen den Extremen von Maskulinität und Femininität, sind sowohl Männer als auch Frauen im Verlauf ihres Lebens einem unterschiedlich starken Einfluß der Geschlechtshormone unterworfen. Männer produzieren ziemlich konstant Androgene, während weibliche Hormone zyklisch ausgeschüttet werden. Nach der Geburt nimmt die Produktion von Androgenen bei Jungen leicht ab, um dann kontinuierlich zu steigen, bis zu einem passiven Anstieg der Sekretion von Androgenen in der Pubertät. Nach Auffassung der alten Chinesen war das die Zeit, »wenn die Ausflüsse der Testikel der Knaben reichlich sind«. Darauf folgt ungefähr mit 18 Jahren der Höhepunkt der Testosteronproduktion, die danach bis zum Tod langsam abnimmt, mit einem rapiden Abfall zwischen dem Alter von 40 und 55 Jahren. Während dieser Jahre erfährt der Mann die Entsprechung der weiblichen Menopause: Vor seiner Midlife-crisis kontrolliert die Leber des Mannes sorgfältig den Östrogenspiegel und entfernt jeden Überfluß von Östrogenen. Dann aber läßt die Leberfunktion nach, so daß nach den mittleren Jahren die Östrogenproduktion des Mannes leicht ansteigt, während die Produktion der männlichen Hormone, die etwa seit dem 18. Lebensjahr langsam abnahm, deutlich nachläßt.

Die weibliche Entwicklung verläuft etwas anders, ist aber im großen und ganzen der des Mannes ähnlich. Die weibliche Hormonproduktion nimmt während der Pubertät zu. Nach dem Ende des Menstruationszyklus sinkt die weibliche Östrogenproduktion ab, und obwohl ihr männlicher Hormonspiegel nicht im gleichen Verhältnis zu ihren weiblichen Hormonen steigt, wie die weiblichen Hormone proportional zu den männlichen bei den Männern, schafft das Absinken ihres Östrogenspiegels eine parallele Situation zwischen den Geschlechtern während der zweiten Hälfte des Lebens, besonders wenn wir die größere Beeinflußbarkeit der Frau durch männliche Hormone berücksichtigen. Daher bewegen sich sowohl Männer als auch Frauen im späteren Leben auf einen Zustand geringerer geschlechtlicher Differenzierung zu. Das Abnehmen der männlichen Hormonproduktion bei den Männern und der weiblichen Hormonproduktion bei den Frauen führt zu der allgemeinen Beobachtung, daß jedes Geschlecht einige der körperlichen Charakteristika des anderen annimmt: Männer können einen weicheren und runderen Körper mit einer fülligeren Brust bekommen, während Frauen oft eine rauhere Haut bekommen, ihre Stimmen tiefer werden können und manchmal Gesichtshaare sprießen.

Es scheint so, daß wir alle im Laufe unseres Lebens die Chance haben, einige der biologischen Charakteristika des anderen Geschlechts an uns selbst zu erfahren. Ob wir diese Möglichkeit wahrnehmen, hängt davon ab, inwieweit wir uns von der traditionellen Rollenfestlegung freimachen können. Ohne diese Freiheit können solche biologischen Veränderungen auf Frauen so erschreckend wirken, daß sie zu Hormonbehandlungen bereit sind, in dem verzweifelten Versuch, ihre »normale« Feminität wieder zu erlangen und der Norm zu entsprechen, die die Gesellschaft vorschreibt. Das Verhältnis der maskulinen und femininen Hormone im Körper erfährt deutliche Veränderungen während unseres Lebens: Vor und nach den Perioden höchster Maskulinität und Femininität liegen Jahre weniger ausgeprägter geschlechtlicher Differenzierung. Unsere biologische Natur ist nicht statisch, sondern ständigem Wandel unterworfen. Diesen Wandel zu akzeptieren, mag vielleicht peinlich sein, aber er wird unser Verständnis für und unsere Erfahrung mit unserem Körper bereichern. Das Verhältnis von Yin und Yang in jedem Menschen richtet sich nicht nach einem Begriff von »Normalität«, wenn es auch ein allgemeines Muster des Wandels in diesem Bereich gibt. Die frühen chinesischen Weisen wußten, was die moderne Medizin gerade wiederentdeckt, daß nämlich Veränderungen innerhalb dieses Verhältnisses allen Menschen gemeinsam sind. Diese Veränderungen können nicht nur innerhalb der biologischen, sondern auch der psychologischen Entwicklung beobachtet werden.

Biologie und Psychologie wurden in der medizinischen Praxis des Westens lange als getrennte Disziplinen betrachtet. Das ist im Interesse der Spezialisierung natürlich vorteilhaft; genaues und detailliertes Wissen hängt in gewissen Stadien von der Gliederung in Fachbereiche ab. Zu anderen Zeiten kann es jedoch genauso wichtig sein, die Verbindung zwischen den verschiedenen Disziplinen und Informationsbereichen wiederherzustellen, um die bruchstückhaften Sachkenntnisse zu einem vollständigen Bild zusammenzufügen. Das Verständnis für das Individuum hängt letzten Endes davon ab. Das zwanzigste Jahrhundert erlebte einen beachtlichen Fortschritt in dieser Richtung: der Auswirkung der Umwelt und kultureller Faktoren auf die biologische und psychologische Gesundheit wurde sehr viel mehr Augenmerk gewidmet als früher. Allerdings hat man der Erforschung der Beziehung zwischen Körper und Geist weniger Aufmerksamkeit geschenkt. Das europäische und amerikanische Denken blieb weitgehend in der traditionellen Geist-Körper-Spaltung befangen; wir bilden Ärzte für geistige oder für körperliche Krankheiten aus, wählen physische oder psychologische Therapien, spezialisieren uns auf physische oder psychologische Fachgebiete und wählen spirituelle oder körperliche Übungen. Nur wenige Menschen haben diese Einstellung zu Medizin und Gesundheit bisher in Frage gestellt. Die Minderheit, die das getan hat, ist jedoch viel öfter von dem Wunsch motiviert, das eigene Fachwissen durch das Erwerben der Kenntnisse in zwei Disziplinen zu erweitern, um diese dann jedoch getrennt zu praktizieren, als durch die Anerkennung der Tatsache, daß Körper und Geist nur zwei verschiedene Ausdrucksformen der einen Geist-Körper-Einheit in uns allen sind.

Diejenigen, die versucht haben, die Grenzen der Disziplinen zu überschreiten, um den ganzen Menschen behandeln zu können, sind oft gezwungen, außerhalb des etablierten Systems zu arbeiten. Für einen praktischen Arzt ist es oft sehr schwer, die Zeit zu finden, sich der Beobachtung der psychischen Leiden seiner Patienten in Verbindung mit ihren körperlichen Krankheiten zu widmen und in einer darauf abgestellten Behandlungsweise Erfahrungen zu sammeln. Auch die Psychotherapeuten finden im allgemeinen wenig Zeit, sich nebenbei der Therapie mit physischen Heilmitteln zu widmen.

Das scheint sich jedoch in unseren Tagen zu ändern. Immer mehr Menschen erkennen, daß wir nicht aus zwei getrennten Systemen bestehen, sondern daß alles, was wir erleben, sowohl unseren Körper als auch unseren Geist beeinflußt. Der jungsche Analytiker Michael Fordham schreibt in einem Artikel über »Psyche und Körper«, das Selbst sei ein Zustand der Ganzheit, der Körper und Psyche umfaßt. Er ist der Meinung, wir müßten einen Weg finden, Körper und Psyche als eine Einheit zu sehen, zu erkennen, daß beide nur zwei Aspekte der gleichen Sache sind.[15] In zunehmendem Maße erkennen Menschen, daß das Bewußtsein die Gesundheit beeinflussen kann, in dem gleichen Maße wie der Körper das Bewußtsein beeinflußt, und daß die Beziehung zwischen beiden eher eine wechselseitige Interaktion und Entsprechung ist, als die Determinierung einer Seite durch die andere. So hat man untersucht, in welcher Weise Stundenpläne von Schulen über Jahre hinweg die körperliche und geistige Entwicklung der Kinder beeinflussen können, und man hat herausgefunden, daß Nahrungsmittelallergien für eine Anzahl mentaler Störungen verantwortlich sein können. (Ich gebrauche den Begriff »mental« im Sinne von »Psyche und Geist umfassend«.) Unsere Ernährung scheint also nicht nur lebensnotwendig für die körperliche Gesundheit zu sein, sondern auch die intellektuelle und emotionale Entwicklung zu prägen. Das sind nur zwei Beispiele von vielen.

Ein echtes Verständnis für die Feinheiten der Geist-Körper-Beziehung scheint jedoch noch in den Kinderschuhen zu stecken. Trotzdem gibt es Entdeckungen, die die enge Verbindung zwischen beiden bestätigen, was auf dem Gebiet der Sexualhormone besonders deutlich wird. Geschlechtsumwandelnde Operationen zeugen von den dramatischen Veränderungen, die nicht nur im Körper, sondern auch im Denken und Fühlen des Patienten eintreten können, als Folge der Veränderung des hormonalen Gleichgewichts. Diese Folgen kann man natürlich der kulturellen Anpassung zuschreiben, was teilweise stimmen mag. Es ist jedoch unwahrscheinlich, daß massive Injektionen von maskulinen oder femininen Hormonen den Geist und das Fühlen nicht beeinflussen sollten. Diejenigen, die sich solchen Operationen unterzogen haben, bekräftigen diese Annahme. Einer meiner Freunde, der sich wegen Prostatakrebs einer intensiven Behandlung mit weiblichen Hormonen unterziehen mußte, stellte abgesehen von einer sanfteren Rundung seines Körpers und dem Schwellen seiner Brüste eine ungeahnte Steigerung seiner Sensibilität für die Natur und andere Menschen fest. In seinem Fall sind Wunschdenken oder die kulturelle Rollenfestlegung absolut unzulängliche Erklärungen für die Wandlung der Wahrnehmung seiner selbst und der Welt. Weniger dramatische Beispiele für die Beziehung zwischen Geist und Körper sind uns allen geläufig. Viele Frauen empfinden zum Beispiel eine gewisse Nervosität und Spannung vor der Menstruation und bemerken Veränderungen ihres geistigen Zustands während der Schwangerschaft und der Menopause, die nicht nur psychologischen oder kulturellen Faktoren zugeschrieben werden können.

Interessante Hinweise auf die Geist-Körper-Beziehung enthält das Buch *The Wise Wound* über die Menstruation von Penelope Shuttle und Peter Redgrove. Die Autoren behaupten, der Menstruationszyklus verbinde Körper und Geist in tiefgreifender Weise miteinander. Die körperliche Spannung vor der Menstruation entspreche einer psychischen Spannung und der Menstruationsfluß einem Fluß der Kreativität, den sie für das psychologische Potential der Menstruation halten. Dieses Potential ermögliche erhöhte psychische Kreativität anstelle der physischen Hervorbringung eines Kindes. Sie unterstellen weiterhin, daß der Menstruationsrhythmus, das Zunehmen und Abnehmen, dem Einklang des femininen Bewußtseins mit den Rhythmen der Natur entspricht. Darüber hinaus behaupten sie, der Menstruationszyklus reflektiere physisch und psychologisch die beiden Pole, den männlichen und weiblichen, innerhalb des Femininen. Ihre Thesen stützen sich unter anderem auf das Buch *The Nature and Evolution of Female Sexuality* von M. J. Sherfey, der feststellt, daß vor der Periode eine Steigerung der klitoralen Spannung festzustellen ist und während der Menstruation die Progesteron- und Östrogenproduktion deutlich zurückgeht, während die Androgenproduktion gleich bleibt.[16] Der Anstieg des männlichen Einflusses im Körper während der Menstruation entspricht nach der Meinung von Shuttle und Redgrove einem psychologischen Rhythmus: Zur Zeit des Eisprungs wünscht die Frau unbewußt zu empfangen und hinzunehmen, aber um die Zeit der Menstruation oder danach ist sie mehr mit dem Aufbau und der Entwicklung ihrer eigenen Psyche beschäftigt.[17] Die Autoren betonen, daß die Körper-Psyche-Beziehung ein wechselseitiger Prozeß ist; die Emotionen einer Frau können durch den biologischen Zyklus beeinflußt werden, und ihr Zyklus kann durch ihre Emotionen und sexuellen Erfahrungen beeinflußt werden.

Eine weitere Bestätigung der Wechselbeziehung zwischen

Körper und Psyche bietet das sogenannte *Biofeedback*. Das ist der Name einer Methode, die den Menschen hilft, eine größere Sensibilität für ihren Körper zu entwickeln und ihn schließlich kontrollieren zu können. Die daraus resultierende Erfahrung der engen Verbundenheit von Körper und Geist gibt ihnen die Möglichkeit, sich selbst zu heilen und ihren Drogenbedarf auf ein Minimum zu reduzieren. Das Biofeedback betont die Kontrolle durch den Geist, was die Gefahr in sich birgt, daß es, anstatt zu einem besseren Verständnis der Körper-Geist-Einheit zu führen, als ein weiteres Instrument der Manipulation des Körpers mißbraucht wird. Jedoch als Beweis der subtilen Interdependenz von Körper und Geist hat das Biofeedback wichtige Beiträge zum Wachstum einer neuen Wissenschaft vom Geist und Körper des Menschen geliefert, die auf die außerordentlichen und weitgehend unbekannten Möglichkeiten des Geistes, den Körper zu leiten und zu transformieren, hinweist.

Die alte chinesische Philosophie enthielt bereits die Vorstellung von einer Entsprechung von Körper und Geist. Die Weisen verstanden den Körper als einen einzigen Organismus, das Tao im Mikrokosmos, der Gestalt, Leben und Bewußtsein durch die Interaktion von Yin und Yang erhielt. Das *Nei Ching* geht von einer Wechselbeziehung zwischen Körper und Geist aus und führt sogar die genaue Verbindung zwischen den verschiedenen Organen und den »geistigen Fähigkeiten« an. Danach kontrolliert die Leber die Seele, das Herz den Geist, die Milz die Vorstellungen, die Lunge das Gemüt oder den instinktiven Geist und die Nieren den Willen.[18] Geist und Materie wurden von den alten Chinesen niemals getrennt, »und für sie war die Welt ein Kontinuum, das vom leeren Raum auf der einen Seite bis zur gröbsten Materie auf der anderen reichte; daher hatte die ›Seele‹ niemals den antithetischen Charakter gegenüber der Materie ...«[19] Joseph Needham sagt dazu, daß das chinesische Denken nicht unter der typischen europäischen Schizophrenie litt, der Unfähigkeit, sich von dem mechanistischen Materialismus auf der einen Seite und dem theologischen Spiritualismus auf der anderen Seite zu lösen.[20] Shao Yung, ein Neukonfuzianer des 11. Jahrhunderts, schrieb zum Beispiel, daß »ohne die physische Substanz das Wesen (der Menschen und der Dinge) nicht vollständig sein kann und ohne das Wesen die physische Substanz nicht erzeugt werden kann«.[21] Für ihn war das Wesen des Menschen geistig-körperlich und bestand nicht in zwei getrennten Systemen. (Es ist wichtig, daran zu erinnern, daß die Chinesen unter »physischer Substanz« nicht unbedingt greifbare Substanz verstanden. Sie meinten damit oft das Prinzip der Lebenskraft *Ch'i*, das sich aus dem immateriellen Tao entwickelt und unter bestimmten Umständen Gestalt annimmt.)

Da Gesundheit für die Chinesen von einer harmonischen Beziehung zwischen Yin und Yang abhing, war damit auch die Notwendigkeit einer harmonischen Beziehung zwischen den Bereichen des Physischen und des Geistigen (oder das Wesen, wie es manchmal genannt wurde) gemeint. Denn hier ging es, ebenso wie im Körper und dem Bewußtsein, um die Beziehung von Yin und Yang. War die physische Substanz vorherrschend Yang, dann war das Wesen Yin und umgekehrt. Die natürliche Tendenz der beiden Kräfte im Leben war, sich zu trennen, was schließlich zum Tode führte. Diese Entwicklung wurde jedoch nicht als unvermeidbar angesehen. »Man glaubte, daß man durch die Kenntnis des Tao und der Wirkungsweise von Yin und Yang sogar das Altern aufhalten könne.«[22] Nach Meinung des weisen Arztes des Gelben Kaisers, Ch'i Po, haben Menschen die Freiheit, die Grenzen der Natur zu überschreiten:

> Derjenige, der die sieben Schädigungen und die acht Vorzüge kennt, kann die beiden Prinzipien in Harmonie bringen. Wenn ein Mensch dieses Wissen nicht anwenden kann, wird seine Lebensspanne kurz sein. Im Alter von vierzig Jahren geht das Yin-Element im Körper auf die Hälfte seiner natürlichen Kapazität zurück, und die Kräfte eines Menschen lassen nach. Im Alter von fünfzig Jahren wird der Körper schwer, und seine Ohren hören nicht mehr gut, und seine Augen sehen nicht mehr klar. Im Alter von sechzig Jahren nimmt die lebenserzeugende Kraft von Yin ab, und Impotenz setzt ein. Die neun Öffnungen nutzen einander nicht mehr. Die unteren Öffnungen werden leer und kraftlos, und die oberen bleiben kräftig und wirksam, die Fähigkeit zu weinen ist total erschöpft.

Doch es heißt: Diejenigen, die die wahre Weisheit besitzen, bleiben stark, während jene, die weder Kenntnis noch Weisheit haben, alt und schwach werden. Daher sollten die Menschen an dieser Weisheit teilhaben, und ihre Namen werden berühmt werden. Jene, die weise sind, suchen und forschen nach dem Gemeinsamen, während jene, die dumm und unwissend sind, nach dem Gesonderten suchen und forschen. Jene, die dumm und unwissend sind, bemühen sich nicht genug um den »Rechten Weg«, während jene, die weise sind, jenseits der natürlichen Grenzen suchen.

Jene, die jenseits der natürlichen Grenzen suchen, werden ein gutes Gehör und einen klaren Blick behalten, ihre Körper werden leicht und stark bleiben, und obwohl sie mit den Jahren älter werden, werden sie tüchtig und blühend bleiben.[23]

(Unter »natürliche Grenzen« sind die »gewöhnlichen Verhaltensmuster« zu verstehen. Ch'i Po schlägt nicht vor, sich gegen die Natur zu stellen, sondern sie zu verstehen.)

Den Weg des Wesens zu verstehen, führt zur Transformation des Körpers und des Geistes. Durch die Entwicklung des Bewußtseins ist es möglich, wie die alten Chinesen meinten, Gesundheit zu erlangen und zu behalten und damit eher zum Mitschöpfer und Mitarbeiter als zum Sklaven der Natur zu werden. Die Erlangung von »Wissen« bedeutete nach der konfuzianischen Lehre, die unausgeglichene und deshalb unvollkommene Natur auszugleichen, so daß sie ein vollkommener Spiegel des Tao werden konnte. Dieses Wissen umfaßte unter anderem die Erforschung und Erkenntnis des Körpers und des Geistes, die Entdeckung und Entwicklung ihrer Möglichkeiten.

Die alten Chinesen erkannten, daß das menschliche Leben von der Geburt bis zum Tod bestimmte Stadien durchläuft. Abgesehen von den schon erwähnten körperlichen Wandlungen, stellten sie auch Wandlungen in der Beziehung des Menschen zum Tao fest. So betrachteten die Taoisten das Säuglingsalter als die Zeit eines vollkommenen Zustandes, weil das kleine Kind während dieser Zeit noch im Einklang mit dem Tao ist. Sie betrachteten das Wachstum als eine allmähliche Entfernung von diesem ursprünglichen Paradies, eine Entwicklung von der Vollkommenheit hin zu Verwirrung und Unausgewogenheit, bis zur Rückkehr zum Tao im Alter und schließlich im Tod. Das *Lieh-tzu* sagt:

> Der Mensch macht von seiner Geburt bis zu seinem Ende vier große Wandlungen durch: Kindheit, Jugend, Alter, Sterben. In der Kindheit ist die Lebenskraft gesammelt, der Wille ist einheitlich, der innere Friede ist auf seinem Höhepunkt. Die Außenwelt schadet nicht, das Wesen ist in sich vollkommen. In der Jugend wallt die Lebenskraft des Blutes; Wünsche und Sorgen erheben sich, die Außenwelt stürmt ein, daher reibt sich das Wesen auf. Im Greisenalter werden Wunsch und Sorge schwach. Der Leib sucht Ruhe, die Welt tritt zurück. Wohl ist die Völligkeit der Kindheit nicht erreicht, doch ist ein Abstand von der Jugendzeit. Im Sterben, da geht es zur Ruhe und kehrt zu seinem Anfang zurück.[24]

Die chinesische Achtung für die Einheit von Körper und Geist verhinderte die Entwicklung einer eigenen Disziplin der Psychologie und behinderte auch das Verständnis der Wirkungsweise von Yin und Yang im menschlichen Bewußtsein. Trotzdem ist die Voraussetzung der wesenhaften Androgynie jedes Individuums im Denken der chinesischen Philosophen weitgehend impliziert. Manche Denker sprachen sogar ausdrücklich darüber. Zum Beispiel sagt der Ming-Philosoph Li Chih, daß die mit dem Weiblichen verbundene intuitive Mentalität die rationale männliche Mentalität ergänzt, und er behauptet, daß es nur einen graduellen Unterschied zwischen den Geschlechtern gebe, daß jedes Geschlecht beide Arten der Intelligenz besitze und dazu ermutigt werden müsse, beide zu entwickeln.[25] Aber letztlich beraubte die ganzheitliche Einstellung gegenüber den Wissenschaften die Chinesen der Vorteile eines spezialisierten Verständnisses der Androgynie. Um ein genaueres Bild vom Wirken des maskulinen und femininen Prinzips bei der individuellen psychischen Entwicklung zu bekommen, müssen wir uns deshalb den westlichen Psychologen zuwenden.

Freuds Beobachtungen bildeten die Grundlage für einige der späteren Erkenntnisse Jungs. Freud erkannte, daß wir in der menschlichen Seele die Widerspiegelung des großen geschlechtlichen Gegensatzes sehen können und daß hier, wie im Körper, kein Individuum auf den Verhaltensmodus eines einzigen Geschlechts begrenzt ist, »sondern immer Raum für den des Gegensatzes findet«.[26] Auch Rudolf Steiner, ein Zeitgenosse von Freud, sah den Menschen als sowohl maskulin als auch feminin und beschrieb diese Bisexualität auf viele Weisen. Er behauptete, daß der physische Körper des Menschen durch einen ätherischen Körper ergänzt wird und daß, wenn der physikalische Körper maskulin ist, der ätherische feminin ist und umgekehrt. Außerdem betonte er, daß die menschliche Seele gleichzeitig männlich und weiblich ist.[27] Nach Steiner war der Ur-Mensch ursprünglich geschlechtlich nicht differenziert, sondern war »undifferenziert weiblich« oder »männlich-weiblich«. Er hatte die weiblichen Eigenschaften, Ähnlichkeit herbeizuführen, Einheit mit dem Universum und Empfänglichkeit. Doch in einem bestimmten Moment in der Geschichte der Erde entstand die Möglichkeit der geschlechtlichen Differenzierung: »Aus seiner ursprünglich doppelten Geschlechtsnatur heraus hatte sich die Tendenz im Weiblichen fortgesetzt, bei den Nachkommen Ähnlichkeit zu erzeugen. Im Maskulinen war ein anderer Einfluß wirksam; er bewirkte das Entstehen von Mannigfaltigkeit und Individualisation, und mit dem Einströmen der männlichen Kraft in das Weibliche wurde zunehmend Verschiedenartigkeit erzeugt. So entstand durch den männlichen Einfluß die Kraft zur Entwicklung der Individualität.«

Steiner erklärt, daß der sexuell undifferenzierte Vorfahre der Menschen ein vollkommen anderes Bewußtsein hatte als die späteren, nach Geschlechtern unterschiedenen Menschen:

> Hätte man einen von ihnen nach seinen Erfahrungen gefragt, so hätte er sie als identisch mit denen seiner frühesten Vorfahren beschrieben, alles lebte durch die Generationen hindurch weiter. Das allmähliche Entstehen eines Bewußtseins, das sich nur von der Geburt bis zum Tod erstreckt, ging mit der Individualisierung der menschlichen Rasse einher, und zur gleichen Zeit entstand die Vorstellung von Geburt und Tod, wie wir sie heute kennen. Früher wurde das Bewußtsein durch das Bewußtsein der Gruppenseele bewahrt, auch wenn der Körper aufgezehrt wurde und neue Körper entstanden, so daß tatsächlich eine Art von Unsterblichkeit bestand.[28]

Im selben Vortrag betont Steiner später die unterschiedlichen Funktionen der beiden Prinzipien: »In der gegenwärtigen Menschheit sehen wir das Feminine als das Prinzip, das die alten Verhältnisse in Volk und Rasse bewahrt, und das Maskuline als das, was fortlaufend diese Verhältnisse durchbricht, sie zersplittert und so die Menschheit individualisiert.«[29] Mit anderen Worten, Individualität ist von der Entwicklung des männlichen Prinzips abhängig. Diese Vorstellung wurde von der Jungschen Schule der analytischen Psychologie genauer erforscht.

Wie wir gesehen haben, formulierte Jung die Idee von Animus und Anima als dem gegengeschlechtlichen Archetypus in der Psyche des Mannes und der Frau und erkannte, daß jeder Mensch die Möglichkeit hat, beide Prinzipien zu entwickeln und zu erfahren. Die Rolle des maskulinen und femininen Prinzips bei der Entwicklung des Bewußtseins wurde vor allem von dem jungschen Analytiker Erich Neumann erforscht. In seiner Studie *Das Kind* beschreibt er genau die frühen Stadien dieser Entwicklung: »In der embryonalen Phase ist der Körper der Mutter die Welt, in der das Kind lebt, noch nicht ausgestattet mit einem kontrollierenden und erkennenden Bewußtsein und noch nicht ego-zentriert; darüber hinaus ist die ganze Organisation des kindlichen Organismus, die wir mit dem Körper-Selbst bezeichnen, von dem mütterlichen Selbst überlagert.«[30] Er fährt fort:

> Mit der Geburt des Körpers ist die Verbindung des Kindes mit der Mutter zum Teil durchtrennt, aber die Bedeutung der zweiten embryonalen Phase, die den Menschen eigentümlich ist, bedeutet gerade, daß ein Kind nach der Geburt in einem gewissen Sinn teilweise in seiner ursprünglichen embryonalen Beziehung zu seiner Mutter gefangen bleibt. Es ist noch nicht es selbst. Erst im Verlauf der Entwicklung dieser ursprünglichen Beziehung wird ein Kind ganz es selbst, und dieser Prozeß ist normalerweise erst nach dem ersten Lebensjahr abgeschlossen.[31]

Nach Neumann ist während des für die früheste Kindheit charakteristischen Vor-Ego-Stadiums die polarisierte Erfahrung von der Welt mit ihrer Subjekt-Objekt-Dichotomie noch nicht entwickelt. Das Kind ist noch weitgehend eins mit der Mutter, die selbst wiederum nicht als von der Welt getrennt erfahren wird. Es hat noch keine Trennung zwischen dem Ich und Du, dem Selbst und dem Kosmos, stattgefunden. Diese beiden ersten Stadien sind zeitlose Augenblicke der »participation mystique«, einer ozeanischen Existenz, des Goldenen Zeitalters der alten Chinesen.

Allmählich wird diese anonyme Identität von Kind und Mutter durch ein neues Stadium abgelöst, in dem die Einheit als die »Große Mutter« personalisiert wird, die das Kind beschützt, ernährt, umarmt und enthält: »Die Funktionen, die früher von der anonymen, formlosen Welt erfüllt wurden, in der das noch unabgegrenzte Kind ›schwamm‹ – die Funktionen des Enthaltens, Ernährens, Wärmens und Schützens –, werden nun vermenschlicht.«[32] Die ersten beiden Stadien werden von dem matriarchalischen Bewußtsein beherrscht, das Neumann als eine bisexuelle Erfahrung beschreibt. Die Mutter ist in der einheitlichen Wirklichkeit der uroborischen Phase sowohl aktiv als auch passiv, zeugend und empfangend; das Kind erlebt sein Gegenüber als ein bisexuelles Urwesen und entwickelt durch dieses seine maskulinen oder femininen Verhaltensweisen: »Bis zu diesem Zeitpunkt sind die Gegensätze so vermischt, daß man ebenso, wie man von der uroborischen Großen Mutter spricht, von einem uroborischen Verhalten des Kindes sprechen kann. Jungen und Mädchen reagieren beide auf eine feminine, passiv-rezeptive Weise und auf eine aktive maskuline Weise, und es ist ebenso natürlich für ein Mädchen, sich der Mutter gegenüber auf eine maskuline Art zu verhalten, wie für den Jungen, sich passiv-feminin zu verhalten ...«[33] In seiner Studie über die *Ursprungsgeschichte des Bewußtseins* betont Neumann den gleichen Punkt noch stärker:

> Die ursprüngliche hermaphroditische Veranlagung des Menschen ist im Kind noch weitgehend erhalten. Ohne die störenden Einflüsse der Außenwelt, die die sichtbaren geschlechtlichen Unterschiede sehr früh fördern, wären Kinder einfach Kinder; und aktive maskuline Züge sind bei Mädchen tatsächlich genauso gewöhnlich und wirksam wie passive feminine bei Jungen. Nur die kulturellen Einflüsse, deren differenzierende Tendenzen die frühkindliche Erziehung bestimmen, führen zu einer Identifizierung

des Ego mit den monosexuellen Tendenzen der Persönlichkeit und zu der Unterdrückung oder Verdrängung der kongenitalen Gegengeschlechtlichkeit des einzelnen.[34]

Ungeachtet des genetischen Geschlechts des Kindes sind daher die frühen Jahre von der Großen Mutter dominiert, und das Kind nimmt in dieser Beziehung eine im wesentlichen passiv-rezeptive Haltung ein, auch wenn es in diesem Gesamtkontext möglicherweise sowohl maskuline als auch feminine Verhaltensweisen zeigt. Dieser Zustand ändert sich mit der Entstehung des Ego. Nun erfährt das Kind die Welt zum ersten Mal in Gegensätzen. Er oder sie mag weiterhin beide Prinzipien im Verhalten entwickeln, aber in der Beziehung zur Mutter wird das Kind sich einer zunehmenden Spannung bewußt werden, die durch seinen mühsamen und schmerzlichen Kampf um die Entdeckung und Entwicklung seiner Gesondertheit und Individualität entsteht. Bei beiden Geschlechtern hat dieses instinktive Streben nach Unabhängigkeit einen maskulinen Akzent. Es bildet sich in Opposition zu der allumfassenden und beschützenden Mutter und kann nur auf Kosten der Zerstörung der ursprünglichen Identität mit ihr zum Ziel führen.

Diese frühe psychologische Krise, der Kampf um die Entwicklung und das Bewußtsein des Ego, wurde von vielen verschiedenen Blickwinkeln aus untersucht. Ich beziehe mich hier auf die Ansichten von Freud, der Jungschen Psychologie und von Rudolf Steiner. Alle drei haben diese Krise anhand des Ödipus-Mythos untersucht, und die Erkenntnisse jeder der drei Richtungen werden durch die der beiden anderen eher ergänzt als widerlegt.

Freud erkannte den Moment, in dem ein Kind seine instinktive Sehnsucht nach einer inzestuösen Beziehung mit der Mutter aufgeben muß, als wichtige Krise. Kleine Jungen sind gezwungen, auf ihre Mutter als Liebesobjekt zu verzichten, wenn ihnen ihre körperliche Unzulänglichkeit im Vergleich mit ihrem Vater, oder der Vatervorstellung, bewußt wird, während kleine Mädchen sich mit ihrer körperlichen Unfähigkeit, ihre Mutter jemals sexuell ganz befriedigen zu können, abfinden müssen. Beide Geschlechter können diese Entdekkung erst machen, wenn sie entdecken, daß sie von beiden Elternteilen verschieden sind. Die erfolgreiche Überwindung der ödipalen Krise ist die Entdeckung der sexuellen Identität; Jungen sublimieren ihre Sehnsucht nach der Mutter durch das Streben, Männer zu werden, und Mädchen stellen sich auf ihre Femininität ein, indem sie ihre Mutter als Liebesobjekt durch ihren Vater ersetzen. Die Implikationen dieser Krise sind, wie Freud beobachtete, für beide Geschlechter verschieden und haben sowohl kulturelle als auch andere Bedeutung: Die von dem Jungen geforderte Sublimierung ist viel größer als die des Mädchens. Jungen müssen ihre inzestuöse Sehnsucht nach der Mutter vollkommen ablegen, um Männer zu werden, während Mädchen nur ihre Identifikation mit der Mutter durch die Imitation der Mutter ersetzen müssen.

In einer patriarchalischen Kultur wird die ödipale Phase wahrscheinlich von beträchtlichem »Penisneid« von seiten der Mädchen begleitet, wenn diese zum ersten Mal die untergeordnete Stellung der Frau in der Gesellschaft erkennen. In anderen Kulturen, wo die Ungleichwertigkeit der Geschlechter weniger ausgeprägt ist – oder wo Frauen die dominierende Rolle einnehmen, wie bei dem Tchambuli-Stamm, den Margaret Mead untersuchte[35] –, wird der »Penisneid« im kulturellen Sinn für Mädchen wahrscheinlich weniger Probleme verursachen. Die psychologische Bedeutung des »Penisneids« bleibt jedoch in jeder kulturellen Umgebung bestehen. Die Ödipus-Krise verlagert das Schwergewicht von der Mutter auf den Vater; Jungen lernen Väter zu werden und Mädchen für diese als Liebesobjekte begehrenswert zu werden. Daher haben Jungen in diesem Stadium einen Vorteil gegenüber den Mädchen; ihre Ablösung von der Mutter kann schneller und radikaler vollzogen werden.

Manche Jungianer haben Freuds Interpretation der Geschichte von Ödipus als zu persönlich kritisiert. In *Ursprungsgeschichte des Bewußtseins* erkannte Neumann den Mythos als zu einem Bereich universaler Archetypen gehörig, die durch die ganze Geschichte des Bewußtseins wirken und im Leben jedes Individuums wiederholt werden. Er unterstellte, daß nicht der Vater der von allen Jungen gefürchtete Kastrator ist, wenn sie ihre Wünsche weiter auf die Mutter richten, sondern daß der wahre Kastrator das bisexuelle matriarchalische Bewußtsein ist. Seine allumfassende magnetische Kraft kann das sich entwickelnde Ego unterdrücken und möglicherweise überwältigen. Jedes Kind erreicht den Moment, nachdem es von dem Mutter-Bewußtsein ernährt und geschützt wurde, wo es die Notwendigkeit empfindet, selbständig zu werden und ein Gefühl für das Ich zu entdecken. Zu dieser Zeit wird die Große Mutter und ihre Personifizierung, die wirkliche Mutter, als ein Hindernis für das sich entwickelnde Gefühl des Kindes für Individualität und Unabhängigkeit erfahren. Der Kampf des Kindes wird in der Jungschen Psychologie als der Kampf des maskulinen Prinzips gegen die Mutter oder die Tötung des Drachens dargestellt. Das war der Kampf des Ödipus, und sein Scheitern ist eine Warnung für die, die ihm folgen möchten. Er tat, was jedes Kind zu tun wünscht; er konnte den Inzest mit seiner Mutter nur möglich machen, indem er das Hindernis, das zwischen ihm und seinem Liebesobjekt stand, tötete – seinen Vater. Neumann erklärt, daß der Vatermord symbolisch zu verstehen ist; Ödipus tötete nicht seinen leiblichen Vater, sondern das maskuline Prinzip. Nur indem er das Maskuline in seiner eigenen Psyche tötete, konnte er zu dem alten Bewußtsein der Mutter zurückkehren, nur indem er das Prinzip der Unterscheidung tötete, konnte er wieder die Einheit finden, die er suchte. Aber Ödipus bezahlte diesen Rückzug teuer. Ein Bewußtsein, das für ein Stadium der Entwicklung hilfreich und angemessen ist, verursacht in einem anderen Stadium Krankheit. Das war die Sünde des Ödipus, er suchte die Mutter, als er den Vater brauchte, und das kostete ihn das Augenlicht. Er litt nicht unter körperlicher, sondern unter geistiger Blindheit, dem Verlust des individuellen Bewußtseins. Der Mythos von Ödipus ist eine Warnung für alle, die sich nach der Sicherheit und Geborgenheit des vor-individuellen Stadiums zurücksehnen.

Nach der Ansicht von Freud und Jung scheint die ödipale Krise der Anfang des Lebens als Individuum zu sein, im Gegensatz zum Leben als untrennbarer Teil eines Ganzen oder einer Gruppe. Diese Krise kennzeichnet die Zeit, in der wir beginnen, zwischen männlich und weiblich, maskulin und feminin zu unterscheiden, und entspricht, psychologisch gesehen, dem späteren Stadium der Entwicklung der körperlichen Unterscheidung der Geschlechter. Sowohl physisch als auch psychologisch wird das Individuum in zunehmendem Maße dazu ermutigt, die Welt und sich selbst durch die Teilung der Einheit in Polarität zu begreifen. Das birgt die beträchtliche Gefahr in sich, daß die Erfahrung der Polarität zur Polarisation führt. Wenn es dazu kommt, wird die kreative Spannung zwischen den beiden Gegensätzen, sowohl innerhalb des Individuums als auch in der Außenwelt, durch Antagonismus und Extremismus ersetzt, und jede Seite ist weder fähig noch willens, die andere zu verstehen. Eine strenge Rollenfestlegung während dieser Phase der Entwicklung kann das fördern, und die Feindseligkeit zwischen kleinen Jungen und Mädchen, die nur zu oft ein Charakteristikum der Grundschulzeit ist, mag teilweise eine Folge der Abneigung unserer Gesellschaft sein, allen Kindern den freien Ausdruck der beiden Gegensätze in ihrer Natur zu erlauben.

Wenn von Jungen und Mädchen erwartet wird, das gegengeschlechtliche Prinzip in ihrem Körper und ihrer Psyche zu ignorieren, kann sich eine Einseitigkeit entwickeln, die die volle Verwirklichung der beiden Prinzipien im Individuum später ernstlich behindern kann. Wenn das Gleichgewicht zwischen männlich und weiblich, das in jeder Person variiert, durch die sexuelle Rollenfestlegung in eine der kulturellen Norm entsprechende Rolle weiblichen oder männlichen Verhaltens gezwungen wird, bleiben dem Individuum nur zwei Möglichkeiten: Entweder es beschränkt sich und reduziert seine psychische Entwicklung, indem es sich der kulturellen Definition von männlich und weiblich anpaßt, oder es entwickelt alle seine Möglichkeiten und wird »unnormal«. Wenn die Rollenfestlegung auch noch mit Werturteilen verbunden ist, muß die Beziehung zwischen den Geschlechtern zwangsläufig von Unterdrückung und Ausbeutung geprägt sein, denn in einer Herr-Diener-Situation hat kein Geschlecht die Freiheit, seine gegengeschlechtlichen Eigenschaften ohne Angst vor Mißhandlung zu erkennen oder zu entwickeln. Wenn es also auch notwendig ist, während der ersten Hälfte des Lebens die unterschiedlichen Naturen des Maskulinen und Femininen zu erkennen und zu erfahren, ist es nicht nur unnötig, sondern es kann auch schädlich sein, sich nur mit dem einen Pol zu identifizieren und den anderen zu ignorieren.

Freud und Neumann untersuchten den Ödipusmythos aus verschiedenen Perspektiven und kamen zu verschiedenen Ergebnissen. Freud ging es in erster Linie um die geschlechtliche Identität im engeren Sinn des Wortes, Neumann um die Entwicklung des Bewußtseins und ihre Beziehung zu den maskulinen und femininen Archetypen. Die beiden Interpretationen stimmen jedoch in einem grundsätzlichen Punkt überein – daß die ödipale Krise eine Zeit der Trennung von der Mutter ist, ob sie nun als die leibliche Mutter verstanden wird, als der Muttterersatz, oder als der unpersönliche bisexuelle Archetypus der Mutter. Beide erkannten jedoch die ödipale Krise als die das Kind zu Selbst-Bewußtsein und Individualität treibende Kraft, und für beide leitete diese Krise eine Lebensperiode ein, in der das Leben durch das Erkennen von Gegensätzen im Denken und Fühlen erforscht und erfahren werden muß, nicht durch das alte undifferenzierte Bewußtsein. Die Erkenntnisse dieser beiden Schulen tragen viel zu Erklärungen für die Entwicklung der frühen Phasen des Bewußtseins und der allgemeinen Richtung und Eigenschaft des menschlichen Bewußtseins in der ersten Lebenshälfte bei. Durch die Schriften Rudolf Steiners wird der spirituelle Sinn des Ödipusmythos dargestellt.

Steiner behauptet, daß die Geschichte der Menschheit auf einer bestimmten Ebene als der Kampf des maskulinen und femininen Prinzips gedeutet werden kann. Nach Steiner tobt seit frühen Zeiten ein Kampf in den Individuen und in den Gemeinschaften zwischen der femininen Kraft, die die Menschen einander ähnlich macht und sie durch Blutsbande aneinander und an die Nationen bindet, und der männlichen Kraft, die alles fördert, was individuell und einmalig im Menschen ist.[36] Es ist die Aufgabe jedes Menschen, die beiden Prinzipien in sich zu harmonisieren – das Maskuline und das Feminine – und dadurch Weisheit zu erreichen. Aber, so sagt Steiner, das war vor der christlichen Ära nicht möglich. Die Initiaten des Altertums konnten nur Weisheit erlangen, indem sie ihr individuelles Bewußtsein opferten. Bei ihrem Aufstieg zu spirituellem Wissen töteten sie das väterliche Prinzip, den Vater, und heirateten »die Mutter«. Es war ihnen nicht möglich, gleichzeitig mit der Erfahrung der Wahrheiten des Universums ein Gefühl oder eine Erfahrung ihrer eigenen Individualität beizubehalten. Nur indem sie mit dem Kosmos eins wurden, konnten sie den Kosmos erkennen. Aber allmählich nahm die alte Fähigkeit der intuitiven Erkenntnis spiritueller Wahrheiten durch die Überwindung des individuellen Selbst ab; immer weniger Menschen erlangten auf diese Weise Weisheit, und der alte Weg zur Erkenntnis verfiel: Egoismus, Streit und Verwirrung entstanden. Die instinktiven Bindungen zwischen den Menschen und ihrer Umgebung verschwanden angesichts der wachsenden Macht des maskulinen Prinzips, und ein neuer Weg des Wissens und der Erkenntnis mußte sich entwickeln.

In diesem Zusammenhang ist nach Steiner der Mythos von Ödipus zu sehen. Ödipus, so meint er, wollte durch das matriarchalische Bewußtsein Wissen erlangen, als dieses Bewußtsein bereits nicht mehr dazu geeignet war. Er zahlte für seinen Irrtum mit dem Verlust seines Augenlichts und indem er Unglück über sein Land brachte. Steiner erklärt, daß der neue Weg zur Erkenntnis durch Christus angekündigt wurde, dessen Leben ein Ausdruck des individualisierenden maskulinen Prinzips und des femininen Prinzips der Einheit war. Christi Leben zeigte der Menschheit das große Vorbild des Lebens eines Menschen, der in sich selbst Harmonie und Einklang zwischen seinem Ego und dem mütterlichen Prinzip hergestellt hat.[37] Seine Androgynie ermöglichte das individuelle Bewußtsein universeller Wahrheiten. Mit Christus hörte das Wissen auf, unpersönlich und allgemein zu sein, und wurde individuell und universell. Die Menschen mußten nicht mehr ihr persönliches Bewußtsein verlieren, um den Weg der Erkenntnis zu finden; von nun ab war es möglich, den Weg der Erkenntnis durch das Bewußtsein zu finden.

Die ödipale Krise markiert das beginnende Wachstum des individuellen Bewußtseins, das durch den Einfluß des maskulinen Prinzips gefördert wird. Die alte bisexuelle Einheit, welche die kindliche Erfahrung während der ersten Jahre charakterisiert als eine Geborgenheit in der Mutter/Welt, wird zerstört und treibt das Kind zu der Entdeckung seiner selbst und der Erfahrung der unterschiedlichen Naturen des Maskulinen und Femininen. Der Kampf zwischen dem kollektiven und dem individuellen Bewußtsein, zwischen dem mütterlichen und dem männlichen, setzt sich bis zur Pubertät fort und kann auch danach wiederkehren. In diesen Jahren entdecken und festigen die Kinder ihre Individualität in Beziehung zur Außenwelt, die sie dadurch erforschen, daß sie sie als etwas betrachten, das von ihnen selbst verschieden ist. Nach der Pubertät kommt zu dieser frühen Entdeckung eine neue hinzu, die Erforschung des Selbst, hervorgerufen durch solche Fragen wie »Wer bin ich?«. So wie bei der Erfahrung der äußeren Welt muß auch die der inneren Welt differenziert werden. Während der ersten Hälfte des Lebens schreiten diese beiden Prozesse parallel zueinander fort, und die ursprüngliche Einheit der Erfahrung wird durch den Einfluß des männlichen Prinzips zunehmend in verschiedene Teile aufgesplittert.

Wie sensibel eine bestimmte Kultur auch für das Gleichgewicht der Maskulinität und der Femininität in jeder Person sein mag, Mädchen und Jungen werden die Macht des Maskulinen wahrscheinlich doch auf verschiedene Weise erfahren. In Übereinstimmung mit ihrem vorwiegend männlichen oder weiblichen Körper werden sie ein geschlechtliches Prinzip in ihrem Bewußtsein mehr als das andere entwickeln. Der feminine Impuls, der zu Beziehungen, Sensibilität und Offenheit für andere, zur Rezeptivität und Intuition treibt, wird wahrscheinlich eher bei Mädchen ausgeprägt sein, während der maskuline Impuls zu Geltungsdrang, Autorität, Analyse und Vernunft bei Jungen mehr betont ist. Unabhängig von der kulturellen Situation haben Mädchen in der ersten Lebensphase bestimmte Schwierigkeiten, die bei Jungen nicht auftreten, sie werden zwischen dem Wunsch nach Unabhängigkeit und Individualität und den Bedürfnissen ihrer femininen Psyche, die sie zu Zusammengehörigkeit treibt, hin- und hergerissen. Die Schwierigkeiten der Jungen sind anderer Art; die Verbindung der maskulinen Betonung dieses Lebensstadiums mit dem maskulinen Teil ihrer Psyche kann sie zu radikal von der Welt und ihren unbewußten Instinkten und Gefühlen trennen und die Erfahrung ihrer Person einengen.

Die Entwicklung des Bewußtseins während der ersten Lebenshälfte entspricht der körperlichen Entwicklung. Beide Teile unserer Natur beginnen in undifferenzierter Einheit, aus der später das Maskuline hervortritt und Differenzierung bewirkt. Physisch drückt sich das durch die geschlechtliche Identität aus und psychologisch durch das Wachstum eines Gefühls für das Selbst. Um uns selbst zu finden, müssen wir anscheinend zuerst einen Teil von uns opfern, wir müssen uns mehr auf die Unterschiede als auf die Gemeinsamkeiten konzentrieren. Die erste Hälfte des Lebens mag daher für Männer eine relativ einfachere Zeit sein als für Frauen. Aber in der zweiten Lebenshälfte wendet sich die Situation ins Gegenteil, und Frauen, vorausgesetzt sie haben ihre maskulinen Seiten nicht vollkommen unterdrückt und vernachlässigt, werden die Vorzüge dieses Stadiums wahrscheinlich leichter wahrnehmen können als Männer. In der zweiten Lebenshälfte leitet nämlich nicht das Maskuline, sondern das Feminine die weitere Entwicklung des menschlichen Bewußtseins ein. Einige von Jungs interessantesten Beiträgen zur Psychologie entstanden aus seinen Studien über diese zweite Hälfte des Lebens, deren Beginn zwischen den späten Dreißigern und den frühen Vierzigern liegt. Er beobachtete, daß die mittleren Jahre des Lebens das Individuum mit einer Krise konfrontieren, die eine radikale Richtungsänderung verlangt. Bestimmte Züge, die seit der Kindheit schlummerten, tauchen wieder auf; früher dominierende Interessen werden schwächer, und andere drängen nach Wiedererkenntnis; vorher geschätzte Meinungen und Prinzipien verlieren ihre Überzeugungskraft, und ein neuer Sinn und eine neue Richtung des Lebens entstehen. Mir scheint, daß dieser Wandel oft aus einer Periode akuter Depression, Einsamkeit, Angst oder einem Gefühl ungeheurer Leere und Hoffnungslosigkeit hervorgeht. Die Energie und Zielbewußtheit, die den Menschen in der ersten Lebenshälfte erfüllten und in seine Aufgaben und Beziehungen trieben, verschwinden und hinterlassen nichts, um diese Leere auszufüllen. Die Person fühlt sich mit einem alternden Körper und Geist im Stich gelassen.

Wenn man von Menschen liest oder hört, die diese Krise durchmachen oder sie bereits durchgemacht haben, scheint die erste Hälfte des Lebens mit einem Berg vergleichbar zu sein, den jeder Mensch hinaufgetrieben wird. Nach der ersten Hälfte erreicht der Mensch den Gipfel des Berges und sieht, wenn er zum ersten Mal auf der anderen Seite hinunterschaut, am Ende nichts als den Tod, der gierig auf ihn wartet. Es gibt keine weiteren Gipfel zu erobern, keine andere Straße den Berg hinunter, die an dem Abgrund vorbeiführen würde. Nicht nur die Zukunft erscheint sinnlos, sondern auch die Vergangenheit verliert an Bedeutung. Der frühere Kampf, den Berg zu erklimmen, erscheint als totale Energieverschwendung, sinnlose Mühe. Es bleibt nichts mehr zu tun, als, ob wir wollen oder nicht, dem Tod entgegenzustolpern. Die Zeit wird endlich, und die Kämpfe der Jugend erscheinen unbedeutend und kindisch im Vergleich zu dieser endgültigen Gewißheit. Wie kann man nach neuer Erkenntnis, nach der Formulierung und Erlangung neuer Ziele suchen, wenn alles so schmählich im Tod enden muß?

Wir können uns natürlich vormachen, daß das nicht passiert, die Augen vor der Zukunft verschließen und uns an die Gegenwart klammern. Aber während die Fähigkeit, jeden Tag und jeden Moment voll und ganz zu leben, eine unschätzbare Hilfe zur Erlangung der Fähigkeit ist, den Tod anzunehmen und der Zukunft ins Auge zu sehen, führt ein blindes Anhaften an der Gegenwart – durch nichts anderes motiviert als den Wunsch, die Uhr aufzuhalten – nur zu zunehmender Qual und Neurose. In der Gegenwart zu leben, kann zu einer gesunden Annahme der Vergänglichkeit des Lebens führen; der Versuch, auf der Spitze des Berges zu verharren, bringt nur Krankheit. Die Versuchung, das zu tun, ist jedenfalls beträchtlich, denn der Blick vom Gipfel ist oft trostlos. Kate Millet beschreibt das in ihrem Buch *Sita:*

> Ich fühlte mich alt, und so fühle ich mich jetzt die ganze Zeit. Letzten Sommer wurde ich vierzig, und das machte mir Angst. Seitdem bin ich von Todesgedanken besessen. Es ist nicht der drohende Tod meiner selbstmörderischen Zeit, nicht der Tod, den man sich selbst gibt, um dem Schicksal seinen Willen aufzuzwin-

gen, sondern der natürliche und unausweichliche Tod, der dir mit dem Gefühl des Altwerdens bewußt wird. Als ich vierzig war, war ich nicht mehr jung: wenn du nicht mehr jung bist, bist du alt. Das Alter ist nur das öde und ermüdende Vorspiel des Todes, man ist schon tot, während man noch ein wenig lebt.[38]

Sie beschreibt einen Blick vom Gipfel des Berges. Jung bietet eine andere Beschreibung. Seine Beschreibung des Abstieges führt nicht zu einem anderen Bestimmungsort, aber sie legt nahe, daß man sich dieser Bestimmung in einem anderen Geisteszustand und mit anderen Gefühlen annähern kann. Es kann eine Reise zu größerer Erkenntnis sein, als sie während der persönlichen, zielgerichteten Kämpfe der ersten Lebenshälfte möglich war, eine Reise, die das Vorspiel zum Tode in Jahre unvergleichlicher Weisheit und Freude umwandeln kann.

Jung erzählt die Geschichte eines indianischen Kriegerhäuptlings, um die Stimmung dieser späteren Jahre zu beschreiben. In der Mitte seines Lebens erschien dem Häuptling ein Geist, der ihm erzählte, daß er von nun an zwischen den Frauen und Kindern sitzen müsse, Frauenkleider tragen und die Nahrung der Frauen essen müsse. Der Häuptling gehorchte dem Traum und erlitt offenbar keinen Prestigeverlust. Jung kommentiert, diese Vision sei ein wahrer Ausdruck der »psychischen Revolution am Mittag des Lebens, des Beginns des Niedergangs des Lebens«. Die Werte des Mannes und sogar sein Körper, schrieb er, neigen dann dazu, sich in ihr Gegenteil umzuwandeln.

Das Schlimmste von all dem ist, daß intelligente und kultivierte Menschen ihr Leben leben, ohne auch nur die Möglichkeit solcher Wandlungen zu kennen. Vollkommen unvorbereitet treten sie die Reise in die zweite Hälfte des Lebens an. Oder gibt es vielleicht Schulen für Fünfundvierzigjährige, die sie auf ihr zukünftiges Leben und seine Erfordernisse vorbereiten, wie die gewöhnlichen Schulen den jungen Menschen die Kenntnis der Welt vermitteln? Nein, durch und durch unvorbereitet gehen wir den Schritt in den Nachmittag des Lebens; noch schlimmer, wir gehen diesen Schritt in der falschen Annahme, daß unsere Wahrheiten und Ideale uns wie bisher weiter helfen werden. Aber wir können den Nachmittag des Lebens nicht wie den Morgen leben; denn was am Morgen groß war, das wird am Abend klein sein, und was am Morgen wahr war, wird am Abend eine Lüge geworden sein.[39]

Unsere Körper machen in der zweiten Hälfte des Lebens eine Wandlung durch, und auch unser Bewußtsein entwickelt sich in einer neuen Richtung. Eine siebzigjährige Frau drückte die Situation kurz und bündig aus, als sie sagte: »Frauen werden in der Menopause innerlich zu Männern«.[40] Während die Wandlungen in unserem Körper sich ohne unser Zutun und unsere Kontrolle vollziehen, trifft das auf die psychologische Entwicklung weniger zu. Wenn wir die Richtung, in der wir uns bewegen müssen, nicht vollkommen verstehen und akzeptieren, laufen wir Gefahr, unsere Körper zu unseren Feinden zu machen. Um den Prozeß, dem Tod entgegenzuwachsen, nutzen und genießen zu können, müssen wir ihn verstehen und nicht nur als Anhängsel eines nützlichen oder nutzlosen, glücklichen oder unglücklichen Lebens verstehen. Wir müssen lernen zu akzeptieren, daß es viele verschiedene Stadien im Leben gibt, jedes mit seinen verschiedenen Erfordernissen und Aufgaben, Vorteilen und Nachteilen, und daß diese Stadien nur vollkommen erfahren werden können, wenn sie anerkannt und verstanden werden, in dem was sie in sich bieten, nicht in Anbetracht des Stadiums, dem sie folgen oder das nach ihnen kommt.

Die zweite Hälfte des Lebens wird von der femininen Tendenz zur Ganzheit charakterisiert, der Tendenz, die Verbindungen zwischen den Dingen zu sehen und zu erfahren, Gesondertheit durch Harmonie zu ersetzen. Neumann beschreibt diese Zeit als die Zeit wachsender Stabilität und Ganzheit auf Kosten der in der ersten Hälfte des Lebens notwendigen Spannungen und Unterscheidungen, eine Zeit, in der jeder Mensch seine ursprüngliche hermaphroditische Natur wiedererlangen kann.[41]

Anscheinend hat jeder Mensch die Fähigkeit, sich der maskulinen und femininen Aspekte seiner Psyche bewußt zu werden, und er kann erkennen, daß seine wirkliche Natur weder männlich noch weiblich, sondern androgyn ist. Es erfordert beträchtlichen Mut und Kraft, dieses Selbst zu entdecken, aber die zweite Hälfte des Lebens bietet den natürlichen Anlaß, diese Herausforderung anzunehmen, weil während dieser Zeit der Körper weniger einseitig wird und die äußeren Erfolge ihren Reiz verlieren. Die Suche nach Androgynie wird für jede Person anders aussehen, denn die vernachlässigten und unterdrückten Aspekte der Psyche sind bei jedem Menschen unterschiedlich. Aber ob nun das Feminine oder das Maskuline oder Teile von beiden erkannt und entwickelt werden müssen, die Aufgabe in der zweiten Hälfte des Lebens ist die der Vereinigung, nicht der Teilung, und daher muß das Bewußtsein durch das Feminine gelenkt werden. Frauen können zu dieser Zeit Männern gegenüber einen Vorteil haben, vorausgesetzt, daß sie in den vorherigen Jahren fähig waren, ihre maskulinen Seiten ausreichend zu entwickeln. Wenn das nicht der Fall war, können sie in den späteren Jahren so besessen von dem Ausdruck des Maskulinen werden, daß es für sie schwierig oder vielleicht unmöglich sein wird, die Vorteile der Androgynie, die die letzten Jahrzehnte des Lebens bieten können, wahrzunehmen. Eine übertriebene Maskulinität in der Jugend eines Mannes kann ähnliche Folgen haben: Statt eine bewußte Beziehung zwischen den beiden Prinzipien im Selbst zu finden, kann er ein Sklave der psychologischen Notwendigkeit werden, die feminine Seite seiner Natur zu erfahren.

Das androgyne Bewußtsein in der zweiten Hälfte des Lebens ist nur eine Möglichkeit, kein Muß. Es hängt von unserer freien Wahl ab, ob wir danach suchen oder nicht. Denn nachdem wir während der ersten Hälfte unseres Lebens von einer seit unserer Geburt gegenwärtigen Energie scheinbar in bestimmte Richtungen gezwungen werden, müssen wir in der zweiten Lebenshälfte unsere eigene Energie entwickeln und unsere eigene Richtung suchen, wenn wir nicht hilflose Gefangene rasch verfallender Körper sein wollen. Es ist, als ob der Körper bis Mitte Dreißig das Bewußtsein trägt, und danach das Bewußtsein den Körper aufrechterhalten muß. In der ersten Hälfte des Lebens werden wir geführt, in der zweiten haben wir die Wahl; wir können von unserem Körper den Berg hinuntergezogen werden, oder wir können unseren Körper in Richtung auf Androgynie den Berg hinuntertragen.

Jene, die die zweite Alternative wählen, erfahren die Entwicklung zum Tode als eine Rückkehr zu ihrem Ursprung, als die Rückkehr zu der ursprünglichen bisexuellen Ganzheit, die sie jetzt zum ersten Mal bewußt erfahren. Dieser Weg erfordert die Fähigkeit, die innere und äußere Welt mit einem Bewußtsein zu erfahren, das das Wechselspiel von Yin und Yang zuläßt und nicht von einer Seite beherrscht ist. Solch ein Stadium der psychologischen Entwicklung mag utopisch erscheinen; Unausgeglichenheit und Einseitigkeit waren für Tausende, wahrscheinlich Millionen von Jahren der Zustand des menschlichen Lebens. Diese Einseitigkeit hatte bestimmte Vorteile, die alle in einem bestimmten Stadium ihrer Entwicklung von einer Vorherrschaft des Maskulinen über das Feminine abhängen. Aber während Einseitigkeit und Ungleichgewicht während der ersten Hälfte des Lebens angemessen sind, können sie in der zweiten Hälfte beträchtliche Seelenqualen und Schwierigkeiten verursachen. Dieses Kapitel machte deutlich, daß die Suche nach einem androgynen Bewußtsein neue Erkenntnisse und neuen Reiz in diese späteren Jahre bringen kann, anstatt Leere und Hoffnungslosigkeit. Und daß eine solche Suche möglich ist, ist nicht nur eine Wunschvorstellung, sondern ist in den grundlegenden Mustern der biologischen und psychologischen Entwicklung bereits angelegt. In der Geschichte der Menschheit gibt es das Alter noch nicht lange, die meisten Menschen starben und viele sterben noch heute lange bevor sie etwas aus der zweiten Hälfte des Lebens machen können. Was aber spricht dann dafür, daß die Menschheit überhaupt fähig ist, damit zu beginnen, diese Möglichkeiten zu nutzen? Einige besondere Menschen mögen dazu in der Lage sein, und das war wahrscheinlich immer so. Und was ist mit uns anderen? Wir müssen die Beziehung zwischen der individuellen Entwicklung und der Entwicklung der Menschheit als Ganzes erforschen, um diese Frage beantworten zu können.

7. Mikrokosmos und Makrokosmos

Himmel und Erde entstehen mit mir zugleich,
und alle Dinge sind mit mir eins.

Chuang-tzu

Am Anfang war das Tao, sagten die Chinesen. Das Tao brachte Yin und Yang hervor, und aus diesen beiden Prinzipien entstanden die zehntausend Dinge. Diese Vorstellung von der Schöpfung unterstellt, daß nichts außerhalb oder getrennt vom Tao existiert, und daß alles, wie klein es auch sein mag, in einem gewissen Sinn das Tao widerspiegelt; wie die einzelne Zelle des Körpers das Ganze impliziert, so impliziert jeder Teil der Schöpfung den Kosmos. Die »zehntausend Dinge« sind keine isolierten Entitäten, die im leeren Raum herumschweben; Geist und Materie, Mineralien und Pflanzen, Tiere und Menschen, sie alle sind Manifestationen des Tao, des einen unsichtbaren und allgegenwärtigen Prinzips der Schöpfung. Um irgendeinen Teil zu verstehen, muß man das Ganze verstehen.

Die organische Vorstellung der Chinesen vom Kosmos betrachtet den Menschen als ein mikrokosmisches Abbild des Makrokosmos. Diese Vorstellung ist in der Kosmologie der frühesten Texte als unausgesprochene Voraussetzung enthalten; in späteren Schriften wird sie dann ausdrücklich behandelt. Als philosophische Untersuchungen an die Stelle intuitiver Erkenntnisse traten, wurde die mikrokosmisch-makrokosmische Theorie bewußt diskutiert und bestätigt. Das chinesische *Buch der Geschichte*, das *Shu Ching*, eine Sammlung von Aussprüchen, die den legendären Königen Yao und Shun aus dem dritten Jahrtausend v. Chr. zugeschrieben werden, enthält eine frühe Erwähnung des menschlichen und kosmischen Zusammenhangs: »Der Himmel hört und sieht, wie unser Volk hört und sieht.«[1] Das *Buch der Sitte (Li Chi)*, eine Sammlung aus dem zweiten Jahrhundert v. Chr., beschreibt den Menschen als »das Produkt der Eigenschaften von Himmel und Erde, entstanden aus dem Zusammenspiel der gegensätzlichen Kräfte der Natur, der Vereinigung der tierischen Seele *(Kuei)* mit der intelligenten Seele *(Shen)* und der feinsten Materie der fünf Elemente«.[2] Die Vorstellung vom Menschen als Himmel und Erde im Kleinen ist auch für das *I Ching* bezeichnend, welches den Himmel mit dem Kopf und die Erde mit dem Bauch vergleicht. Makro-mikro-Entsprechungen sind ein wiederkehrender Bestandteil vieler Hexagramme und ihrer Kommentare. Richard Wilhelm kommentiert zum Beispiel das Hexagramm 22, *Pi* oder »die Anmut«, folgendermaßen:

> Im oberen Zeichen, Berg, tritt die starke Linie bestimmend an die Spitze, so daß sie auch hier als ausschlaggebend in Betracht kommt. In der Natur sieht man am Himmel das starke Licht der Sonne. Auf ihr beruht das Leben der Welt. Aber dieses Starke, Wesentliche wird umgewandelt und findet anmutige Abwechslung durch Mond und Sterne. Im Menschenleben besteht die schöne Form darin, daß wie Berge feststehende, starke Ordnungen da sind, die durch klare Schönheit gefällig gemacht werden. Die Betrachtung der Formen am Himmel verleiht die Fähigkeit, die Zeit und ihre wechselnden Anforderungen zu verstehen. Die Betrachtung der Formen im Menschenleben verleiht die Möglichkeit, die Welt zu gestalten.[3]

Da das *I Ching* eine Verbindung zwischen dem Weg des Himmels und der Erde und dem Weg des Menschen annimmt, lehrt es, daß es die Aufgabe des Weisen ist, das Tao zu verstehen, um dann eine bewußte Harmonie zwischen der Menschheit und dem Kosmos herbeizuführen. Es behauptet, daß Selbsterkenntnis der Weg zu solchem Wissen ist. Der konfuzianistische Philosoph Meng-tzu sagt: »Ein Mann, der sein Herz vollkommen erkennt, versteht seine eigene Natur, und ein Mann, der seine eigene Natur versteht, wird den Himmel verstehen.«[4] Und an anderer Stelle: »All die zehntausend Dinge sind hier in mir. Es gibt keine größere Freude als durch Selbstprüfung festzustellen, daß ich mir selbst treu bin.«[5] Chu Hsi's Philosophie drückt die Beziehung zwischen Makrokosmos und Mikrokosmos am knappsten aus. Er behauptete, daß »all die individuellen Prinzipien der Dinge in dem universalen

Prinzip enthalten sind und jedes individuelle Ding als Ganzes die Prinzipien aller anderen enthält«.[6]

Doch erst der konfuzianistische Philosoph Tung Chung-shu, der wahrscheinlich während der Han-Dynastie zwischen 179 und 104 v. Chr. lebte, beschrieb die Mikrokosmos-Makrokosmos-Theorie genauer. Statt den alten unausgesprochenen Voraussetzungen bot Tung detaillierte Erklärungen und ein kompliziertes System der Entsprechungen zwischen Individuum und Kosmos.

> Der Mensch hat 360 Gelenke, die der Zahl des Himmels entsprechen (der runden Zahl der Tage im Jahr). Sein Körper mit den Knochen und dem Fleisch sind der Konsistenz der Erde zu vergleichen. Oben hat er Augen und Ohren mit ihrem scharfen Sinn für Hören und Sehen, die der Sonne und dem Mond gleichen. Sein Körper hat Öffnungen und Adern, die den Flüssen und Tälern gleichen. Sein Herz fühlt Sorgen, Freude, Vergnügen und Zorn, die den spirituellen Gefühlen (des Himmels) gleichen.[7]

Er schrieb auch: »Die Atmung der Nase und des Mundes gleicht dem Wind. Sein durchdringender Geist entspricht der spirituellen Intelligenz (des Himmels) ... der Teil seines Körpers unter dem Gürtel entspricht der Erde ... Die Eintracht zwischen Himmel und Erde und die Entsprechung von Yin und Yang sind im menschlichen Körper vollständig zu finden ...«[8]

Tung Chung behauptete, daß das Yin und Yang des Himmels das Yin und Yang des Individuums beeinflußt; wenn das Yin des Himmels ansteigt, reagiert das Yin des Menschen: »Das Prinzip ist das gleiche. Derjenige, der das versteht, wird das Yin des Menschen aktivieren, um das Yin des Himmels zu wecken, wenn er Regen hervorrufen will.«[9] Die Interaktion zwischen Mikrokosmos und Makrokosmos wirkt demnach in beiden Richtungen; nicht nur der Himmel kann etwas hervorbringen, auch der Mensch kann etwas hervorrufen und beeinflussen, wenn er die Prinzipien, die das Universum lenken, erkannt hat.

In den Schriften von Tung Chung-shu ist der Beginn einer sich verstärkenden Tendenz im chinesischen Denken festzustellen, die in den folgenden Jahrhunderten zunahm und drohte, die alten intuitiven Einsichten auf wenig mehr als mechanische Formeln zu reduzieren, die die Erkenntnis eher behinderten als förderten. Die Schriften der frühesten Klassiker, einem vorhistorischen, traumhaften Bewußtsein entsprungen, erfordern zu ihrer Nachvollziehung Imagination und Intuition. Sie sind dem Intellekt nicht zugänglich. Doch mit dem Auftreten des maskulinen, analytischen Bewußtseins befriedigte die alte Einfühlung in das Tao, die einst das Privileg weniger Weiser gewesen war, nicht mehr die wachsende Anzahl von Menschen, die begierig darauf waren, ihre analytischen und intellektuellen Fähigkeiten zu benutzen, um den Sinn der Welt zu enträtseln. Im Laufe dieser Entwicklung wurden die Einsichten der alten Weisen oft verwässert, um sie für die Exponenten des neuen Bewußtseins zugänglich zu machen; Symbole wurden zu wörtlichen Erklärungen reduziert, wobei viel von ihrer ursprünglichen Bedeutung verlorenging. Das war der Preis für die Popularisierung der alten Weisheit, für die Entwicklung der individuellen Erkenntnis und auch für den Untergang des alten matriarchalischen Bewußtseins, in dem die Menschen kollektiv und instinktiv ihr Leben hinnahmen und im Einklang mit der Entsprechung zwischen menschlichem und kosmischem Rhythmus gestalteten.

Die Verbreitung einer Lehre ist nur zu oft mit der Verarmung ihrer Aussage verbunden. Das Heilige läßt sich popularisieren, indem man den Anspruch, den es an den Menschen stellt, herabschraubt. China war da keine Ausnahme. Der Erfolg einer Popularisierung von Erkenntnissen hängt von einem zweifachen Prozeß ab; die Einsichten müssen so klar verstanden und dargeboten werden, wie es die Sprache erlaubt, aber das Publikum muß sich auch darauf vorbereiten, dieses Wissen zu empfangen und zu begreifen. Eine Lehre auf den kleinsten gemeinsamen Nenner zu bringen, bedeutet, die Lehre herabzusetzen und das Individuum zu erniedrigen. Das war unglücklicherweise die Tendenz in China seit dem dritten Jahrhundert v. Chr. Da das intuitive Verständnis des Kosmos verschwand und keine neuen Weisen geboren wurden, wurden leicht begreifliche Diagramme und simplifizierende Erklärungen immer mehr mit der Wahrheit verwechselt.

Doch das Verschwinden der Weisen und der Verlust des

alten matriarchalischen Bewußtseins machte die Erlangung von Erkenntnis nicht völlig unmöglich. Es bot auch die Möglichkeit eines bewußteren und individuelleren Verständnisses des Kosmos für jene, die bereit waren, die Schwierigkeiten einer solchen Suche auf sich zu nehmen. In China bereitete der Neukonfuzianismus der Sung-Dynastie (960–1279 n. Chr.) diesen Weg vor. Die Neukonfuzianer gaben sich nicht damit zufrieden, nur die Weisheit der Vergangenheit nachzuplappern, sondern sie versuchten eine dem maskulinen Bewußtsein ihrer Zeit entsprechende Philosophie zu entwickeln. Aber sie unterlagen in ihren Ausführungen oft der Versuchung, wenig mehr als die Neuformulierung der bereits in den Klassikern enthaltenen Deutungen für stichhaltige Erklärungen zu halten. Shao Yung, der von 1011 bis 1077 n. Chr. lebte, schrieb zum Beispiel:

> Der Mensch nimmt den ehrenhaftesten Platz in der Ordnung der Dinge ein, weil er in sich die Prinzipien aller Arten vereinigt... Das Wesen aller Dinge ist in der menschlichen Art vollkommen enthalten. Der Geist des Menschen entspricht dem von Himmel und Erde... Der Geist ist nirgends und doch überall. Der vollkommene Mensch kann das Gemüt der anderen durchdringen, weil er in dem Einen gegründet ist...[10]
>
> Das Tao ist in allen Dingen, ob klein oder groß. Die Menschen entsprechen dem Tao, wenn sie im Einklang mit sich selbst sind.[11]

Auch Chu Hsi, der wohl größte Neukonfuzianer, beschäftigte sich eingehend mit diesem Thema. »Das Tao«, sagte er, »ist identisch mit dem Wesen der Menschen und der Dinge, und das Wesen ist identisch mit dem Tao. Sie sind ein und dasselbe.«[12] Diese Feststellungen fügen dem, was K'ung-tzu und sein Schüler Meng-tzu eintausend Jahre früher gesagt hatten, nichts Wesentliches hinzu. Der Geist, der die neukonfuzianistischen Schriften prägt, unterscheidet sich jedoch ganz wesentlich von dem der frühen Philosophen, und darin liegt, vielleicht mehr als in ihrem Inhalt, ihr Wert für die Evolution des menschlichen Wissens. Sie verkünden eine neue Achtung vor der Fähigkeit jedes Individuums, den Kosmos zu erforschen. Die Theorie von dem Individuum als einem Miniatur-Kosmos, wie sie sich durch die Jahrhunderte entwickelte, lieferte die Basis für ein politisches, ökonomisches und soziales System, das die enge Beziehung zwischen den »zehntausend Dingen« anerkannte und die Menschen für die harmonische Gestaltung dieser Beziehung verantwortlich machte. Jedes Teilchen reflektiert zwar das Ganze, aber nur die Menschen haben kraft ihres Geistes die Fähigkeit der Erkenntnis. Der Neukonfuzianismus unterschied sich nicht von seinen Vorgängern in der Unterstützung eines höchst ausbeuterischen und repressiven Systems, welches auf der Annahme basierte, daß jene, die mit den Händen arbeiten, die zu ernähren haben, die mit dem Kopf arbeiten. Das entkräftete jedoch nicht die Grundvoraussetzung des Konfuzianismus, daß jeder Mensch, ungeachtet seiner sozialen Herkunft, die Fähigkeit habe, sich selbst und den Kosmos zu erkennen.

Die chinesische Vorstellung von der Beziehung des Ganzen zu den Teilen der Schöpfung kann in einem Diagramm ausgedrückt werden:

Tao Yin-Yang Acht Trigramme

Das Nichts, oder das undefinierbare Ganze, bringt die Polarität Yin und Yang hervor, aus deren Zusammenspiel sich die fünf Elemente entwickeln und daraus dann alle Dinge. Das Tao verliert nicht seine wesentliche Einheit, wenn es sich in die Welt ergießt und verschiedene Formen annimmt, jedes Ding bleibt in Verbindung mit dem Ganzen. Aus dieser Kosmologie entstand ein kompliziertes System der Entsprechungen:

Gefühl	Wut	Freude	Sorgen	Angst	Mitleid
Säfte	Tränen	Schweiß	Schleim	Speichel	–
Gewebe	Ligamente	Arterien	Haut + Haare	Knochen	Muskeln
Öffnungen	Augen	Ohren	Mund	Genitalien	Nase
Organe	Leber	Herz	Lunge	Nieren	Milz
Geschmack	Sauer	Bitter	Scharf	Salzig	Süß
Klima	Wind	Hitze	Trockenheit	Kälte	Feuchtigkeit
Farbe	Grün	Rot	Weiß	Schwarz	Gelb
Planeten	Jupiter	Mars	Venus	Merkur	Saturn
Elemente	Holz	Feuer	Metall	Wasser	Erde
Zeit	Morgen	Mittag	Abend	Nacht	–
Jahreszeit	Frühling	Sommer	Herbst	Winter	–
Richtung	Osten	Süden	Westen	Norden	Mitte

Ein solches System war nur deshalb notwendig, weil die frühere, spontane Kenntnis der Interdependenz der Dinge verlorengegangen war. Es zeigt im kleinen das Bedürfnis nach bewußter Erkenntnis. Früher lebten die Menschen im Einklang mit dem Tao und brauchten keine geschriebenen Gesetze oder auf Zahlen gegründete Systeme, wie Ch'i Po, der Arzt des Gelben Kaisers, erklärte:

> Es herrschte Mäßigkeit im Essen und Trinken. Die Zeiten zum Aufstehen und zum Schlafengehen waren geregelt und nicht unordentlich und willkürlich. Auf diese Weise hielten die Alten ihre Körper im Einklang mit ihrer Seele, so daß sie die ihnen zugemessene Lebensspanne voll ausleben konnten und an die hundert Jahre alt wurden, bevor sie heimgingen.
>
> Heutzutage sind die Menschen nicht mehr so, Wein ist für sie ein alltagliches Getränk und Achtlosigkeit wird zur normalen Verhaltensweise. Berauscht betreten sie das Gemach (der Liebe); ihre Leidenschaften erschöpfen ihre vitalen Kräfte; sie verschwenden ihre wahre (Substanz) an ihre Begierden; sie wissen nicht, wie sie Zufriedenheit in sich selber finden sollen; sie sind nicht geschult in der Kontrolle ihres Geistes. Sie opfern alle Aufmerksamkeit dem Vergnügen ihrer Sinne und bringen sich selbst so um die Freuden eines langen (Lebens).[13]

Ch'i Po und das *I Ching* nahmen beide an, daß die Menschheit nicht das alte instinktive Bewußtsein wiederentdecken konnte, in dem die Menschen einfach das Richtige taten. Der

Weg müsse statt dessen durch Selbsterkenntnis und ein bewußtes Begreifen der Natur der Dinge und ihrer Beziehung untereinander vorwärts gehen. Das erfordert einen ebenso individuell wie intuitiv und rezeptiv denkenden Geist. Ohne das Zusammenspiel dieser Gegensätze kann keine Harmonie zwischen Körper, Geist und Materie, dem Individuum und der Menschheit oder der menschlichen und der natürlichen Welt entstehen.

Die späteren Chinesen vergaßen oder ignorierten diese frühen Lehren nicht. Ihre Kultur war, zumindest theoretisch, von einer Verehrung für die Weisheit der Vergangenheit inspiriert. Doch in der Praxis wurden die Namen der Weisen und ihre Erkenntnisse öfter dazu benutzt, das autoritäre System des imperialistischen China zu rechtfertigen, als um das tiefere Verständnis ihrer Weisheit zu fördern. Der Konfuzianismus, der auf den Lehren des K'ung-tzu und Meng-tzu basiert, aber von den Denkern der Han- und Sung-Dynastie entscheidend geformt wurde, prägte die chinesische Regierungsform während eines großen Teils der Zeit vom dritten Jahrhundert v. Chr. bis 1905. Er maß der Aufrechterhaltung hierarchischer Beziehungen zwischen verschiedenen Bereichen der Gesellschaft mehr Bedeutung bei als der Ermutigung verschiedener Mitglieder der Elite, ihre eigene Weisheit zu entwickeln. Er betrachtete den Staat als die größere Form der patriarchalischen Familie, mit dem Kaiser als Vater und Herrscher des Volkes. Die Verwaltung lag in den Händen der Bürokraten, die sich für ihre Ämter weitgehend durch ihre Fähigkeiten als konfuzianistische Gelehrte qualifiziert hatten; sie waren einem rigorosen Prüfungssystem unterworfen, in dem der Erfolg in hohem Maße vom Auswendiglernen abhing. Im Konfuzianismus blieb wenig Raum für persönliche Interpretationen, so wie es in der Gesellschaft überhaupt für das Streben nach Wissen und Selbsterkenntnis wenig Raum gab, besonders wenn dieses Streben das Hinterfragen der von den Neukonfuzianern festgelegten Definitionen der Weisheit beinhaltete. Die Gleichförmigkeit des Denkens wurde für die unabdingbare Voraussetzung einer stabilen Verwaltung gehalten, neue Gedanken für den ersten gefährlichen Schritt zu Ungehorsam, Unordnung und Rebellion. Unter solchen Umständen war es nur einer kleinen Minderheit möglich, die alten Lehren von dem unterdrückenden konfuzianischen System zu trennen, mit dem sie nun vereinigt waren.

Mit dem Sieg der Kommunisten änderte sich 1949 die Lage. Der Konfuzianismus wurde Gegenstand allgemeiner Angriffe. Viele Kampagnen wurden organisiert, um den Konfuzianismus und allen alten Aberglauben auszurotten. Diese Kampagnen griffen unter anderem die patriarchalische Vorstellung vom Herrscher als dem Vater des Volkes an, den Vergleich der Regierung in Beziehung zum Volk mit dem Wind, der Gras beugt, die Annahme, daß es der Natur des Mannes entspricht, zu führen und zu kontrollieren, und der der Frau, zu folgen und zu dienen, sowie das Recht der Intellektuellen, von den Handarbeitern erhalten zu werden. Mit dem Ergebnis, daß der Konfuzianismus als politisches System, das das chinesische Volk jahrhundertelang unterjocht hatte, durch eine neue Ordnung ersetzt wurde, in der von dem Individuum und der lokalen Kommune (Produktionsgruppe auf dem Land und Straßenkomitee in den Städten) erwartet wird, weitgehend Verantwortung und Kontrolle für ihr Leben zu übernehmen, statt sich nur der Diktatur des Schicksals, der konfuzianischen Bürokraten und der lokalen Grundbesitzer zu unterwerfen. Um diese neue Ordnung zu konsolidieren, wurde das konfuzianistische Denken mit seinem großen Respekt für die Tradition in jeder Beziehung abgelehnt. Vielleicht wird das nicht immer notwendig sein und es wird dem chinesischen Volk eines Tages möglich werden, ein kritisches Verständnis und eine gewisse Wertschätzung ihrer kulturellen und philosophischen Traditionen zu erreichen, welche die wertvollen Erkenntnisse des Konfuzianismus von dem System der Unterdrückung trennen, das er zu untermauern half.

In der Medizin hat diese Entwicklung bereits begonnen. Die modernen Chinesen erkannten den Wert vieler Teile des *Nei Ching* sowie den Wert der Pflanzenheilkunde und anderer Therapien, die dadurch inspiriert wurden. Eine ähnliche Untersuchung und Neubewertung anderer Teile der alten chinesischen Weisheit, beleuchtet von modernen und wissenschaftlichen Methoden und Erkenntnissen, hat bisher nicht stattgefunden. Die chinesische Kunst der Geomantik, *Feng-shui* (wörtlich Wind und Wasser), wird von den chinesischen Kommunisten noch weitgehend belächelt, die deren Betonung des Zusammenhangs zwischen Erde und Kosmos als Hindernis für ihre Bestrebungen ansehen, die Natur zu kontrollieren und China bis zum Ende dieses Jahrhunderts in eine fortschrittliche Industriegesellschaft umzuwandeln. *Feng-shui* bietet jedoch interessante Einblicke in das Wesen des menschlichen und kosmischen Lebens.

Die Geomantik, die sich allmählich während der ersten Jahrhunderte des chinesischen Kaiserreichs entwickelte, ist eine logische Folge der frühesten chinesischen Vorstellung von der Welt als der Manifestation des Tao, wie sie im Klassischen Buch der inneren Medizin des Gelben Kaisers dargestellt wird. Weil der Kosmos eine Einheit ist, in der letzten Endes kein Teil unabhängig vom Ganzen ist, folgt daraus, daß alle Begebenheiten auf einer Ebene oder an einem Ort, einen Einfluß auf andere Ebenen und auf andere Orte haben. Das Yin und Yang des Himmels beeinflußt das Klima der Erde, das Yin und Yang, das durch die Erdoberfläche strömt, beeinflußt die Mineralien, Pflanzen, tierisches und menschliches Leben, und das Yin und Yang der Menschheit beeinflußt sowohl irdisches wie auch kosmisches Leben. Die Aufgabe des Menschen besteht darin zu erkennen, auf welche Weise sich die beiden Prinzipien in der Schöpfung ausdrücken, so daß alle Handlungen in Harmonie damit ausgeführt und diese Ausdrucksweise durch aktive Mithilfe des Menschen zur Vollendung gebracht werden können. *Feng-shui* lehrte, daß der Himmel »die Hilfe des Menschen benötigt, um auf Erden Gerechtigkeit zu üben. Die Erde verlangt die Hilfe des Menschen, um ihre Produkte zur Vollendung zu führen. Weder Himmel noch Erde sind in sich selbst vollkommen, sondern überlassen die letzte Vervollkommnung aller Dinge dem Menschen.«[14] Daraus ergab sich die Vorstellung, daß die irdischen oder kosmischen Störungen auch auf die Disharmonie der menschlichen Gedanken und Handlungen zurückgeführt werden können. Als P'ing Chi, ein bedeutender Staatsmann unter Kaiser Wu (140–87 v. Chr.), einen keuchenden Ochsen auf der Straße sah, sagte er: »Eure drei höchsten Minister sind damit beschäftigt, das Yin und Yang zu harmonisieren. Jetzt ist gerade Frühling, die Zeit, in der das jüngere Yang tätig ist, daher sollte jetzt noch keine große Hitze herrschen. Trotzdem keucht dieser Ochse wegen der sommerlichen Hitze. Ich fürchte, das bedeutet, daß die Jahreszeiten aus der Ordnung geraten sind. Eine solche Situation ist schädlich.«[15]

Die Geomantik wollte die Menschen lehren, die Natur zu beherrschen und ihr eigenes Schicksal zu lenken, indem sie ihnen die Wege des Himmels und der Erde enthüllte. Die Kenntnis von *Feng-shui* war so ein Mittel, die Menschen vom Spielzeug der Natur zu Mitschöpfern zu machen; das war nicht nur von Nutzen für die Menschheit, sondern auch für die Natur, die in gewisser Weise auf die helfende Hand des Menschen wartete, die die menschliche Erkenntnis und die menschlichen Handlungen zu ihrer Erfüllung brauchte. Das war der Geist, der die chinesische Landschaftsgärtnerei erfüllte, die im neunzehnten Jahrhundert einen grundlegenden Einfluß auf die englische Landschaftsgärtnerei haben sollte. Die Aufgabe des Gärtners war, der Natur zu ihrer eigenen Vervollkommnung zu verhelfen, indem er ihren Weg erkannte. Die Zen-Vorstellung von Gartengestaltung war nicht, wie in Kapitel 5 beschrieben, eine realistische Illusion von einer ganzen Landschaft zu schaffen, sondern einfach die allgemeine Stimmung von »Bergen und Wasser« auf kleinem Raum zu konzentrieren, indem sie den Garten in einer Weise gestaltete, die erkennen ließ, daß der Mensch hier lediglich helfend, nicht beherrschend eingegriffen hatte. Diese Kunst der Landschaftsgärtnerei, die ihren Ursprung in China hat, »wurde in Japan zu einer hohen Kunst, deren ästhetische Regeln in den letzten Jahren großen Einfluß im Abendland gewannen«.[16]

Als das vollkommene Mischungsverhältnis von Yin und Yang wurden drei Fünftel Yang und zwei Fünftel Yin betrachtet, die der Geomantiker für den Bau eines Hauses oder die Planung eines Ereignisses zu finden trachtete. Zum Beispiel waren der steile Abhang Yang und das sanft gewellte Land Yin, und es war günstig, für den Bau eines neuen Hauses einen Platz zu finden, wo sich beides im richtigen Verhältnis befand. Wenn ein solcher Platz nicht gefunden werden konnte, hielt man einen Yin-Fleck auf vorherrschend Yang-geprägtem Grund, oder umgekehrt, für die nächstbeste Möglichkeit. Eine interessante Bestätigung für die Bedeutung der Beziehung zwischen Mensch und Landschaft bietet Carlos Castanedas Beschreibung einer seiner ersten Erfahrungen mit dem Yaqui-Zauberer Don Juan. Castaneda wollte Don Juan von der Ernsthaftigkeit seines Wunsches überzeugen, ein »Mann des Wissens« zu werden, auch wenn er kein Indianer war. Don Juan stellte ihm deshalb die Aufgabe, seine eigene »Stelle« zu finden, den Platz auf der Erde, wo er ohne Ermüdung sitzen könne. Hier beschreibt Castaneda, was passierte:

> Die Aufgabe, die er mir zu lösen gab, war gewiß ein Rätsel. Ich hatte keine Ahnung, womit ich beginnen sollte oder auch nur, was er im Sinne hatte. Mehrmals bat ich ihn um einen Anhaltspunkt oder einen Wink, wie ich vorzugehen hätte, um den Punkt herauszufinden, wo ich mich glücklich und stark fühlen würde. Ich ließ nicht nach und wandte ein, daß ich keine Vorstellung davon hätte, was er wirklich meinte, weil ich die Aufgabe nicht verstand. Er schlug vor, daß ich auf der Veranda so lange herumgehen sollte, bis ich die Stelle gefunden hätte.
>
> Ich stand auf und begann hin und her zu gehen. Ich kam mir albern vor und setzte mich vor ihn hin.
>
> Er wurde sehr ärgerlich und warf mir vor, daß ich nicht zuhörte, daß ich vielleicht nicht lernen wollte. Nach einer Weile beruhigte er sich und erklärte mir, daß nicht jeder Platz zum Sitzen oder sonstigen Aufenthalt geeignet sei und daß es innerhalb der Verandabegrenzung eine einzigartige Stelle gäbe, eine Stelle, die am allerbesten für mich sei. Es war meine Aufgabe, sie von allen anderen Plätzen zu unterscheiden. Im Grunde mußte ich alle möglichen Stellen, die zugänglich waren, »empfinden«, bis ich ohne Zögern bestimmen konnte, welche die richtige war.[17]

Einige Stunden lang wälzte sich Castaneda auf der Erde und suchte verzweifelt die »Stelle«. Als er schließlich vollkommen entmutigt war, sagte ihm Don Juan, daß es ihn nicht im mindesten überrasche, daß er keinen Erfolg habe. Er sei nicht richtig vorgegangen, denn er habe seine Augen nicht richtig benutzt. Der Zauberer erklärte, daß es möglich ist, mit den Augen zu fühlen, wenn die Augen die Dinge nicht direkt betrachten. So begann Castaneda die Suche von neuem. Schließlich entdeckte er in der Dunkelheit einen Platz bei einem Felsen, wo er einschlief. Er wurde wach, als Don Juan sagte, »du hast die Stelle gefunden«. Der Zauberer erklärte dann, daß es für jede Person gute und schlechte Stellen gebe. Die bloße Tatsache, auf der eigenen Stelle zu sitzen, erzeuge überlegene Stärke; andererseits könnte der Feind (die schlechte Stelle) einen Mann schwächen und sogar seinen Tod verursachen. Er sagte, daß Castaneda seine Energien wieder aufgefüllt habe, die er in der Nacht vorher verschwendet hatte, indem er an der richtigen Stelle geschlafen hatte. Er erklärte, daß es auf der Welt viele ebenso gute Stellen gebe, wie die, die Castaneda entdeckt hatte, und daß man sie am besten aufspüren könne, indem man ihre besonderen Farben aufspürte.[18]

In China wurde der geomantische Kompaß, der ein sehr kompliziertes Instrument war, benutzt, um die richtige Zeit für den Bau eines Hauses und die richtige Himmelsrichtung, in der das Haus stehen sollte, herauszufinden. Dieser Kompaß hatte Skalen für Yin und Yang, die acht Trigramme, die 64 Hexagramme, die Bahnen der Sonne und des Mondes, die Tage des Jahres, die fünf Planeten und die fünf Elemente, die 28 Konstellationen, die 12 Tierkreiszeichen und die 12 Punkte des Kompaß. Der Geomantiker hatte die Fähigkeit, mit Hilfe dieses Kompasses die Muster des Kosmos zu enthüllen. Die Pflicht des Individuums war es dann, die natürliche Konstellation von Yin und Yang zu vervollkommnen; wenn etwa ein Hügel nicht hoch genug war, um mit dem ihn umgebenden Yin-Grund zu harmonisieren, wurde er künstlich erhöht.

Feng-shui unterstellte, daß die Menschheit für das Universum verantwortlich sei, daß keine Handlung unternommen werden könne, ohne ihre Folgen für den Rest der Schöpfung in Betracht zu ziehen, und daß nur die menschliche Weisheit die Wirkungsweise von Yin und Yang entdecken könne, die der Harmonisierung bedurften. Die Unkenntnis oder Mißachtung der mikrokosmisch-makrokosmischen Beziehung zwischen dem Wesen des Menschen und dem Wesen des Kosmos sowie der Beziehung zwischen Himmel und Erde hatte nach der Theorie des *Feng-shui* gesellschaftliche und natürliche Katastrophen zur Folge. Im neunzehnten Jahrhundert, als diese Ideen zum ersten Mal im Westen bekannt wurden, wurden sie von den westlichen Imperialisten belächelt, die ihre Einflußsphäre bis nach China ausweiteten und das Land mit ihren kreuz und quer verlaufenden Eisenbahnlinien verunstalteten. Eitel beschließt seine Abhandlung über das *Feng-shui*, die 1873 veröffentlicht wurde, mit diesen Worten:

> Was also ist *Feng-shui?* Es ist einfach das blinde Tasten des chinesischen Geistes nach einer Naturwissenschaft, welches ungeschult durch die exakte Beobachtung der Natur und in seinem fast ausschließlichen Vertrauen auf die Wahrheit zweifelhafter Überlieferungen und die Kraft abstrakten Denkens den chinesischen Geist natürlich vollkommen im dunkeln ließ. Daher ist das *Feng-shui*-System, das nur auf menschlichen Vermutungen und Aberglauben gegründet ist und nicht auf sorgfältigem Studium der Natur, dem Verfall und Untergang geweiht.[19]

Der geomantische Kompaß mag in unserer Zeit vielleicht bloß noch von historischem Interesse sein, aber die durch ihn symbolisierte Vorstellung vom Universum als einer zusammenhängenden Welt, in der jeder Teil das Ganze widerspiegelt und vom Ganzen widergespiegelt wird und die vom Menschen, der mikrokosmischen Entsprechung von Himmel und Erde, durch bewußte Erkenntnis vervollkommnet werden kann, mag eine Weisheit enthalten, die auch uns heute nottut. Tendiert doch die westliche Auffassung der Wissenschaften dazu, die Welt anhand eines hochspezialisierten fragmentarischen Systems zu erforschen und dadurch oft die Zusammenhänge aus dem Blick zu verlieren. Die Geomantik mag sich in der Tat als viel weniger unwissenschaftlich erweisen, als von den Imperialisten im neunzehnten Jahrhundert angenommen wurde. Die moderne Wissenschaft ist bereits dabei, wiederzuentdecken, was viele Menschen schon seit langer Zeit dachten und fühlten, daß nämlich die menschliche und die natürliche Welt nicht so getrennt sind, wie wir angenommen haben.

Der Klassiker des Gelben Kaisers lehrte, daß die Winde und Jahreszeiten bestimmte Einflüsse auf den menschlichen Körper haben, daß bestimmte physische Zustände den irdischen Kräften zuzuschreiben sind. Es war von entscheidender Bedeutung für den Menschen, in Übereinstimmung mit den Jahreszeiten zu handeln, um Disharmonie zu vermeiden, weil jeder Mensch den Atem des Universums atmet, seine Atmosphäre spürt und seinen Rhythmus widerspiegelt.[20] Die Medizin beginnt heute den Einfluß atmosphärischer und meteorologischer Bedingungen auf den menschlichen Organismus zu erforschen, und es hat sich erwiesen, daß die Atemfrequenz entsprechend der Jahreszeit variiert:

> In Europa mißt man die höchste Frequenz im Jan./Febr. und die niedrigste Frequenz im Juli/August. Im Juli ist der Hämoglobingehalt am höchsten und im Januar am niedrigsten. Der Jod-Gehalt des Blutes nimmt während des Winters ab und steigt im Frühjahr plötzlich an, was oft zu einer Verschlechterung des Befindens bei Patienten mit Schilddrüsenüberfunktion führt.[21]

Viele Tiere reagieren auf den Jahresrhythmus auf eine Weise, die auf eine instinktive Wahrnehmung, über die Einflüsse von Wärme und Licht hinaus, schließen läßt. So wurden zum Beispiel Versuche mit dem goldfarbenen Erdhörnchen durchgeführt. Die Tiere wurden in fensterlosen Räumen bei einer konstanten Temperatur von 0 Grad Celsius und 12 Stunden künstlicher Beleuchtung gehalten. Trotz dieser Bedingungen hielten die Tiere Winterschlaf und erwachten im April. Als die Temperatur auf 35 Grad Celsius angehoben wurde, wurde es den Erdhörnchen zu warm zum Schlafen, aber sie nahmen im Herbst zu und verloren allmählich während des Winters an Gewicht, genau wie während des Winterschlafs.[22]

Tiere und Insekten reagieren auf den Sonnenzyklus, auch Menschen unterliegen zyklischen Rhythmen, die aber weniger direkt sichtbar werden. Unsere Körpertemperaturschwankungen sind heute unabhängig von Tag und Nacht, aber unsere Kaliumproduktion bleibt vom Sonnenzyklus abhängig. Jedes Individuum produziert normalerweise drei Gramm dieses wichtigen Minerals pro Tag, und es wurde entdeckt, daß sogar Menschen, die für mehr als zwei Jahre keinen normalen Tages- und Nachtrhythmus mehr gehabt hatten, den regulären 24-Stunden-Zyklus in der Kaliumproduktion beibehalten. Außerdem sind wir auch jährlichen Rhythmen unterworfen, die bei regelmäßigen Schwankungen des Körpergewichts und dem jahreszeitlich bedingten Haarausfall beobachtet wurden.[23]

Es ist bekannt, daß auch der Mondrhythmus für Säuger, Fische und Insekten von Bedeutung ist. Dabei gibt es tägliche und monatliche Rhythmen. Bei Austern konnte man beobachten, daß sie eindeutig auf die Gezeiten reagieren. Bei einem Experiment wurden Austern aus dem Long Island Sound in Connecticut nach Evanston, einer Vorstadt von Chicago, gebracht. Noch zwei Wochen lang reagierten sie weiterhin auf den Gezeitenrhythmus von Connecticut, öffneten ihre Schalen zur Flut, um Nahrung aufzunehmen, und schlossen sich wieder zur Ebbe. Aber am fünfzehnten Tag wechselten sie einheitlich ihren Rhythmus. Berechnungen ergaben, daß sie sich nun zu einer Zeit öffneten, zu der in Evanston die Flut einsetzen würde, läge es am Meer und nicht 200 Meter über dem Meeresspiegel am Michigan-See.[24] Viele Meerestiere schwärmen bei Mondlicht aus. Grunions zum Beispiel, eine an der kalifornischen Küste vorkommende Fischart, laichen während der Flutzeiten bei Vollmond, und sexuelle Aktivität bei Vollmond ist im Tierreich eher die Regel als die Ausnahme. Der Mondzyklus entspricht dem sexuellen Zyklus bei einigen niedrigen Tierarten, zum Beispiel bei den Eintagsfliegen und Moskitos, und den Algen.[25]

Die Vorstellung, daß der Mondrhythmus die Erde beeinflußt, war den alten Chinesen nicht fremd. Kuan Tzu, ein politischer Reformer des siebenten Jahrhunderts v. Chr., soll gesagt haben, daß gewisse Meerestiere dem Mondrhythmus unterliegen und entsprechend dem Zu- und Abnehmen des Mondes an Größe zu- und abnehmen.[26] Der Skeptiker Wang Chung (29–97 n. Chr.) erkannte den Zusammenhang zwischen dem Mond und den Gezeiten. Er schrieb: »Das Steigen der Wellen folgt dem Werden und Vergehen des Mondes, kleiner und größer, voller und weniger, niemals gleich.«[27]

Es ist bekannt, daß der Mondrhythmus nicht nur das Wasser beeinflußt, sondern auch die gesamte Erdatmosphäre. »Der Mond zieht auch die Luftschicht an, die die Erde umgibt, und erzeugt regelmäßige, tägliche atmosphärische Gezeiten.«[28] Wir verdanken der modernen Wissenschaft die Beobachtung, daß diese Wirkung sogar in einer Tasse mit Tee festgestellt werden kann. Die Struktur des Wassers, ein Kristallgitter, verändert sich mit dem Lauf des Mondes. Da zwei Drittel des menschlichen Körpers aus Wasser bestehen, ist es wahrscheinlich, daß nicht nur Tiere, sondern auch Menschen vom Mond beeinflußt werden.[29]

Die Frage nach dem Einfluß des Mondes auf den menschlichen Körper bleibt vorläufig von der modernen Wissenschaft ungelöst. Es gibt jedoch einige interessante Übereinstimmungen. Die durchschnittliche Dauer des weiblichen Menstruationszyklus beträgt 29,5 Tage, was der Zeit von Neumond zu Neumond entspricht (genau 29,53 Tage).[30] Es ist auch interessant festzuhalten, daß das Wort »Menstruation« von dem lateinischen Wort »mensis« für »Monat« herkommt, und daß »Monat« wiederum Mond bedeutet. Das chinesische Schriftzeichen für Monat und Mond ist dasselbe, 月, und ein gebräuchliches Wort für Menstruation ist 月 經 *(Yüeh Ching)*, »eine Angelegenheit des Mondes«. Die Assoziation von Mond und Menstruation ist vielen Kulturen gemeinsam. Deutsche Bäuerinnen nennen ihre Periode »den Mond«, der französische Ausdruck ist »le moment de la lune«. Wie E. Harding zeigt, war der »Sabbat« ursprünglich der Ruhetag während des Vollmondes und gleichzeitig auch die Zeit der Menstruation der babylonischen Göttinnen. Er wurde als tabuierte Zeit betrachtet, in der keine Arbeit getan wurde. Die Mandingo, die Susne und die Kongo-Stämme nennen die Menstruation »den Mond«, und die Maori nennen sie »die Mondkrankheit«.[31]

Zeitgenössische Studien stellen fest, daß nicht nur Frauen einem Mondzyklus unterlegen sind:

> Die Direktoren der »Omi Railways Company« in Japan studierten das menschliche Verhalten in der Praxis und entschlossen sich daraufhin, die Tatsache zu akzeptieren, daß die Männer einem Mondzyklus in ihrer Stimmung und Leistungsfähigkeit unterliegen. Die Gesellschaft unterhält ein privates Transportsystem mit mehr als 700 Bussen und Taxis in den Verkehrsballungsgebieten von Kyoto und Osaka. Weil ihr Unternehmen viele Verluste aufgrund von Unfällen erlitt, begannen die Leistungsexperten der Omi im Jahre 1969 jeden Mitarbeiter und seinen Mondzyklus zu untersuchen, und paßten seine Strecke und seinen Arbeitsplan

dem an. Die Unfallrate der Omi ging daraufhin in den letzten zwei Jahren um ein Drittel zurück, obwohl die Verkehrsdichte während dieser Zeit zunahm.[32]

Der Einfluß von Veränderungen auf der Sonne auf die Erde wurde ebenfalls festgestellt. Zum ersten Mal stellte Sir John Herschel im Jahre 1801 den Einfluß des Sonnenfleckenzyklus auf die Erde fest. Seitdem wurde herausgefunden, daß die Elf-Jahres-Zyklen unter anderem die Stärke der Jahresringe bei den Bäumen, den Wasserstand des Viktoriasees, die Zahl der Eisberge, die Dürrezeiten in Indien und die großen Jahrgänge des Burgunderweins beeinflussen. Wenn die Sonne und der Mond derartige Einflüsse auf die Erde haben, wäre es nicht überraschend festzustellen, daß auch andere Planeten ihren Einfluß auf das Leben der Menschen und der Natur ausüben. Die alten Chinesen bezweifelten nicht, daß das der Fall war. Der kaiserliche Astronom nahm während der Zeit des Kaiserreiches von der Chou bis zur Ch'ing-Dynastie eine wichtige Position bei Hofe ein. Eine Passage aus der »Aufzeichnung der Riten der Chou« berichtet:

> Er beschäftigt sich mit den Sternen am Himmel und notiert den Wandel und die Bewegung der Planeten ... der Sonne und des Mondes, um die Bewegung auf der Erde zu untersuchen (Ereignisse auf der Erde), mit dem Ziel, günstiges und ungünstiges Geschick zu erkennen (und vorauszusagen) ... Im allgemeinen beschäftigt er sich mit den fünf Arten von Erscheinungen, um so den Kaiser warnen zu können, wenn er der Regierung zu Hilfe kommen muß, oder um eine Veränderung der festgelegten Zeremonien den Umständen entsprechend zu veranlassen.[33]

Die Astrologie setzt jedoch nicht nur eine Verbindung zwischen der irdischen und der kosmischen Welt, dem Individuum und dem Makrokosmos voraus, sondern auch zwischen der physischen und der spirituellen Welt. Sie nimmt an, daß die Planeten mehr als Klumpen aus verschiedenen Mineralien sind und daß es einen Zusammenhang zwischen ihrer Position am Himmel und dem Verhalten, den Fähigkeiten und dem Temperament der Menschen gibt. Die moderne Wissenschaft kann diese Vorstellungen bisher weder bestätigen noch widerlegen. Allerdings entspricht die Vorstellung von zwei getrennten Welten, einer physischen und einer spirituellen, nicht mehr den Erkenntnissen der modernen Physik oder der analytischen Psychologie.

Die Menschen sind weniger an den natürlichen Rhythmus des Universums gebunden als die Pflanzen und Tiere, weil das Selbst-Bewußtsein ihnen die Freiheit läßt, viele unserer eigenen Rhythmen selbst zu bestimmen. Genau diese Freiheit ist jedoch für einen Großteil der gegenwärtigen ökologischen Zerstörung verantwortlich; wir haben die Natur für unsere eigenen Ziele eingespannt und merken jetzt, welchen Preis wir dafür bezahlen müssen. Wir mißbrauchen unsere Freiheit dazu, eine unbewohnbare Welt zu schaffen. Bevor es zu spät ist, müssen wir unsere gegenwärtige ausbeuterische Haltung aufgeben und lernen, die Wirkungsweisen der Natur in unserer Psyche und in der äußeren Welt zu respektieren. Es scheint so, daß wir die höchste Stufe der Freiheit nicht erreichen können, indem wir uns vom Kosmos abtrennen, sondern indem wir lernen, das Zusammenspiel zwischen dem Individuum und dem Ganzen zu erfahren. Diese Vorstellung wird klarer, wenn wir die Beziehung zwischen dem Individuum und dem Kosmos im Licht der analytischen Psychologie betrachten.

Jung war zutiefst angezogen von der alten chinesischen Vorstellung vom Tao, als dem in der ganzen Schöpfung enthaltenen Schöpfungsprinzip. Außerdem war er von Leibniz beeinflußt, der von den Einsichten der neukonfuzianistischen Schule, besonders von Chu Hsi, profitiert haben könnte, wie J. Needham unterstellt.[34] Für Leibniz bestand die Welt aus Monaden, deren jede ein in sich geschlossenes und gesondertes System darstellte. Darin widersprach seine Philosophie sowohl den Einsichten der modernen Physik als auch dem alten taoistischen Denken, für die jeder Teil untrennbar mit dem Ganzen verbunden ist. Aber auch Leibniz glaubte, daß die Monaden vom ganzen Kosmos beeinflußt werden und alles widerspiegeln, was geschehen ist, geschieht und geschehen wird. Darüber hinaus erkannte er, daß sich die Monade ihrer Kräfte weitgehend unbewußt ist: »Eine Seele kann in sich selbst nur lesen, was dort ausdrücklich dargestellt ist. Sie kann nicht alle ihre Facetten offenbaren, denn diese erstrecken sich bis in die Unendlichkeit.«[35]

Diese Betrachtung der Monaden als Spiegel des Universums entspricht Jungs Vorstellung vom Selbst. Er erkannte, daß die menschliche Psyche alle Antworten in sich selbst trägt, daß sie den Makrokosmos widerspiegelt. Diese Reflexionen sind die Reflexionen des Universums im Kleinen: »Sie sind individueller Ausdruck der Vorgänge und Rhythmen, die sich im Makrokosmos der Natur abspielen.«[36] Im Laufe der Entwicklung der Selbst-Bewußtheit lernen wir, transpersonale archetypische Formen zu erkennen, die ihre Rolle im Wirken des Universums und daher in all seinen Teilen spielen. Wenn wir ihrer bewußt werden, spiegeln wir den Kosmos wider und geben ihm individuellen Ausdruck. Die geistige Welt der Archetypen entzieht sich oft unserer Bewußtheit, und wir bleiben bis zu dem Grade unfrei, wie das der Fall ist, beeinflußt von Prinzipien und Kräften außerhalb unserer Kenntnis. Die Suche nach der Welt der Archetypen ist die Suche nach dem Selbst, das Jung für einmalig und gleichzeitig universal hielt. Einmalig, weil nur jede Person für sich allein das Selbst erfahren und verwirklichen kann; universal, weil das Selbst letzten Endes der Kosmos ist. Neumann beschrieb die Entdeckung des Selbst als die Entdeckung des Tao, denn »ganz zu werden und zu sein ist nur in einem Stadium der Harmonie mit der Ordnung der Welt möglich, mit dem, was die Chinesen das Tao nennen«.[37] Demnach haben wir den höchsten Grad an Individualität und Freiheit nur erreicht, wenn wir unsere universale Natur verwirklicht haben.

Im Selbst sind Zeit und Raum transzendiert; Vergangenheit, Gegenwart und Zukunft existieren gleichzeitig. Viele Menschen haben Erfahrungen in dieser Richtung gemacht, gewöhnlich in Träumen oder *déjà-vu*-Situationen. In diesen Momenten sind wir mit einem größeren »ICH« in Verbindung, das über die normalen Grenzen unserer Erfahrung hinausreicht. Die Empfindsamkeit gegenüber diesem größeren, kosmischen Selbst enthält die Möglichkeit, die Vergangenheit ebenso wie die Gegenwart und die Zukunft zu verstehen, da jede Psyche ihre eigene Geschichte enthält und die Richtung kennt, in der sie sich entwickeln wird. So ist es uns allen möglich, das Muster der Wandlungen in unserer eigenen Psyche zu entdecken und bewußt daran mitzuwirken, statt ihnen hilflos ausgeliefert zu sein.

Allerdings sind die meisten von uns von einer solchen Freiheit weit entfernt. Viel öfter betrachten wir die Welt aus der Sicht unseres abgekapselten Ego, wo es klare Unterschiede zwischen dem »Ich« und der »äußeren« Welt gibt. Sich auch nur vorzustellen, daß das wahre Selbst nicht nur dieses »Ich«, sondern ein universales »ICH« sein könnte, kann erschrekkend sein. Und doch hat jeder von uns eine Zeit erlebt, in der wir unwissentlich mit dem Kosmos eins waren – das psychische Stadium des Säuglingsalters, vor der Geburt des individuellen Ego, vor der Unterscheidung von Psyche und Körper, Mutter und Kind. Doch diese Erfahrung geht dem individuellen Bewußtsein voraus.

Wir werden unserer selbst und der Welt gewahr, indem wir uns von dem Ganzen trennen, aus dem Paradies fallen. Das Stadium vor diesem Fall ist das Goldene Zeitalter, das Stadium vollkommener heiterer Ruhe vor dem Entstehen der Polarität. Es ist das ursprüngliche Chaos, das keine Qualen, Tod oder Leiden kennt, aber auch keine Erkenntnis, Unabhängigkeit oder Freiheit. Dieses Stadium der Entwicklung der Menschheit entspricht dem individuellen Entwicklungsstadium, das manche Jungianer das psychoide Stadium nennen:

> Alle zukünftigen Möglichkeiten sind in dem psychoiden Stadium verschmolzen, da es eine Ebene der Existenz ist, die für Trennung und Unterscheidung noch nicht genügend fortgeschritten ist. Das psychoide Stadium entspricht dem Selbst als Kosmos oder Urchaos. Es würde tatsächlich richtig sein zu sagen, daß die psychoide Ebene der Entwicklung im Mikrokosmos dem Urchaos im Universum entspricht.[38]

In dem kleinen Kind ist diese uroborische Phase relativ kurz. Die Welt, die das Kind enthält, wird sehr schnell in menschlicher Form gesehen. In den Augen des Kindes wird sie die Mutter, die Mutter des Lebens und des Todes, der Freuden und Leiden, die Mutter, die nährt und beschützt und den Rhythmus des Tages und der Nacht steuert. Als Zeugende und Empfangende, Aktive und Passive, symbolisiert sie das Stadium des Bewußtseins, in dem noch alle Polaritäten enthalten sind. Sie ist die persönliche und die kosmische Mutter. Das kleine Kind wächst umfangen von diesem Bewußtsein auf und erlebt so das matriarchalische Bewußtsein, das den Zustand der Menschheit vor der patriarchalischen Revolution charakterisiert. Biologisch sind die kleinen Kinder und die frühe Menschheit natürlich nach Geschlechtern unterschieden, aber wie wir in den ersten beiden Kapiteln festgestellt haben, wird das erst bewußt, nachdem es sich schon längst in der körperlichen Entwicklung manifestiert hat.

Der Zeitrückstand zwischen biologischer und psychologischer Entwicklung ist bezeichnend für die erste Hälfte des Lebens. Das intrauterine Stadium der Einheit mit der Mutter bleibt im Bewußtsein auch nach der körperlichen Trennung von der Mutter bestehen, das matriarchalische Bewußtsein bleibt nach dem Beginn der sexuellen Differenzierung und der körperlichen Unabhängigkeit des Kindes bestehen; und erst einige Jahre nach der Pubertät und der vollen sexuellen Reife erwacht im Individuum das Bewußtsein des Ego, und die sexuelle Polarität wird ganz erfaßt.

Zum ersten Male erwacht die maskulin-feminine Polarität während der ödipalen Krise, aber erst viel später realisiert das Individuum diese Polarität und internalisiert sie seiner eigenen Psyche. Unser schwaches Ego unterliegt immer wieder der Versuchung, in die sichere Umarmung der Großen Mutter zurückzukehren, in der die Polaritäten verschmelzen. Manchmal bedeuten diese Regressionen *»il faut reculer pour mieux sauter«*, aber oft sind sie in erster Linie neurotische Versuche, die Qualen der Entwicklung des Ego zu umgehen. Die Ausprägung eines starken Ego ist gewöhnlich nicht vor dem 21. Lebensjahr abgeschlossen, aber auch danach sind wir selten immun gegen die Anziehungskraft des alten Bewußtseins. Während unsere Körper sich anscheinend friedlich von einem Stadium zum nächsten entwickeln, erfordert jeder Schritt in der Entwicklung des Bewußtseins gewaltige Willensanstrengung. Das kann ebenso in den inneren Kämpfen der Jugendlichen beobachtet werden wie in dem Ringen mit den Dämonen der Krise in der Mitte des Lebens. Auf historischer Ebene zeigt sich dies als der Kampf des patriarchalischen Bewußtseins gegen das Bewußtsein der Großen Mutter. Viele der unbarmherzigen und entschlossenen Anstrengungen, das mütterlich-feminine Prinzip und das mit ihm identifizierte weibliche Geschlecht zu verleugnen und zu unterdrücken, waren notwendige Akte der Selbstverteidigung von seiten des sich entwickelnden maskulinen Bewußtseins.

Die Dominanz des patriarchalischen Bewußtseins war gewöhnlich mit der Unterdrückung der Frau verbunden. Doch je mehr wir unsere Androgynie erkennen, desto weniger wird es notwendig sein, das maskuline und feminine Prinzip mit den beiden Geschlechtern zu identifizieren. Immer wenn ein Geschlecht sich ausschließlich mit Yin oder Yang identifiziert, fällt es ihm schwer, die Notwendigkeit zu erkennen, dem polaren Gegensatz mehr Spielraum und Bedeutung einzuräumen. Die Erkenntnis der Notwendigkeit, das feminine Prinzip in unserer Gesellschaft wieder aufzuwerten und jeden Menschen beide Prinzipien in sich selbst finden zu lassen, kam nicht von dem das Patriarchat dominierenden Geschlecht, den Männern, sondern von dem unterdrückten weiblichen Geschlecht. Die mangelnde Freiheit der Frauen ermutigte sie, die Macht der Männer anzugreifen, und im Zuge dieser Entwicklung begannen sie, das patriarchalische Bewußtsein abzulehnen. Wenn die Frauen nicht die Fehler des patriarchalischen Bewußtseins wiederholen wollen, müssen sie das alte Mißverständnis vermeiden, ein bestimmtes Stadium des Bewußtseins mit einem bestimmten Geschlecht zu identifizieren. Diese Gefahr wird geringer, wenn man erkennt, daß das neue Bewußtsein androgyn sein muß. Trotzdem ist die Entwicklung des femininen Bewußtseins eine Vorbedingung für die Verbindung der beiden Prinzipien; wenn die Frauen das als ihre besondere Aufgabe betrachten, müssen sie aufpassen, daß sie diese Entwicklung nicht nur für sich selbst beanspruchen.

Was jedoch weist darauf hin, daß die Menschheit an einem Wendepunkt der Entwicklung ihres Bewußtseins ist, und daß das nächste Stadium eine Synthese des Maskulinen und Femininen sein wird? Es gibt gewisse Anzeichen dafür, daß Teile der Gesellschaft einen neuen Weg suchen, die Welt zu sehen und zu erfahren. Die Alternativbewegungen der letzten fünfzehn Jahre waren nicht nur Angriffe auf die Mißstände unseres politischen, sozialen und ökonomischen Systems, sie stellten auch das patriarchalische Bewußtsein in Frage, das dieses System untermauert. Die außerordentliche Popularität der Bücher von Carlos Castaneda oder solcher Bücher wie *Zen und die Kunst, ein Motorrad zu warten* und *Das große Buch vom Leben auf dem Lande* ist nur ein Zeichen für die Suche nach einer neuen Perspektive.[39] Aber diese neuen Bewegungen sind an sich noch kein Beweis dafür, daß wir uns tatsächlich an einem Wendepunkt in der Geschichte des menschlichen Bewußtseins befinden. Zu viele von ihnen sind von der Sehnsucht nach einer eingebildeten oder wirklichen Vergangenheit getrieben, und zu viele sind auf eine totale Ablehnung aller Dinge, die mit dem patriarchalischen Bewußtsein in Verbindung gebracht werden, gegründet, um sie als Weg in die Zukunft betrachten zu können. Daß die westliche Kultur eine Krise des Vertrauens in ihre Art, die Welt zu sehen, zu strukturieren und zu begreifen, erlebt, ist klar – aber die Lösung des Problems ist nicht klar. Der Schlüssel zum nächsten Stadium des Bewußtseins ist anderswo zu suchen, und die Muster des Wandels in der individuellen Entwicklung können uns nützliche Hinweise geben.

Es scheint so, als ob bestimmte Kulturen ihre Midlife-crisis erreicht hätten: Festgelegt auf ein dominierendes maskulines und ein vernachlässigtes feminines Bewußtsein, sind sie in einer Sackgasse gelandet, in der keine Seite weiterkommen kann, ohne auf die andere zu hören und ihre Erkenntnisse aufzunehmen. Die zweite Hälfte des Lebens bringt dem Individuum die Notwendigkeit und die Möglichkeit, das geteilte Selbst zu heilen, indem es das Maskuline und das Feminine zu einer psychologischen Ehe vereinigt, in der jedes Prinzip seine gesonderte Natur behält und gleichzeitig durch die Verbindung mit seinem Gegensatz reicher wird, so daß ein neues androgynes Selbst geboren werden und wachsen kann. So mag heute tatsächlich eine Revolution des Bewußtseins anstehen, die der patriarchalischen Revolution vor Jahrtausenden vergleichbar ist und die die Herrschaft des dominierenden maskulinen Bewußtseins durch die Suche nach einer harmonischen Beziehung zwischen dem Maskulinen und Femininen ersetzen wird.

Da Androgynie die Transformation des Körpers und des Geistes erfordert, bleibt sie natürlich ein sehr fernes Ideal. Wahre Androgynie würde unter anderem eine Art parthenogenetischer Fortpflanzung beinhalten, was jetzt und in naher Zukunft natürlich unmöglich ist. Doch unser Bewußtsein hat die Möglichkeit zu radikalem Wandel. Die moderne analytische Psychologie und die uralte Mystik bezeugen beide die radikalen Veränderungen der Psyche, die durch Erkenntnis und durch Selbsterfahrungsübungen hervorgebracht werden können. Körperlich müssen wir relativ einseitig bleiben. Androgynie soll jedoch nicht durch die Mißachtung des Körpers erreicht werden, sondern im Gegenteil durch die Erkenntnis, daß auf jeder Ebene der menschlichen Natur, der geistigen, psychologischen und physischen, beide sexuelle Pole vorhanden sind, wenn ihre Ausprägung auch einseitig sein mag. Es ist noch zu wenig über das Zusammenspiel von Körper und Geist bekannt, als daß wir wissen könnten, welche Wirkung ein Wandel des Bewußtseins letzten Endes auf den Körper haben wird. Wegen des engen Zusammenhangs zwischen Psyche und Soma jedoch könnte die Vorstellung, daß der Körper ebenfalls die Fähigkeit zur Transformation hat, die im alten chinesischen Denken stillschweigend enthalten war und die in der Anthroposophie offen ausgesprochen wurde, sich nicht als so unwahrscheinlich erweisen, wie sie uns heute noch scheinen mag.

Wie wir gesehen haben, beschreibt die chinesische Yin-Yang-Theorie nicht im einzelnen die Unterschiede zwischen der physischen und der psychischen Natur und deren Entwicklung. Folgendes stellt sie jedoch klar: Körper und Bewußtsein (Psyche und Geist) entstehen aus dem einen höchsten Prinzip, dem Tao. Sie sind dessen unterschiedliche Ausdrucksformen und nicht zwei antithetische Welten. Beide sind Ausdruck des dynamischen Zusammenspiels von Yin und Yang, und der Zustand irgendeines Teils des menschlichen Wesens wird sich in allen anderen Teilen widerspiegeln. So geht es auf dem chinesischen Pfad zur Verwirklichung des Tao, der Androgynie, mit dem sich das nächste Kapitel beschäftigen wird, um die Umwandlung des Körpers wie der Psyche.

Im zweiten Kapitel dieses Buches untersuchten wir einige der Mythen der Großen Göttin, da sie das Wesen des matriarchalischen Bewußtseins enthüllen. Wir wiesen auf die jungfräulichen Göttinnen hin, die in vielen verschiedenen Kulturen als Ausdruck der frühen, sexuell undifferenzierten Art die Welt zu betrachten und zu erfahren zu finden sind. Möglicherweise beschreiben diese Mythen nicht nur ein bestimmtes Bewußtsein; sie mögen auch von den biologischen Anfängen der Menschheit erzählen. Rudolf Steiner behauptet, daß wir uns aus einer sexuell undifferenzierten Gestalt entwickelt haben. Er erläutert, daß der Proto-Mensch ursprünglich nicht in männlich und weiblich differenziert, sondern eingeschlechtlich war, daß er sowohl das männliche als auch das weibliche Prinzip in weiblicher Gestalt enthielt und sich parthenogenetisch fortpflanzte. Auch nach der geschlechtlichen Differenzierung verloren die Geschlechter nicht den Keim des anderen Geschlechts in Körper und Seele, und aus diesem Grund haben beide Geschlechter die Freiheit, ihre potentielle Ganzheit auf jeder Ebene ihres Daseins zu verwirklichen.[40]

Wenn die Chinesen und andere mit ihrer Behauptung recht haben, daß das wahre Wesen des Menschen ein mikrokosmisches Bild des Kosmos, also sowohl männlich als auch weiblich, ist, dann wäre es wichtig, zu verstehen, was es bedeuten würde, unsere Androgynie als den wahren Ausdruck unserer Individualität und gleichzeitig als unsere Identität mit dem ganzen Kosmos zu erfahren. Mystiker, Dichter und Philosophen haben im Laufe der Jahrhunderte bezeugt, daß eine solche Erfahrung fast unmöglich zu beschreiben und mitzuteilen ist. Sie kann nur von jenen verstanden werden, die sie selbst gemacht haben. Es ist jedoch gelegentlich möglich, durch die Beschreibungen der Menschen, denen ein solches Wissen zuteil wurde, einen Schimmer von seiner Bedeutung zu erhaschen. Jungs Beschreibung einer Vision, die er während einer gefährlichen Krankheit gegen Ende seines Lebens hatte, in dem Buch *Erinnerungen, Träume, Gedanken,* gibt uns eine solche Gelegenheit. Für einen Augenblick erfuhr er die Seligkeit und Freiheit der Einheit mit dem Kosmos. Er schrieb:

Nur das Bewußtsein unserer engen Begrenzung im Selbst bildet das Verbindungsglied zu der Unbegrenztheit des Unbewußten. In einer solchen Bewußtheit erfahren wir uns selbst gleichzeitig als begrenzt und ewig, als sowohl das Eine, als auch das Andere. Indem wir uns als einzigartig in unserer persönlichen Konstellation erfahren – das heißt letztlich begrenzt –, haben wir auch die Fähigkeit, uns des Unendlichen bewußt zu werden. Aber nur dann.[41]

Offenbar ist das individuelle »Ich« eine Vorbedingung für die bewußte Entdeckung des universalen »ICH«. Das erste ist das höchste Geschenk des maskulinen, differenzierenden Prinzips, letzteres des femininen ganzheitlichen Prinzips. Androgynie ist daher nicht nur eine Beschreibung unseres Wesens, sondern auch der Weg des Denkens und Fühlens, der zur Verwirklichung dieses Wesens führt. Androgynie ist sowohl ein absoluter Zustand wie auch ein Vorgang des Werdens. Ein ähnlicher Doppelsinn ist in der chinesischen Vorstellung vom Tao und in der christlichen Vorstellung vom Logos, dem Wort, enthalten: Beide bezeichnen sowohl die Wahrheit als auch den Weg zur Wahrheit. Das Ringen um Androgynie ist eine Art zu leben und auch ein Ziel, ein Weg und eine Bestimmung.

Das Muster der menschlichen Entwicklung, das auf diesen Seiten entworfen wurde, mag, obwohl es hypothetisch ist, erschreckend fatalistisch erscheinen. Wo bleibt unsere Freiheit, wenn der Lauf unseres Lebens mit so entmutigender Präzision vorgegeben ist? Wo bleibt die Möglichkeit der Wahl, wenn das psychologische Wachstum so vor sich geht? Die chinesische Einstellung zum Problem der Freiheit kann uns vielleicht weiterhelfen. Helmut Wilhelm faßt sie in dem folgenden Abschnitt zusammen:

Die Auffassung vom Wandel ist kein äußeres, normatives Prinzip, das sich den Phänomenen aufprägt; es ist eine innere Tendenz, nach der sich die Entwicklung natürlich und spontan vollzieht. Entwicklung ist kein von außen aufgezwungenes Schicksal, dem man sich still unterwerfen muß, sondern eher ein Zeichen, welches zeigt, in welcher Richtung sich Entscheidungen auswirken. Noch einmal, Entwicklung ist kein Moralgesetz, dem zu folgen

> man gezwungen wäre: Es ist eher ein Leitfaden, von dem man die Ereignisse ablesen kann. Im Strom dieser Entwicklung zu stehen, ist eine Gegebenheit der Natur; ihn zu erkennen und ihm zu folgen, ist eine Sache der Verantwortlichkeit und der freien Wahl.[42]

Wir können wählen, ob wir das Leben leben oder von ihm gelebt werden wollen, unsere Wahl bestimmt die Qualität unserer Existenz. Letzten Endes wird es schwer sein, Jung nicht beizustimmen, der bemerkte: »Leben, das nur für sich und in sich geschieht, ist nicht wirklich Leben; es ist nur wirklich, wenn es erkannt wird.«

Jeder Mensch hat die Möglichkeit zur Androgynie und die Freiheit zu wählen, ob er diese Möglichkeit realisieren will oder nicht. Doch schon die Erkenntnis dieser Wahl erfordert ein beträchtliches Maß an Selbsterkenntnis. Das ist die erste Freiheit, deren Erlangung von unserer Bereitschaft abhängt, uns selbst zu erforschen. Vor zweitausend Jahren schrieb Tung Chung-shu:

> Man kann das Wesen mit den Augen vergleichen. Während des Schlafes sind die Augen geschlossen, und es herrscht Dunkelheit; sie müssen auf das Erwachen warten, bis sie sehen können. Zu dieser Zeit, so kann man sagen, haben sie das Potential zu sehen, aber man kann nicht sagen, daß sie sehen. Ebenso ist das Wesen aller Menschen ein Potential, aber es ist noch nicht erwacht; es ist, als würde es schlafen und auf das Erwachen warten.[43]

8. Der Geist des Tales stirbt niemals

Wenn ein Weiser höchster Art vom Tao hört,
so ist er eifrig und tut danach.
Wenn ein Weiser mittlerer Art vom Tao hört,
so glaubt er halb, halb zweifelt er.
Wenn ein Weiser niedriger Art vom Tao hört,
so lacht er laut darüber.

Lao-tzu

Vor einigen Jahren hatte ich einen Traum, der mir abgesehen von seiner mehr persönlichen Bedeutung half, mir die Vorstellung und den Sinn der Androgynie als dem möglichen Ziel der menschlichen Entwicklung deutlich zu machen.

Ich träumte, daß ich nach China reisen wollte und auf dem Weg aus der Stadt vor der Kathedrale von Canterbury hielt. Als ich auf dem Rasen stand, umgeben von der vollkommensten, verschwenderischsten, lebendigsten, grünen Natur, schaute ich durch einen mittelalterlichen Torbogen in das Innere der Kathedrale und erblickte eine andere Art von Vollkommenheit, die Reinheit des Geistes. Der Kontrast zwischen der Schönheit der Natur und der Schönheit der spirituellen Welt und die Verbindung zwischen beiden, der steinerne Bogen, beeindruckten mich tief. Ich trat durch den Bogen in die Kathedrale und begegnete einem außerordentlich schönen Novizen, »groß, dunkel und gutaussehend«. Er kam auf mich zu, nahm meine Hand, und mir wurde klar, daß wir heiraten sollten. Wir gingen durch den Mittelgang und betraten eine innere Kammer, eine Art Allerheiligstes, und gingen durch die Sitzreihen zum Altar. Auf beiden Seiten standen Menschen, die zu unserer Hochzeit gekommen waren, und feierten uns als das »vollkommene Paar«. Gegenüber dem Altar stand ein wunderschönes kleines Kind von ungefähr sechs oder sieben Jahren, weder männlich noch weiblich, das unser Trauzeuge sein sollte. (In dem Moment fühlte ich mich nicht als der

Mann oder die Frau, sondern als beides). Als sich die Zeremonie ihrem Höhepunkt näherte, änderte sich die Szene. Ich war nicht mehr das Brautpaar, sondern war statt dessen ein Engel geworden, der über dem Dachgebälk der Kathedrale schwebte und auf die Hochzeit herunterschaute. Ich empfand eine tiefe Kluft zwischen jener und meiner Welt.

Am Anfang des Traumes war ich auf meinem Weg nach China. Da während dieser Zeit »China« für mich ein Symbol für psychologische Ganzheit war, deutete ich die Geschichte des Traumes hauptsächlich als Beschreibung einer Reise zu einem solchen Ziel. Die beiden überraschendsten Motive in dem Traum sind der Kontrast zwischen der phänomenalen und der absoluten Welt, Natur und Geist, und die märchenhafte Symbolik von Mann und Frau, dem maskulinen und femininen Prinzip. Beide Motive sind als polare Gegensätze dargestellt, die Natur wandelt sich durch den Torbogen zu Geist, und der Mann und die Frau verbinden sich zur Ehe. Meine eigene Reise im Traum umfaßt beide Gegensätze: Ich bin es, der durch den Torbogen geht, und meine maskulinen und femininen Aspekte werden in der Hochzeitszeremonie vereinigt. Dann tritt meine Reise in ein drittes Stadium, das ich als Synthese der vorhergehenden empfinde. Es beginnt mit dem Symbol des Kindes, das weder männlich noch weiblich ist, sondern beides in einem göttlichen, undifferenzierten Zustand enthält, und schließt mit meiner eigenen Transformation vom Menschen in einen Engel. Als Engel bin ich von den Polaritäten des menschlichen Lebens befreit; ich bin weder maskulin noch feminin, weder Geist noch Körper, sondern eine Verschmelzung von allem. Darüber hinaus erlangte ich mit der Androgynie auch Unsterblichkeit und war dadurch von der Welt der Gemeinde und der Hochzeit ein wenig entfernt. Ich konnte mich mit ihnen nicht verständigen, weil meine Sprache nicht mehr ihre Sprache war und mein Körper nicht mehr der ihre.

In diesem Kapitel geht es um die Reise zu Androgynie, wie sie von einigen Menschen verstanden wurde, die unter ganz anderen psychologischen und kulturellen Voraussetzungen lebten als jene, die das England des zwanzigsten Jahrhunderts bietet. Es sind die chinesischen Alchimisten. Ich glaube, es ist interessant zu sehen, wie hinter der Fremdheit ihrer Sprache und Symbole vieles von den Vorstellungen und Zielen dieser Alchimisten den Themen meines Traumes entspricht.

Während die Konfuzianer den Yang-Weg der Analyse förderten und die Taoisten und Zen-Buddhisten den Yin-Weg der Empfänglichkeit, Passivität und Kontemplation befürworteten, war jahrhundertelang eine kleine, außerordentlich esoterische Gruppe still und oft im geheimen dabei, sich auf die Entdeckung des androgynen und unsterblichen Mittelpunktes ihres eigenen Wesens vorzubereiten. Das waren die chinesischen Alchimisten. Sie gingen von der Überzeugung aus, daß das Tao Yin und Yang umfasse; aber sie gingen noch einen Schritt weiter als ihre Zeitgenossen. Wenn diese Androgynie, so sagten sie, die ewige Kreativität darstellt, dann können alle Menschen, indem sie sie für sich selbst entdecken, ihren normalen Zustand der Unwissenheit, Begrenzung und Sterblichkeit in einen göttlichen Zustand der Weisheit, Ganzheit, Freiheit und Unsterblichkeit umwandeln. Obwohl es für das Streben der Alchimisten viele verschiedene Namen gab (die Suche nach dem Elixier des Lebens, nach der Zinnoberpille oder der Goldenen Blüte, zum Beispiel), gingen alle diese Vorstellungen von der gleichen Idee aus, daß nur durch eine Verbindung des maskulinen und femininen Prinzips der Schüler die Quelle des Lebens, das Tao, entdecken könne.

Die Alchimisten glaubten, daß diese Einheit als Funke in allen Dingen enthalten ist, von ihnen aber nur unzulänglich reflektiert wird. Kraft ihres Geistes haben die Menschen die Möglichkeit, dieses Ungleichgewicht auszugleichen, indem sie den Spiegel ihres Herzens reinigen, so daß sie schließlich das Tao vollkommen widerspiegeln können. Dabei verwirklichen sie nicht nur ihr wahres Selbst, sondern transformieren auch ihre Körper und Seelen und befreien sich von der natürlichen Trennung von Yin und Yang, die zum Tode führt, um statt dessen das ewige Leben zu erlangen.

Da die vollständige Geschichte der chinesischen Alchimie noch nicht geschrieben wurde, kann man aus den verfügbaren Studien nur entnehmen, daß sich die alchimistischen Forschungen in ihren Anfängen in natürlicher Gemeinschaft mit dem frühesten Bewußtsein der Polarität entwickelt haben. Die

Erkenntnis von Leben und Tod, von männlich und weiblich, erzeugte die Sehnsucht, diese Grenzen zu überwinden und zu der Einheit zurückzugelangen, die beide enthält und keinem unterworfen ist.

Unter vielen anderen Legenden über das Lebenselixier gibt es die berühmte Geschichte von dem Bogenschützen Shen I, der die Pille der Unsterblichkeit von Hsi Wang Mu, der Großen Mutter des vorpolaren Bewußtseins, erhielt. Seine Frau Heng O stahl und aß die Pille und wurde so zur Herrin des Mondes. Im *Buch der Geschichte* und im *Buch der Lieder* ist die Suche nach Langlebigkeit erwähnt. Sie war in China anscheinend immer mit der Vorstellung eines Menschen verbunden, der in Übereinstimmung mit den Gesetzen des Kosmos lebte und dessen Streben dem Weg der Natur entsprach, statt ihm entgegenzulaufen.[1] Das *Klassische Buch der inneren Medizin des Gelben Kaisers* lehrt, daß es möglich ist, jenseits des natürlichen Weges, der zum Tode führt, zu suchen und die Geheimnisse ewiger Gesundheit zu entdecken, indem man dem Beispiel der alten Weisen folgte, »die niemals ihr Wollen und Trachten auf die Verfolgung eines sinnlosen Zieles richteten. Dadurch war ihre natürliche Lebensdauer unbegrenzt, wie Himmel und Erde«.[2] Der Überlieferung nach war der Gelbe Kaiser selbst ein solcher Mann: Nachdem er einen bronzenen, dreifüßigen Schmelztiegel gegossen hatte, kam ein himmlischer Drachenwagen vom Himmel herab, um ihn aufzunehmen. Er stieg ein und zusammen mit mehr als siebzig anderen Personen, Ministern und Hofdamen, stieg er vor den Augen seines Volkes zum Himmel auf.[3] Seine Weisheit und Tugend erhoben ihn über die Grenzen von Leben und Tod, Sein und Nichtsein.

Die Höhlenmenschen von Chou Kou-tien, die gegen Ende der Eiszeit lebten, trugen rot gefärbte Perlen, in der Farbe des Blutes, die immer mit dem Leben assoziiert wurden, und während der Chou-Zeit wurden den Toten Armreifen aus Jade (ein Stein, der ebenfalls mit Langlebigkeit assoziiert war) in den Mund gelegt. Eine Legende von der Tochter eines Grafen aus dem siebten Jahrhundert v. Chr. erzählt, wie sie von einem der Alchimie kundigen Unsterblichen umworben wurde, der ihr einen Gesichtspuder aus Quecksilberchlorid brachte und sie das Flötenspiel lehrte, wonach beide zum Himmel aufstiegen, sie auf einem Phönix, er auf einem Drachen.

Die ersten historischen Quellen über den Unsterblichkeitskult stammen aus der Zeit der »Kämpfenden Reiche« (403–222 v. Chr.). Er wird dort im Zusammenhang mit Tsou Yen und der Schule der Naturalisten (350–270 v. Chr.) erwähnt. Huang-ti, der erste Kaiser von China, suchte mit Hingabe nach dem Lebenselixier, und das *Han Shu* (die Geschichte der Han-Dynastie), das wahrscheinlich aus dem ersten Jahrhundert n. Chr. stammt, enthält einen ausdrücklichen Hinweis auf den alchimistischen Prozeß:

> Opfere dem (Schmelz-)Ofen und du wirst fähig sein, »Dinge« (Geister) herbeizurufen. Rufe die Geister herbei und du wirst fähig sein, Zinnoberpulver in gelbes Gold zu verwandeln. Aus diesem gelben Gold kannst du dir Eß- und Trinkgefäße herstellen. Damit wirst du deine Lebensdauer verlängern. Wenn du deine Lebensdauer verlängert hast, kannst du die Unsterblichen von P'eng-lai, das in der Mitte des Meeres liegt, sehen. Dann kannst du die Opfer von *Feng* und *Shan* darbringen und den Tod überwinden.[4]

Weitere Aufschlüsse über die Ideen der Alchimisten lieferten die chinesischen Archäologen, die 1972 bei Ausgrabungen in der Nähe von Changsha das Grab der Herrin von Tai entdeckten, die 186 v. Chr. gestorben ist. Auf dem T-förmigen Banner aus bemalter Seide, das ihr Grab bedeckte, sind viele Symbole abgebildet, die in späteren alchimistischen Texten auftauchen. Oben befindet sich die himmlische Welt der Unsterblichen, in der Mitte die irdische Welt und unten die Unterwelt. Oben rechts auf dem Banner ist die Sonne und eine Krähe abgebildet, oben links der Mond, ein Kaninchen und eine Kröte, darunter der große Baum mit den zehn Sonnen und ein Drache, der Heng O mit dem Elixier der Unsterblichkeit zum Palast des Mondes trägt. In der Mitte windet sich Fu Hsi mit dem Schlangenschwanz, umgeben von magischen Kranichen.[5]

Der erste große überlieferte Alchimist war Wei Po-yang,

ein Taoist des 2. Jahrhunderts n. Chr. Ihm folgte ein Jahrhundert später Ko Hung, und die Zeit von 400–800 n. Chr. wurde von Needham das Goldene Zeitalter der chinesischen Alchimie genannt. In diesen Jahrhunderten erreichte der Taoismus einen Höhepunkt und der Buddhismus blühte.

Die früheste Bedeutung des Schriftzeichens *hsien* (Unsterblicher) ist »trunkenes Herumtollen«; in diesem Sinn wird es im *Buch der Lieder* (8. Jahrh. v. Chr.) benutzt. Etwa ab 400 v. Chr. wurde das Zeichen in seinem heute üblichen Sinn benutzt.[6] Seitdem war der Unsterblichkeitskult ein beliebter Gegenstand von Geschichten und höfischen Ritualen und Thema einiger der größten Werke der Dichtkunst. Die Ode eines unbekannten Dichters aus dem 2. Jahrhundert v. Chr. beschreibt die himmlische Reise eines Alchimisten, die in einer ekstatischen Vereinigung mit dem Tao endet. Die Ode erzählt, wie der nach Unsterblichkeit Suchende nach der Vereinigung von Yin und Yang fragt. Dies ist die Antwort, die er erhielt:

> Das Tao kann nur empfangen werden, es läßt sich nicht geben.
> Es ist so klein, daß es nichts enthält,
> So groß, daß es grenzenlos ist.
> Halte deine *Hun*-Seele frei von Verwirrung,
> Und es wird dir ganz von selbst zuteil.
> Vereinige das *Ch'i* und zügele deinen Geist *(Shen)*,
> Bewahre sie in dir um Mitternacht,
> Erwarte es in der Leere, die noch vor dem Nicht-Handeln ist.
> Alle Dinge werden so zum Sein gebracht;
> Dies ist das Tor der Macht.[7]

Der Suchende schlürft den »feinen Trunk der Fliegenden Quellen« und hält in seiner Brust »die strahlende metallische Jade« – beides Bezeichnungen für alchimistische Elixiere. Dann beginnt die Transformation:

> Mein Körper löste sich in weiche Geschmeidigkeit,
> Mein Geist wurde fließend, bereit sich zu bewegen,
> Wie schön war die feurige Natur des Südens!
> Wie lieblich die winterliche Blüte des Zimtbaumes . . .

Die mystische Reise erreicht schließlich folgendes Stadium:

Ich schaute,
Doch meine überraschten Augen sahen nichts,
Ich horchte,
Doch meine bestürzten Ohren hörten nichts.
Also das Nicht-Handeln überschreitend,
Erreichte ich die
(Große) Klarheit,
Und betrat den Bereich des Großen Anfangs.[8]

Aus den alchimistischen Schriften geht hervor, daß das Erreichen der Unsterblichkeit mit der Freiheit von Leben und Tod auch die Freiheit von Zeit und Raum mit sich brachte. Es schloß auch die Freiheit von sexueller Identität ein, denn auch wenn die Unsterblichen manchmal als männlich oder weiblich beschrieben sind, erhebt sie ihre Einheit mit dem Tao über die Grenzen der Geschlechter zum Ursprung von beiden. Sie haben den Geist des Tales, der niemals stirbt, gefunden, den Urquell von Himmel und Erde, den auch ständiger Gebrauch nie erschöpfen kann.

Doch die chinesischen Alchimisten lassen sich nicht nur durch ihre Suche nach der Unsterblichkeit definieren. Es sind ihre Methoden und die Voraussetzungen, auf denen diese basieren, die ihnen ihren besonderen Status geben. Einige Autoren, die über europäische Alchimie geschrieben haben, haben das Wort Alchimist nur auf einen Menschen angewandt, der Gold oder Edelmetalle erzeugen wollte. Andere verstanden den »Stein der Weisen« rein metaphorisch und behaupteten, daß die Alchimisten damit die Transformation ihrer eigenen Psyche meinten und das Gold oder den »Rebis« (Doppelwesen), der oft als Hermaphrodit symbolisiert wurde, nur als Analogie gebrauchten. Die erste Gruppe kritisiert die zweite dafür, daß sie zu großzügig Menschen gegenüber sei, die zweifellos auf materiellen Reichtum aus waren, während die zweite die Blindheit der ersten verurteilt. Eine dritte Gruppe behauptet, daß die Alchimisten die Verbindung zwischen den physischen und psychischen Prozessen erkannt hatten, so daß sie durch die Arbeit mit den einen die anderen beeinflußten.

Da ähnliche Unstimmigkeiten auch die Diskussionen über die chinesische Alchimie beherrschen, ist es wichtig, diese Verwirrung durch die Klärung der Begriffe aufzulösen, mit denen die chinesischen Achimisten die Grundprinzipien ihrer Arbeit beschrieben.

Die chinesischen Alchimisten hatten eine gemeinsame Auffassung vom Wirken der Natur, ob sie nun mit Mineralien oder Pflanzen, mit Atemtechnik, Bewegungsübungen, Meditation oder sexuellen Praktiken arbeiteten: Sie glaubten, daß das Prinzip der Metamorphose auf die gesamte Schöpfung zutrifft. So wie ein Metall im Laufe der Zeit zu purem, unvergänglichem Gold werden kann, haben alle Menschen die Möglichkeit, vollkommene Gesundheit und Weisheit, die Unsterblichkeit des Körpers und des Geistes zu erlangen. Dieses Fortschreiten von der Unvollkommenheit zur Vollkommenheit ist allen Dingen inhärent und entfaltet sich von selbst zu seiner Zeit. Die Alchimisten können jedoch den natürlichen Schöpfungsprozeß fördern und die Dauer des Vorgangs abkürzen. Durch die Kenntnis der Geheimnisse der Metamorphose hofften sie, mit der Natur tätig zusammenarbeiten zu können, und so nicht nur ihrem eigenen Leben, sondern auch der Außenwelt zur Umwandlung zu verhelfen. Diese Vorstellung von der Umwandlung der Natur kommt im fünfzigsten Hexagramm des *I Ching* (Ting, der Tiegel) zum Ausdruck:

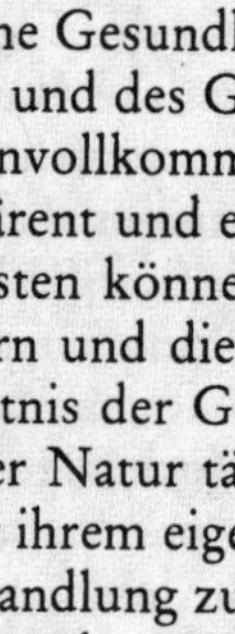

Der Kessel oder Schmelztiegel, aus dem maskulinen Feuer und dem femininen Wind zusammengesetzt, stellt dar, daß die »Erhaltung und Ernährung« der geeigneten Menschen und die Zubereitung der vollkommenen Nahrung möglich ist, vorausgesetzt, daß die Wirkungsweise der Natur verstanden und der Wille, ihre Grenzen zu überschreiten, vorhanden ist. Die Hauptbedeutung des Hexagramms ist, daß die Kenntnis der Zusammensetzung eine Vorbedingung für die Umwandlung ist und daß die Prinzipien der Metamorphose in der Natur oder in der menschlichen Psyche ähnlich wirken.

Die Vorstellung von einer bewußten Zusammenarbeit mit der Natur geht von der Überzeugung aus, daß das Leben eines Menschen das ist, was er daraus macht: Wenn wir uns durch Erkenntnis und Handeln von dem gewöhnlichen Muster von Wachstum, Verfall und Einseitigkeit befreien können, hängt die Dauer und die Qualität des Lebens, das wir führen, nur von uns ab. Wir sind für uns verantwortlich und können unser Schicksal selbst bestimmen. Die Alchimisten behaupten, daß es möglich sei, den Körper und die Psyche umzuwandeln, so daß das Individuum sich schließlich durch die Entdeckung des Schöpfungsprinzips, des Tao, von den zeitlichen und räumlichen Grenzen, von Leben und Tod, befreien kann.

Die Verbindung von Sterblichkeit und Unvollkommenheit, die der Philosophie der Alchimisten zugrunde liegt, ist ihr und einem großen Teil der chinesischen Philosophie gemeinsam: Nur das Tao ist vollkommen, daher ist nur das Tao unsterblich. Alles andere ist als unvollkommene Widerspiegelung des höchsten Prinzips dem Untergang geweiht. Die einzige Möglichkeit, den unvermeidlichen Verfall von der Geburt bis zum Tod abzuwenden, ist der Ausgleich der Unausgewogenheit von Yin und Yang, die unsere Unvollkommenheit verursacht, so daß die Psyche aus der Harmonie dieser beiden Prinzipien ein höheres Selbst gebären kann, die androgyne Individualität, die jenseits der Gegensätze existiert.

Die chinesischen Alchimisten folgten der vorherrschenden Tendenz der traditionellen chinesischen Denker, die Yin-Yang-Symbolik auf viele verschiedene Arten zu verwenden. Die unvermeidliche Vieldeutigkeit, die sich hieraus ergab, schien sie im Gegensatz zu manchem außenstehenden Beobachter nicht zu stören. Die Hauptverwirrung entstand dadurch, daß sie die Yin-Yang-Vorstellung zur Beschreibung aller polaren Gegensätze benutzten, parallel zu ihrer Verwendung als Beschreibung der Ur-Polarität, deren Zusammenspiel alle anderen Polaritäten hervorbringt. In der alchimistischen Praxis ist diese Unterscheidung auch nicht sonderlich wichtig. Hat der Adept einmal den Kern seines eigenen Wesens entdeckt, der weder maskulin noch feminin, weder individuell noch universal, sondern beides ist, dann wird er auch alle sich daraus ergebenden Polaritäten transzendiert haben. Er wird den Makrokosmos erkannt haben, der im Mikrokosmos gespiegelt ist. Er oder sie wird die verschiedenen Teile innerhalb des Ganzen und das Ganze, das alle verschiedenen Teile einschließt, erkannt haben. Für den Zweck dieser Studie ist es jedoch wichtig, dem vieldeutigen Gebrauch des Yin-Yang-Symbols in alchimistischen Texten gegenüber wachsam zu sein. Wir sollten im Auge behalten, daß ich den Begriff Androgynie nicht als Metapher gebrauche, wenn ich die chinesischen Alchimisten als Sucher nach Androgynie bezeichne, sondern daß ich damit die wesentlichen Eigenschaften der Ziele und der Methoden der Alchimisten beschreibe. Mir scheint, daß die chinesischen Alchimisten auf ihre unterschiedlichen Weisen jahrhundertelang um die Auflösung des großen Paradoxes rangen, die Erkenntnis der Identität von Individuum und Universum.

Da die Aufgabe der Alchimisten, die Suche nach dem Elixier der Unsterblichkeit, weniger ein Abenteuer als die Suche nach der Erkenntnis Gottes oder des Tao war, ist es kaum überraschend, daß sie mit der größten Ernsthaftigkeit und oft im geheimen vorgingen. Es verwundert auch nicht, daß die Alchimisten großen Wert auf Moral legten. Die Geheimhaltung diente nicht dazu, wie manchmal angenommen wurde, die Exklusivität einer Gruppe zu schützen und ihre möglichen Errungenschaften ihren Mitgliedern vorzubehalten, sondern entstand aus der Erkenntnis der Alchimisten, daß die Erforschung und Handhabung der Geheimnisse der Natur große Gefahren in sich birgt. Viele der alchimistischen Texte wurden nur mündlich überliefert, um zu garantieren, daß sie nicht von einer ungenügend vorbereiteten Person empfangen wurden. Ein Teil dieser Vorbereitung bestand in der Entwicklung einer geeigneten Geisteshaltung, der richtigen Ethik. Ko Hung, der berühmte Alchimist des dritten Jahrhunderts, schrieb: »Jene, die die Erfüllung des Lebens erstreben, müssen sich darum bemühen, Güte zu erlangen, Verdienste zu erwerben, freundlich und liebevoll zu anderen zu sein, die Goldenen Regeln zu praktizieren, auch die niederen Wesen zu lieben und sich an dem Glück anderer zu erfreuen.«[9] Aber das war nicht genug.

Er schrieb noch: »Jene, die Genien der Erde werden wollen, müssen dreihundert gute Taten hintereinander tun. Jene, die Genien des Himmels werden wollen, müssen zwölfhundert erreichen. Wenn sie, nachdem sie schon 1199 gute Taten getan haben, nur eine schlechte Tat tun, ist alles vorher Erreichte verloren und sie müssen von neuem beginnen.«[10]

Das Hauptziel der chinesischen Alchimisten war weder, ihren Reichtum zu vermehren, indem sie Gold machten oder Gold imitierten, noch der Natur durch die Suche nach Unsterblichkeit zu trotzen. Sie wollten den natürlichen Prozeß der Metamorphose, der jedem Menschen innewohnt, erkennen und beschleunigen und so zur Verwirklichung von Harmonie und Unsterblichkeit anstelle von Disharmonie und Tod beitragen. Einheit war ihr Ziel:

> Würden die Menschen die Einheit (Gott) erkennen,
> Dann würden sie alles, was darunter ist, kennen.[11]

Aus den Texten der Alchimisten und den Geschichten und Gedichten der Taoisten geht klar hervor, daß die *Hsien*, die Unsterblichen, nur für jene sichtbar sind, deren Entwicklung sich diesem Zustand angenähert hat. In der esoterischen Literatur ist diese Vorstellung weit verbreitet; sie geht von der Annahme aus, daß die Menschen nur sehen können, was ihre Wahrnehmungsfähigkeit ihnen zu sehen erlaubt. Menschen oder Dinge, die ein höheres Stadium der physischen, psychologischen oder spirituellen Evolution erreicht haben, zu »sehen«, ist für einen unentwickelten oder weniger entwickelten Menschen ebenso unmöglich, wie es für einen Blinden unmöglich ist, die Farben des Spektrums zu unterscheiden. Wenn wir die Unsterblichen nicht sehen, heißt das nicht, daß diese Unsterblichen nicht existieren, sondern eher, daß unsere Sinne zu stumpf und unausgebildet sind, um diese verfeinerten Wesen wahrzunehmen. Das ist eine von den vielen Behauptungen der esoterischen Literatur, die, verständlicherweise, Spott und Skepsis hervorgerufen hat. Man kann diese Behauptung nicht anders verteidigen als mit solchen Analogien wie der von dem blinden Menschen. Wir alle wissen, daß die Welt für den Blinden dunkel ist, nicht, weil es nichts zu sehen gibt, sondern weil seine Augen nicht in Ordnung sind. Es erfordert jedoch einen Akt des Vertrauens oder Glaubens, diese Analogie auf die Wahrnehmung anderer Wesen oder die Erfahrung anderer Stadien des Bewußtseins auszudehnen. Allerdings ist es möglich, die Gültigkeit dieser Behauptung zu prüfen, indem man für sich damit beginnt, das Selbst zu entdecken. Das war die Botschaft und der Weg der chinesischen Alchimisten.

Die Alchimisten glaubten, daß wir das werden, was wir essen. Wenn wir zum Beispiel das reinste Mineral zu uns nehmen, wird das unserem Körper physisch und psychologisch bei seiner Entwicklung zur Vollkommenheit helfen. Sie schienen auch anzunehmen, daß der alchimistische Prozeß selbst eine entsprechende Wirkung auf das Individuum hatte: »Die Rezepte, die wir befolgen, regen die Götter in unserem Körper an, so daß eine Verlängerung des Lebens schneller erreicht wird, und außerdem vertreiben sie die bösen Geister, so daß uns kein Unglück zustößt.«[12]

Der früheste vorhandene Text, der sich besonders mit der Herstellung von Gold und mit Makrobiotik, der Suche nach Unsterblichkeit, beschäftigt, stammt von Wei Po-yang, aus dem 2. Jahrhundert n. Chr. Das Buch, das als *Ts'an T'ung Ch'i*, »Die Vereinigung vergleichbarer Entsprechungen«, bekannt ist, folgt dem *I Ching* in der Behauptung, daß *Ch'ien* und *K'un* der Anfang der Wandlungen sind. Es stellt fest, daß Yin und Yang die Schlüssel zur Unsterblichkeit sind und daß die Goldherstellung das wertvollste und wirkungsvollste Elixier hervorbringt:

> Wenn sogar das Chü-sheng-Kraut ein Leben verlängern kann, ist das Elixier sicher wert eingenommen zu werden, das zubereitet wurde durch zyklische Umwandlungen. Kraft seiner Natur verrottet und zerfällt Gold nicht, deshalb ist es von allen Dingen das wertvollste.
>
> Wenn der Künstler der Alchimie es seiner Nahrung beifügt, wird die Dauer seines Lebens ewig sein.[13]

Der berühmteste aller chinesischen Alchimisten, Ko Hung, lebte ein Jahrhundert nach Wei Po-yang und war wie sein

Vorgänger der Meinung, daß man nicht ausschließlich auf einer alchimistischen Methode beharren sollte, sondern daß sich der Erfolg wahrscheinlich einstellen würde, wenn eine Anzahl von verschiedenen Elixieren zubereitet würde. Ko Hungs Ziel war es, die Yin- und Yang-Kräfte zu harmonisieren, so daß das Tao sich offenbaren konnte. Er und Wei Po-yang glaubten, daß das Elixier, welches diesen Prozeß beschleunigen konnte, sowohl durch die Umwandlung konkreter Substanzen, als auch durch die innere Metamorphose der Psyche bereitet würde. Sie arbeiten mit Parallelen zwischen der Transmutation von »niederen« Mineralien in Gold und »niederen« Pflanzen in »vollkommene« Pflanzen und der Evolution des »niederen« Bewußtseins oder Geistes zum vollkommenen Menschen, der »wahren« Verkörperung des Tao. Ihre Schriften lassen ein Wissen um den Zusammenhang aller Polaritäten erkennen. Statt sich ausschließlich mit der Psyche oder dem Körper, der inneren oder der äußeren Welt, Geist oder Materie zu beschäftigen, sahen sie die Bedeutung beider Pole und erkannten, daß die Transformation eines Pols unweigerlich eine entsprechende Wirkung auf den anderen hat. Diese Erkenntnis hatte wichtige Konsequenzen für die Vorstellung vom ewigen Leben im chinesischen Denken: Sie verhinderte das Entstehen einer Vorstellung von der Unsterblichkeit des Geistes auf Kosten des Körpers, oder umgekehrt.

Die Interdependenz von Geist und Materie war bezeichnend für die chinesische Psychologie, die sich nicht eine Seele vorstellte, sondern zwei: eine *hun*-Seele, die aktive und spirituelle Seele, und eine *po*-Seele, die passive und irdische Seele. Nach ihrer Auffassung war der menschliche Embryo aus dem Zusammentreffen dieser Yin- und Yang-Seelen hervorgegangen. Die Verbindung der kosmischen *Ch'i* brachte Leben und Gestalt hervor. Solange ihre Interaktion fortdauert, wachsen und entwickeln sich die Individuen. Da aber die beiden Prinzipien selten, wenn überhaupt jemals, in Harmonie sind, entfernen sie sich allmählich voneinander, bis sie schließlich wieder auseinandertreten und der Tod eintritt. Zu diesem Zeitpunkt gehen die maskuline und die feminine Seele wieder in das kosmische Yin und Yang ein. Die Suche nach dem Elixier des Lebens ist die Suche nach der Harmonie zwischen Yin und Yang, so daß sie, statt sich zu trennen, eine zweite Geburt erfahren können, eine Wiedergeburt des Tao im Individuum. Ebenso wie das Tao Yin und Yang ist, passiv und aktiv, Himmel und Erde, so ist das ursprüngliche und unsterbliche Wesen des Menschen sowohl Geist als auch Materie. Die chinesische Idee der Polarität von Körper und Geist, die dem einen höchsten Prinzip entspringt, ist dem westlichen Denken nicht so fremd, wie oft angenommen wird. Titus Burckhardt schreibt in seiner ausgezeichneten Studie über die westliche Alchimie:

> Die beiden Prinzipien sind wie die beiden Hände Gottes. Sie stehen zueinander in Beziehung wie Mann und Frau, wie Vater und Mutter, und können nicht voneinander getrennt werden – denn in allem, was die Erde hervorbringt, ist der Himmel als schöpferische Kraft gegenwärtig, während die Erde ihrerseits den himmlischen Gesetzen Gestalt und Körper verleiht. So war die archaische Art, die Dinge zu betrachten, gleichzeitig »vernünftig« und spirituell . . . Aus dieser Sicht bleibt die Materie ein Aspekt oder eine Funktion Gottes. Sie ist nicht etwas vom Geist Gesondertes, sondern seine notwendige Ergänzung. Für sich allein ist sie nicht mehr als das Potential, Gestalt anzunehmen, und alle wahrnehmbaren Objekte sind geprägt von ihrem aktiven Gegenstück, dem Geist oder dem Wort Gottes . . . Nur für den modernen Menschen wurde die Materie ein Ding und ist nicht mehr der vollkommen passive Spiegel des Geistes. [14]

Das Elixier der Unsterblichkeit zu finden, das Tao im eigenen Inneren zu erkennen, bedeutet, die Quelle von Geist und Materie zu entdecken. Aber es ist wichtig, wie Burckhardt betont, diese beiden Begriffe bildlich zu verstehen. Die Materie hat mit den greifbaren Dingen dieser Welt nicht mehr zu tun als der Geist mit den intellektuellen Sprüngen des Gehirns. Dinge und Ideen sind Ausdrücke von Geist und Materie, aber nicht notwendigerweise mit ihnen identisch. Die Vorstellung von der Unsterblichkeit bedarf auch einer solchen Interpretation: Sie meint sicher nicht die Konservierung unserer *gewöhnlichen* Körper durch die Injektion irgendwelcher magischen Mittel. Unser Körper, wie wir ihn kennen, ist einseitig und daher unvollkommen. Nur durch die Metamorphose dieser Einseitigkeit in Androgynie, eine Transformation des Körpers und der Seele wird es möglich, die wahre Natur von Geist und Materie zu entdecken und die Bedeutung der Unsterblichkeit zu erkennen.

Die frühen chinesischen Alchimisten haben offenbar zwischen inneren und äußeren Elixieren keine Wertunterschiede gemacht. Sie nahmen echtes oder künstliches Gold ein, aßen und tranken aus goldenen Gefäßen, schluckten kostbare Elixiere und Pillen, praktizierten besondere Atemtechniken und andere körperliche Übungen, während sie sich gleichzeitig innerlich durch Meditation und moralische Schulung entwikkelten. Ab dem 6. Jahrhundert n. Chr. ist dann ein deutlicher Wandel in der Alchimie zu bemerken. Das Elixier des Lebens wurde mehr und mehr symbolisch und metaphorisch verstanden. Statt Gold herzustellen und andere kostbare Metalle und Substanzen zu schlucken, arbeiteten die Alchimisten fast ausschließlich an der Entwicklung des »inneren« Goldes oder des »Diamantkörpers« in sich selbst.

Die beiden bekanntesten Vertreter dieser Richtung in China waren Hui Ssu, der zweite Patriarch der buddhistischen T'ien T'ai-Schule, der von 517–577 n. Chr. lebte, und Peng Hsiao. Peng Hsiao erklärte, daß die esoterische Alchimie mit dem »Geist« des Quecksilbers, des Bleis und des Zinnobers arbeite, um den »wahren« und vollkommenen Menschen zu schaffen. Im dreizehnten Jahrhundert entwickelte Su Tun-po diese Idee weiter, indem er den Geist der faßbaren Substanzen mit Teilen des Körpers in Verbindung brachte; er lehrte zum Beispiel, daß »der Drachen Quecksilber ist. Er ist der Samen und das Blut. Er tritt aus den Nieren hervor und wird in der Leber gespeichert.«[15]

Im 13. Jahrhundert war die Alchimie schließlich zu einem rein psychologischen Prozeß geworden. Die Behauptung, daß die Transformation von Grundstoffen in Gold oder die Herstellung und Einnahme der vollkommenen Medizin persönliche Unsterblichkeit erzeugen könne, war nicht länger glaubwürdig. Nur die innere Metamorphose des Bewußtseins hielt man nun für geeignet, den Adepten für die Vereinigung mit dem Tao vorzubereiten. Die späteren Alchimisten verabscheuten jene, die mit greifbaren Substanzen arbeiteten, dermaßen, daß einige von ihnen sogar den Begriff »Elixier des Lebens« ablehnten. In einem berühmten Gespräch zwischen dem großen taoistischen Alchimisten Ch'ang Ch'un und Dschingis Khan in Samarkand während des Sommers 1222 fragte Dschingis Khan, ob der Alchimist ein Elixier habe, das Unsterblichkeit verleihe. Ch'ang Ch'un antwortete: »Ich habe ein Mittel, das Leben zu schützen, aber kein Elixier, das Unsterblichkeit verleiht.«[16]

Andere Alchimisten schrieben die Geschichte der chinesischen Alchimie neu, da nach ihrer Überzeugung der innere Weg nicht nur für sie selbst der einzig mögliche Weg war, sondern es auch für ihre Vorgänger gewesen sein mußte. Das Buch *Das Geheimnis der Goldenen Blüte* (vollständige deutsche Übersetzung unter dem Titel *Das Kreisen des Lichtes*), dessen auszugsweise Übersetzung durch Richard Wilhelm vor allem wegen C. G. Jungs erhellender Einführung wohlbekannt ist, kann bis ins 17. Jahrhundert zurückverfolgt werden, als es zum ersten Mal schriftlich festgehalten wurde. Es basiert auf mündlichen Überlieferungen, die wahrscheinlich bis in die T'ang-Zeit zurückreichen. Es spricht von weltlichen Menschen, »die die geheimen Worte des Buches vom Elixier des Lebens mißverstanden und meinten, daß das Weiß und Gelb dort bedeutete, aus Steinen Gold zu machen. Ist das nicht töricht?«[17] Das Weiße und das Gelbe, so behauptet der Text, bezögen sich statt dessen auf das Juwel oder die »goldene Blüte« des Bewußtseins, das Ziel der Alchimisten. In früheren Zeiten, konstatiert das Buch, war das allgemein bekannt und verstanden, aber nun hätten die weltlichen Menschen die Wurzeln verloren und hielten sich an die Baumwipfel.[18]

Doch während die späteren Alchimisten eine viel deutlichere Grenze zwischen der inneren und der äußeren Welt, dem Persönlichen und dem Unpersönlichen erfuhren als ihre Vorgänger, und es dies war, was sie daran hinderte, nach äußeren Elixieren zu suchen, änderte sich ihr Ziel nicht. Es blieb die Metamorphose des unvollkommenen Individuums in ein vollkommenes Wesen, einen Ausdruck des Tao. Nach dem *Geheimnis der Goldenen Blüte* ist die Erkenntnis dieser Blüte die Transzendenz von Körper und Geist, der menschlichen und der kosmischen Welt zu einer Identität mit dem Tao.[19]

Einige Jahrhunderte früher schrieb Ko Hung, daß das Geheimnis der Alchimie in der Willenskraft liege, »dem wahren Wunsch, still und leer zu werden, sich selbst von Begehrlichkeit zu befreien, nach innen zu sehen und zu hören, entrückt und frei von Emotionen zu sein«.[20] Nur wer dieses Verlangen hat, kann eins mit der Schöpfung werden, ihre Geheimnisse erkennen. Während die Uneingeweihten »sich von früh bis spät vollstopfen ... ihre Zeit bei Musik in der Gesellschaft von Kurtisanen vergeuden ... sich selbst mit Tand verderben ... oder ihre Tage mit Glücksspielen vertun«[21], können die Eingeweihten ihren Körper unsichtbar machen und in vollkommener Freiheit leben, so daß sie »Sonne und Mond in ihrem Herzen bewahren«.[22] Der Autor von *Das Geheimnis der Goldenen Blüte* wäre wohl mit dieser Haltung einverstanden gewesen, aber er würde einige von Ko Hungs Rezepten für die Initiation abgelehnt haben. Der Alchimist aus dem dritten Jahrhundert schrieb: »Wenn ihr Göttlichkeit erlangen oder zu Unsterblichen werden wollt, braucht ihr nur die Quintessenz zu gewinnen, indem ihr euren Samen bewahrt, den Atem kontrolliert und die entscheidende Medizin einnehmt.«[23] Die Goldene Blüte lehrt statt dessen, daß nur die Transformation des Bewußtseins den allmählichen Verfall von Körper und Geist abwenden und dem Schüler zur Wiedergeburt in Einheit mit dem Tao verhelfen kann.

Das Geheimnis der Goldenen Blüte war die »heilige Schrift« einer esoterischen Gemeinschaft, die während ihrer Geschichte gnadenloser Verfolgung seitens der Obrigkeit ausgeliefert war. Im Jahre 1891 wurden 15 000 ihrer Mitglieder von Manchu-Söldnern niedergemetzelt.[24] Die Lehre der Goldenen Blüte entstammte dem Taoismus, Buddhismus und Konfuzianismus. Richard Wilhelm schreibt: »Sie baut sich auf von der Voraussetzung aus, daß Kosmos und Mensch im Grunde gemeinsamen Gesetzen gehorchen, daß der Mensch ein Kosmos im kleinen und von dem großen Kosmos nicht durch feste Schranken geschieden ist. Dieselben Gesetze herrschen hier wie dort, und von einem Zustand aus eröffnet sich der Zugang zum anderen.«[25] Der Text weist das Individuum dazu an, seine eigene Goldene Blüte zu entfalten, das Symbol seines höchsten Wesens. Er geht von dem alten Glauben aus, daß das menschliche Leben, wie das Universum, mit dem Auseinandertreten von Yin und Yang beginnt. Beim Individuum werden diese beiden Prinzipien als das *hun* und das *po* beschrieben. Das *hun* ist mit den Augen und dem Gehirn verbunden und wird für den Verstand verantwortlich gehalten, während das *po* mit dem Solarplexus und dem Bauch in Beziehung gebracht wird und für die Quelle aller Begierden und Gefühle gehalten wird. Letztere sind es, die die Beziehung zu anderen und zur Außenwelt fördern und widerspiegeln. Der Text erklärt, daß der Weg von der Empfängnis bis zum Tod von dem »rechtsläufigen Strömen« dieser beiden Seelen gekennzeichnet ist, bis diese wieder ganz von dem kosmischen Yin und Yang eingesogen werden, dem sie entsprangen. Ihr endliches Versinken ist der Moment des Todes.

Der Text behauptet, daß dieser natürliche Prozeß der Veräußerung der Energie durch das Ungleichgewicht, den Mangel an Harmonie zwischen den beiden Seelen verursacht wird und daß das Individuum leiden muß, wenn das Männliche oder das Weibliche in seiner Psyche überwiegen. Ein Überwiegen der femininen Seele macht die Person für die äußeren Dinge, Menschen und Gefühle blind und erschöpft so ihre inneren Kräfte, während eine zu große Abhängigkeit von der maskulinen Seele in psychologischer Ausdörrung, Isolation und Sinnlosigkeit endet. Beide Wege führen schließlich zu einem Auseinandertreten der beiden Seelen. Um diesen Verfall zu vermeiden, ist es wesentlich, einen dauernden Austausch zwischen dem maskulinen und dem femininen Prinzip aufrechtzuerhalten. Dann können sie sich gegenseitig befruchten und, statt ihre Energien zu verschwenden, das Individuum zur Entdeckung des wahren Selbst jenseits der Polarität führen.

Der Prozeß, der die Metamorphose von Körper und Seele hervorbringen soll, wird mit einer heiligen Hochzeit verglichen, durch die sich eine »Samenperle« aus der Vereinigung von Yin und Yang entwickelt. »Es ist, wie wenn Mann und Frau sich vereinigen und eine Empfängnis stattgefunden hat.«[26] Danach ist es die Aufgabe des Adepten, den Samen zur Goldenen Blüte ausreifen zu lassen: » Innerhalb unseres sechs Fuß hohen Leibes müssen wir streben nach der Gestalt, die vor Grundlegung von Himmel und Erde ist.«[27] Der Text lehrt, daß das getan werden muß, indem man den beiden Seelen erlaubt, sich gegenseitig zu transformieren. Der unterscheidende Geist des Maskulinen muß dauernd von den Erfahrungen der rezeptiven, allumfassenden Seele genährt werden, die zu verfeinern seine Aufgabe ist.

Das Geheimnis der Goldenen Blüte führt den Adepten zur Entdeckung der Mitte seines oder ihres Wesens, dem androgynen Kern, der als das Licht jenseits von Licht und Schatten, das Leben jenseits von Leben und Tod und die Liebe jenseits von Liebe und Haß erfahren wird. »Es entwickelt sich eine Persönlichkeit«, so sagt C. G. Jung, »die sozusagen nur noch in den unteren Stockwerken leidet; in den oberen Stockwerken ist sie von schmerzlichen und freudigen Ereignissen auf eine eigentümliche Weise losgelöst.«[28] Eine solche Persönlichkeit kann die Welt sehen und verstehen, weil sie sich selbst entdeckt hat. Sie kann die Androgynie der anderen wahrnehmen, weil sie ihre eigene entdeckt hat.

Jung beobachtete die Geburt der Goldenen Blüte in vielen seiner Patienten. Wenn er auch zugeben mußte, den Mechanismus dieser Entwicklung nicht ganz zu verstehen, war er ein unerschütterlicher Zeuge ihrer Wirklichkeit. Wieder und wieder beobachtete er in seiner Praxis das Muster der psychischen Entwicklung von der Polarität zur Einheit und schloß daraus, daß dieses Potential allen Menschen innewohne und Krankheit eine Folge der Störung ihres Ablaufes sei. Wollte er den wesentlichen Faktor des Heilungsprozesses beschreiben, das, was das Hindernis beseitigt, damit die Transformation der Psyche sich fortsetzen kann, so wählte er den chinesischen Begriff *wu-wei*, das »Nicht-Handeln« oder »Nicht-Eingreifen«.

> Das Geschehenlassen, das Tun im Nicht-Tun, das Sich-Lassen des Meister Eckart wurde mir zum Schlüssel, mit dem es gelingt, die Tür zum Weg zu öffnen: *Man muß psychisch geschehen lassen können.* Das ist für uns eine wahre Kunst, von welcher unzählige Leute nichts verstehen, indem ihr Bewußtsein ständig helfend, korrigierend und negierend dazwischenspringt und auf alle Fälle das einfache Werden des psychischen Prozesses nicht in Ruhe lassen kann.[29]

Das Geheimnis der Goldenen Blüte stellt fest, daß die Menschen von Natur aus dazu neigen, ihre Energien an die Außenwelt zu verschwenden. Das ist nirgends offensichtlicher als in der Sexualität. Fortpflanzung ist Schöpfung auf unsere eigenen Kosten. Geschlechtsverkehr behindert die Entfaltung der Goldenen Blüte, weil er die Energien verschlingt, die ihre Wurzeln ernähren. Der Text befürwortet jedoch Transformation, nicht Unterdrückung; er lehrt, daß die sexuellen Impulse nach innen statt nach außen gerichtet werden können, so daß sie nicht dem Verfall, sondern der Wiedergeburt dienen können. »Wenn man sie (die sexuelle Energie) in dem Moment des Ausströmens nicht nach außen fließen läßt, sondern sie mit der Kraft des Denkens zurückleitet, so daß sie in den Schmelztiegel des Schöpferischen durchdringt und Herz und Körper erfrischt und nährt, so ist auch das die rückläufige Methode.«[30] Das bezieht sich auf die Praxis der sexuellen Alchimie, die einst bei einigen Chinesen ein noch geachteter Weg zur Erkenntnis des ICH oder Selbst war. Um diese Praxis zu verstehen, muß man mit der chinesischen Vorstellung von Sexualität vertraut sein.

Die Taoisten, ebenso wie andere Schulen der chinesischen Philosophie, glaubten, daß die Welt mit einer Art Geschlechtsakt begann, daß aus dem Zusammentreffen von Yin und Yang die manifestierte Welt hervorging und daß dieser kosmische Geschlechtsakt sich ständig in der Natur wiederholt. Der Beischlaf der Menschen ist eine Nachahmung von Himmel und Erde, eine Art, physisch und geistig an dem kreativen Prozeß teilzuhaben und dabei das Tao zu erfahren. Aber da das auf vielen verschiedenen Ebenen des Bewußtseins stattfinden kann, entstanden eine Anzahl verschiedener Schulen der sexuellen Mystik. Man kann unter diesen jedoch zwei grundsätzlich verschiedene Richtungen unterscheiden. Die eine lehrte, daß Sexualität eine ausschließlich innerliche Erfahrung werden müsse, die andere erkannte den Wert von praktizierter Sexualität an. Das Ziel der zweiten Schule war, die Schüler zu lehren, beim Geschlechtsakt so viel von der Essenz des Samens zu bewahren wie möglich, damit Yin und Yang einander nähren konnten. Die männliche Samenflüssigkeit wurde mit Blei in Verbindung gebracht und die weiblichen

Sekretionen mit Zinnober. Die Aufgabe des Schülers war es, die beiden Prinzipien so zu mischen, daß sich ein winziger, unsterblicher Fötus im Körper bilden konnte.[31] Diese Vorstellung gleicht der des deutschen Romantikers Franz von Baader, der schrieb, man solle die sexuelle Liebe nicht mit dem Fortpflanzungstrieb verwechseln. Ihre wahre Aufgabe sei es, dem Mann und der Frau zu helfen, innerlich das vollständige Bild des Menschen zu erzeugen, das heißt das göttliche und ursprüngliche Bild.[32]

Manche der chinesischen Werke über die Sexualität stellen den Akt als einen Kampf zwischen den beiden Geschlechtern dar, in dem jeder Teil versucht, soviel wie möglich von dem vitalen Prinzip des anderen Geschlechts aufzunehmen und die eigene Energie zurückzuhalten. Zum Beispiel versucht der Mann, die Frau zu so vielen Orgasmen wie möglich zu stimulieren, dabei jedoch seine eigene Erregung zu kontrollieren und so das Ausströmen seines Samens, seiner Yang-Kraft, zu verhindern. Das diesem Kampf zugrundeliegende Prinzip war, die sexuellen Kräfte nicht nach außen, sondern nach innen zu lenken und so das Individuum zu stärken, statt es zu schwächen. Eine andere Methode, den Samen zu behalten, die die Adepten der sexuellen Alchimie empfahlen, war, auf die Harnröhre zwischen Scrotum und Anus im Moment der Ejakulation Druck auszuüben und so die Samenflüssigkeit in die Blase umzuleiten. Die Taoisten glaubten, daß der Samen auf diese Weise aufsteigen würde und die oberen Teile des Gehirns wiederbeleben und verjüngen würde.[33] Aber weder diese Technik noch der *Coitus reservatus* waren für sich allein ausreichend, die Geburt des unsterblichen Fötus zu sichern. Wie die Alchimisten, die mit ihren Schmelztiegeln arbeiteten, mußten die, die mit sexuellen Praktiken arbeiteten, ein ruhiges und sittenstrenges Leben führen, wenn sie in ihrer Entwicklung zum wahren Selbst Fortschritte machen wollten. Eine nichtanhaftende Geisteshaltung gepaart mit innerer Gelassenheit war notwendig, wenn die Kräfte von Yin und Yang im Rückenmark aufsteigen und den Schüler von einem eingeschlechtlichen Sterblichen in ein androgynes Wesen umwandeln sollten.

Einer der Nachteile dieser besonderen Methode der Entwicklung war, daß sie den persönlichen Fortschritt des Adepten auf Kosten der Entwicklung seines Partners förderte. Eine andere chinesische Tradition der sexuellen Alchimie ermöglichte jedoch beiden Partnern, sich gemeinsam zu entwickeln. Sie lehrte, daß keiner von beiden einen Orgasmus haben sollte, sondern daß beide sich statt dessen auf die Transformation ihres instinktiven Dranges zu höheren und höheren Ebenen des Entzückens und der Vereinigung konzentrieren sollten. Ein Text stellt es so dar: »Um lange zu leben, ohne alt zu werden, sollte ein Mann zuerst mit der Frau spielen. Er sollte die Jadeflüssigkeit trinken, das heißt, er sollte ihren Speichel schlucken; so steigt in Mann und Frau die Leidenschaft auf. Dann soll der Mann den *P'ing-i*-Punkt mit den Fingern seiner linken Hand pressen. (Der *P'ing-i*-Punkt liegt ungefähr 2,5 cm über der Warze der rechten Brust und wird auch als das »im Yang anwesende Yin« bezeichnet.) In seinem Zinnoberfeld (der unterste Teil seines Bauches, ca. 7 cm unter dem Nabel) sollte er sich eine helle, rote Essenz vorstellen, innen gelb und außen rot und weiß. Dann sollte er sich vorstellen, daß diese Flüssigkeit sich in eine Sonne und einen Mond teilt, die sich in seinem Bauch bewegen und dann zum *Ni-huan*-Punkt in seinem Gehirn aufsteigen, wo sich die beiden Hälften wieder vereinigen.«[34] Nach Sun Szu-mo, einem taoistischen Arzt aus dem 7. Jahrhundert n. Chr., endet das Zurückholen des Samens in der Vereinigung des männlichen und weiblichen Prinzips, die als Sonne und Mond visualisiert werden. Auf diese Weise wird der Samen in das Elixier des Lebens umgewandelt.

Ein taoistischer Text der T'ang-Zeit betont die Wichtigkeit der Geheimhaltung und der Kultivierung der Sitten bei der Suche nach Unsterblichkeit durch sexuelle Praktiken:

> Nachdem ein Mann und eine Frau sich gesammelt und ihre Gedanken gereinigt haben, mögen sie zusammen die Kunst ausüben, die zu langem Leben führt. Diese Methode muß geheimgehalten und darf nur Eingeweihten übermittelt werden. Sie erlaubt einem Mann und einer Frau, gemeinsam ihr *Ch'i* zu aktivieren ... (das ist eine Methode, die) sich darauf konzentriert, Yin zu aktivieren und Yang zu stärken. Wenn diese Disziplin auf die richtige Weise

ausgeführt wird, wird sich die *Ch'i*-Flüssigkeit wie Wolken im ganzen Körper ausbreiten, der Samen wird sich verdichten und harmonisch werden und bald werden alle, die es praktizieren, ob jung oder alt, (kräftig) wie Jugendliche werden. Das Elixier *(Tan)*, das sich so bildet (in den Körpern der beiden Teilnehmer), wird, wenn es hundert Tage erhalten wird, transzendental *(Ling)*. Und wenn diese Disziplin über eine sehr lange Zeitspanne fortgesetzt wird, wird sie eine natürliche Gewohnheit, eine Methode, die zu langem Leben und Unsterblichkeit führt.[35]

Sexuelle Alchimie, die die Einheit des maskulinen und femininen Prinzips auf der körperlichen und psychologischen Ebene suchte, konnte mit einem Partner oder allein praktiziert werden. Der Vajrayana-Buddhismus, der während der Eroberungen durch die Moslems im 12. Jahrhundert n. Chr. aus Indien verschwand, aber in Tibet, Nepal, China und anderen Teilen von Süd-Ostasien weiterlebte, scheint beide Wege befürwortet zu haben. Der partnerlose Weg wird später jedoch in einem der *Tantras* befürwortet: »Wozu brauche ich eine andere Frau? Ich trage eine innere Frau in mir selbst.«[36]

Einige Jahrhunderte lang wurde in China der sexuelle Mystizismus ebenso öffentlich wie privat praktiziert (ungefähr vom 2. Jahrhundert n. Chr. bis zum 7. Jahrhundert). Die öffentlichen Zeremonien, die bei Neumond und Vollmond gefeiert wurden, bestanden aus einem rituellen Tanz, »dem Sich-Winden des Drachens und dem Spielen des Tigers (männliche und weibliche alchimistische Symbole), die in einer öffentlichen Weiheorgie endeten oder in aufeinanderfolgenden Vereinigungen der Mitglieder der Gemeinschaft in den Kammern entlang den Mauern des Tempelinnenhofes«.[37] Es ist nicht überraschend, daß diese Zeremonien den Anstandssinn der Konfuzianer verletzten, die zwar die Wichtigkeit der Sexualität anerkannten, sie aber streng auf das Schlafzimmer beschränken wollten. Die Verehrung der Frauen als Hüterinnen der erotischen Weisheit, die bestimmte Taoisten hegten, kann nicht dazu beigetragen haben, die sexuelle Alchimie bei den patriarchalischen Bürokraten und Gutsherren beliebt zu machen. Schon 415 n. Chr. entstand eine Bewegung, die die öffentlichen sexuellen Rituale ausrotten sollte, indem sie die angeblich »unmoralischen Zeremonien« als Kapitalverbrechen abstempelte, und wahrscheinlich gab es nach dem 7. Jahrhundert n. Chr. kaum noch solche öffentlichen Zeremonien.[38]

Privat wurde die sexuelle Alchimie jedoch bis weit in die Sung-Zeit weiter praktiziert, vor allem von Taoisten, die zu bestimmten Tempeln gehörten. Selbst noch im 19. Jahrhundert wurden bestimmte sexuelle Praktiken von den medizinischen Berufen anerkannt und angeraten. Außerdem flackerten während des Kaiserreiches von Zeit zu Zeit die Aktivitäten rebellischer taoistischer Sekten auf, die sexuellen Mystizismus praktizierten. In einem kaiserlichen Erlaß von 1839 wird festgestellt, daß sich in einer Provinz eine Sekte gebildet hat, zu der nur Frauen und Männer zugelassen wurden, die deren Übungen paarweise ausführten: »Bei Nacht versammeln sich viele Menschen in einem Raum ohne Licht. Dann haben sie geschlechtlichen Verkehr im Dunkeln.«[39]

Unterdrückung dürfte jedoch nicht der einzige Grund für das Verschwinden dieser Praktiken während der späteren Jahrhunderte des chinesischen Kaiserreiches gewesen sein. Die Anhänger der sexuellen Alchimie waren einem ähnlichen Einfluß unterworfen wie die Goldmacher, die sich von der Herstellung »echten« Goldes abwandten und ihre Energien auf das psychologische Gold richteten. Ein feiner, aber wichtiger Unterschied ist in den alchimistischen Schriften der späteren Jahrhunderte festzustellen. Statt eine Identität mit dem oder eine Versenkung in das Tao anzustreben, legten die späteren Alchimisten aller Richtungen mehr Wert auf die Entdeckung des Tao in ihrer eigenen Psyche, darauf, sich selbst zu finden, statt sich zu verlieren.

Während die sexuellen Initiationsriten wahrscheinlich nach der Sung-Zeit verschwanden, hinterließ die Einstellung zur Sexualität, die sie hervorgerufen hatten, in der chinesischen Kultur jedoch einen dauernden Respekt vor der Fähigkeit zur körperlichen Liebe. Die Sexualität kam nie, zumindest theoretisch, zur bloßen Lustbefriedigung, Kindererzeugung oder sogar zur ehelichen Pflicht herunter. Sie wurde nicht entwertet oder für niedrig gehalten wie im Westen, besonders im Viktorianischen England. Die sexuellen Mystiker Chinas wären zweifellos mit Jung einverstanden gewesen, der schrieb:

»Sexualität ist nicht nur Instinktivität; sie ist eine unzweifelhaft kreative Kraft, die nicht nur der Ursprung unseres individuellen Lebens ist, sondern ein ebenso wichtiger Faktor unseres psychischen Lebens.«[40] Die Chinesen glaubten weiterhin, daß die Sexualität neben ihren anderen Aufgaben ein Weg sei, mit dem kreativen Prinzip, dem Tao, in Berührung zu kommen, der wahren Natur jedes Menschen. Ob dieses Ideal in der Praxis jemals erreicht wurde, ist unbekannt. Wichtig bleibt, daß in China zumindest eine Tradition existierte, die die Sexualität nicht als Verleugnung des Tao betrachtete, sondern als seinen Ausdruck. Geschlechtsverkehr zu haben hieß, von der Ehrfurcht für das Prinzip des *wu-wei* gelenkt zu werden, nach dem nichts gegen den Fluß der Natur getan wurde, und dadurch an dem kosmischen Tanz von Yin und Yang teilzuhaben, gebend und nehmend, in Ruhe und Bewegung, drängend und gewährend. Wenn man sie so betrachtet, kann die Liebe der einzige Führer sein, den wir brauchen. Die Sexualität ist dann von Zwängen und Erwartungen, was zu tun und zu erreichen sei, befreit, und wird statt dessen zu einem Weg, höhere und höhere Ebenen des Entzückens und der Sensibilität frei zu erfahren. Sie ist nicht mehr die Suche nach Orgasmus, sondern wird zur Zelebrierung der Verbindung zwischen dem maskulinen und femininen Prinzip, so wie es in jedem Individuum wirkt und wie es zwischen zwei Menschen, die sich in Liebe vereinigen, strömt.

Den alchimistischen Wegen ist es gemeinsam, daß sie den vollkommenen Verzicht auf die alte Art zu leben, zu denken und zu fühlen erfordern. Das wird in der alchimistischen Literatur oft als Tod dargestellt, der Tod, der die Vorbedingung einer Wiedergeburt in Androgynie ist. Er bedeutet ein Ablegen der geschlechtlichen Einseitigkeit und aller Dinge, die dieses Stadium mit sich bringt. Die Vorstellung eines Todes im Leben als der Vorbedingung des Wachstums und der Kreativität gibt es nicht ausschließlich in der chinesischen Kultur; sie ist ein Grundgedanke der Mystik der meisten Kulturen. Bei bestimmten Völkern Melanesiens und Polynesiens wird der Initiant vor der Initiation beerdigt oder in ein frisch ausgehobenes Grab gelegt oder in eine dunkle Hütte außerhalb des Dorfes gesperrt. »Dann wird seine Wiedergeburt inszeniert, und oft muß sich der Neophyt zwischen die Beine seiner Mutter knien oder so tun, als sei er aus dem Rachen eines Monsters ausgespien worden.«[41]

Rudolf Steiner beschreibt die zentrale Bedeutung des Todes in den alten Mysterienkulten Griechenlands, unter den Chaldäern, Ägyptern und Indern. Er berichtet, daß der Neophyt von dem Initiator oder Hierophant, der das zu tun verstand, in einen totenähnlichen Schlaf versetzt wurde und darin dreieinhalb Tage verblieb. Er mußte in einem gewissen Sinne sterben, bevor er zu spiritueller Erkenntnis wiedergeboren werden konnte.[42] Die Idee von einem psychologischen Tod als Vorbedingung der psychologischen Entwicklung ist auch ein zentraler Punkt der Jungschen Psychologie. »Wenn das Alte nicht zum Sterben reif wäre«, schrieb Jung, »könnte nichts Neues entstehen, und wenn das Alte nicht den Weg für das Neue blockieren würde, könnte und müßte es nicht ausgerottet werden.«[43] Die westliche Kultur enthält eines der stärksten Todes- und Wiedergeburtsmotive von allen – die Kreuzigung und Auferstehung Christi. Jemand, der nicht die Bereitschaft und den Mut hat zu sterben, um wiedergeboren zu werden, ist, wie Goethe sagte, »nur ein düsterer Schatten auf dieser dunklen Erde«.

Eine chinesische Geschichte über Wei Po-yang, einen Alchimisten aus dem 2. Jahrhundert n. Chr., beschreibt den Tod als das Tor zum ewigen Leben. Eines Tages begab sich Wei Po-yang mit drei Schülern in die Berge, um das Elixier zu bereiten. Zuerst gaben sie es einem Hund, der sofort tot umfiel. Wei Po-yang wandte sich an seine Schüler und fragte sie, ob auch er das Elixier nehmen und dem Hund folgen solle. Sie antworteten, indem sie die Frage an ihren Meister zurückgaben. Er sagte: »Ich entsagte den weltlichen Wegen und verließ die Familie und die Freunde, um in die Berge zu gehen. Ich würde mich schämen zurückzukehren, ohne das Tao der heiligen Unsterblichen gefunden zu haben. An dem Elixier zu sterben, kann nicht schlimmer sein, als ohne es zu leben. Ich muß es nehmen.« So tat er und fiel tot zu Boden. Einer der Schüler folgte dem Beispiel des Meisters, die anderen beiden gingen jedoch zurück in die Welt. Nachdem sie gegangen waren, erwachten Wei Po-yang, der Schüler und der weiße Hund wieder zum Leben und schickten den beiden Schülern einen Brief, in dem sie ihnen für ihre Freundlichkeit dankten. Als die beiden Schüler ihn lasen, füllten sich ihre Herzen mit Gram und Bedauern.[44]

Die beiden Schüler hatten nicht den Mut, den Tod zu erleiden, so blieben sie Gefangene des Lebens, während ihr Meister, der weiße Hund und der dritte Schüler zur Unsterblichkeit fortschritten. Die Moral dieser Geschichte ist einfach: Die Vorzüge eines neuen Stadiums des Bewußtseins können nicht erfahren werden, ohne den Tod des alten; auf zwei Hochzeiten zu tanzen, ist unmöglich. Androgynie, also die Geburt des neuen Selbst, die Entdeckung des Tao im eigenen Inneren, erfordert den Tod aller vorherigen Identitäten und Bindungen. Wie der Schamane sich selbst verlieren und den Tod erleiden muß, um Inspiration zu finden, so muß der nach Androgynie Suchende an einem bestimmten Punkt das alte Ich loslassen, um ein höheres zu erlangen. Eine Ahnung von diesem neuen »Ich« vermittelt uns ein Zen-Text, der ein Erleuchtungserlebnis beschreibt:

> Eines Tages wischte ich alle Vorstellungen aus meinem Geist fort. Ich gab alle Begierden auf. Ich tat alle Begriffe ab, in denen ich dachte, und verharrte in Stille. Ich fühlte mich ein wenig seltsam – als ob ich in etwas hineingezogen würde, oder als würde ich eine mir unbekannte Kraft berühren ... und ztt! trat ich ein. Die Begrenzung meines physischen Körpers verschwand. Ich steckte natürlich noch in meiner Haut, aber ich hatte das Gefühl, im Zentrum des Kosmos zu stehen. Ich sprach, aber meine Worte hatten ihre Bedeutung verloren. Ich sah Menschen auf mich zukommen, aber es waren alle der gleiche Mann. Alle waren ich selbst! Ich hatte diese Welt nie gesehen. Ich hatte geglaubt, daß ich gezeugt worden war, aber jetzt mußte ich meine Meinung ändern: Ich wurde nie gezeugt: Ich war der Kosmos; kein Individuum namens Sasaki existierte.[45]

Mr. Sasaki war zu Anfang vor der Unterscheidung von Subjekt und Objekt zurückgekehrt, aber sein Bewußtsein war in einer wichtigen Beziehung total anders als im Anfang. Obwohl er die Realität einer individuellen Identität leugnet, bezeugt die Tatsache, daß er weiß, einen Sinn für das Ich, der dem ursprünglichen undifferenzierten Bewußtsein nicht innewohnte, das im ersten Kapitel dieses Buches beschrieben wurde. Diese ursprüngliche Einheit mit der Welt ist ein Geschenk, mit dem wir geboren werden. Die Erleuchtung des Mr. Sasaki ist der Lohn für einen langen Kampf, der nicht ohne Verzicht auf das frühere Geschenk gewonnen werden kann.

Die Alchimisten versuchten nicht, die Natur zu überwinden, sondern sie zu finden. Wenn sie sich bemühten, den »wahren Menschen« zu finden, der weder männlich noch weiblich, sondern – nach dem Bild des Tao – androgyn ist, strebten sie nicht danach, weniger menschlich, sondern vielmehr menschlicher zu werden. Sie bedienten sich einer Vielfalt von Methoden, aber den meisten war die Vorstellung gemeinsam, daß das Elixier des Lebens aus der Vermählung von Himmel und Erde, dem maskulinen und dem femininen Prinzip hervorgeht. Diese Vereinigung ist jedoch nur das Vorspiel zu einer Neugeburt. Will man den »Geist des Todes« finden, der niemals stirbt, dann muß der »goldene Fötus« so weit gereift sein, daß er sowohl den Körper als auch den Geist transformieren kann. Offensichtlich ist es nicht einfach, einen solchen Grad der Reife zu erreichen. Die meisten Alchimisten starben eines natürlichen Todes, lange bevor sie ein solch fortgeschrittenes Stadium des Bewußtseins erreicht hatten. In den Jahrhunderten seit ihrem Tod ist wenig geschehen, das ihr Ideal leichter erreichbar machen würde, aber in einer modifizierten Form hat es breitere Aufmerksamkeit und Anerkennung gefunden.

Im 20. Jahrhundert wird die Goldene Blüte nicht mehr mit geheimnisvollen, blumigen Worten beschrieben, sondern wird meist mit Begriffen bezeichnet, die zwar vielen noch befremdend und unverständlich erscheinen, die aber im allgemeinen zugänglicher sind als ihre Vorläufer in der europäischen und chinesischen Alchimie. Einige der modernen Begriffe wie »das Selbst« oder das »höhere Ich« mögen den Leser annehmen lassen, daß es hier um etwas anderes geht, aber das ist nicht der Fall. Diese Begriffe beschreiben zwar ein bescheideneres Ziel, aber keine andere Richtung. Während die alten Alchimisten um das letzte Ziel der Transformation von Körper und Geist rangen, die zu ewigem Leben führt, haben sich die Jungsche und andere Schulen der psychologischen und spirituellen Entwicklung entschlossen, sich auf ein niedrigeres Stadium zu beschränken. Ihnen geht es um eine Metamorphose der Psyche durch Erkenntnis, die zu einem Bewußtsein des maskulin-femininen Wesens des Selbst führt. Sie beschäftigen sich nicht direkt mit der Transformation des Körpers, obwohl sie einbeziehen, daß Körper und Geist letzten Endes nicht zwei getrennte Systeme sind. Sie akzeptieren, daß der Mensch aus Körper und Geist besteht, aber sie gehen davon aus, daß der Weg zu Gesundheit und Selbstverwirklichung in der Entwicklung der Erkenntnis und des Bewußtseins besteht. Sie nehmen an, daß wir schließlich zu dem werden, was wir denken und fühlen.

Die Suche nach dem Selbst ist die Suche nach dem Mikrokosmos des Universums, dem Bild des Tao, in dem sich alles widerspiegelt. Darin liegt nicht der Anspruch, mehr zu werden, als wir von Natur aus sind. Wir müssen nur lernen zu akzeptieren, daß wir mehr sind, als wir wissen. Liu Chiuyuan sagte im 12. Jahrhundert: »Das Universum hat sich niemals vom Menschen abgegrenzt und getrennt . . ., es ist der Mensch, der sich vom Universum abgrenzt und trennt.« Der Weise der chinesischen Philosophie und der durch die Tiefenpsychologie entwickelte Mensch, der begonnen hat, dieses Universum zu entdecken, wird nicht länger von den Leidenschaften eines subjektiven Bewußtseins beherrscht, seien es Freude, Zorn oder Angst. Eine solche Persönlichkeit ist »eigentümlich losgelöst«, wie Jung sagt, von dem Auf und Ab und den Stürmen, die unser Leben meist beherrschen. Diese Emotionen verschwinden zwar nicht, aber sie verlieren ihre Kraft, die neue Mitte der Persönlichkeit zu überwältigen oder nur zu bewegen.

Die Vorstellung von einer Psyche, die von den Emotionen des täglichen Lebens befreit ist, hat zu manchen Mißverständnissen geführt. Man hat ihr unterstellt, daß die Fülle der menschlichen Erfahrungswelt dadurch eingeschränkt werde. Das ist ein Irrtum, der aus einer Verwechslung der Entwicklung des Selbst mit der Unterdrückung der Persönlichkeit entstanden ist. Die wahre Entwicklung eines höheren Zentrums des Bewußtseins führt nicht zu einer Verarmung der Gefühle. Im Gegenteil, wenn der Ballast von Vorlieben und Abneigungen, Ärgernissen und Ressentiments, Obsessionen und Vorurteilen sowie der kurzlebigen Gemütserregungen, die unser Leben überhäufen, beiseite geschafft worden ist, werden die Gefühle bereichert. Eine beständigere Freude, sogar Glückseligkeit, entsteht durch die Verbindung des maskulinen und femininen Prinzips. Das neue Selbst wird zu einem inneren Führer in der Psyche, der dem Individuum hilft, in allen Situationen richtig zu sehen und das Richtige zu tun und anderen nicht aus dem Gefühl der Verpflichtung, sondern aus dem eigenen Bedürfnis heraus, etwas zu geben. Nun verstehen wir, was Nietzsche meint, wenn er davon spricht, »in den Banden höchster Liebe frei zu sein«, wenn Paulus sagt: »Nicht ich bin es, sondern der Christus in mir«, oder wenn Konfuzius behauptet: »Mein Tao ist der Weg der alldurchdringenden Einheit.«[46]

Androgynie ist die Heilung der geteilten Seele, das Zusammenfügen der zerrissenen Psyche. Es ist die Verwirklichung einer Psyche, die wenig von anderen verlangt, nicht weil ihre Bedürfnisse durch puritanische oder asketische Überzeugungen und Praktiken verdrängt und unterdrückt wurden, sondern weil sie befriedigt wurden. In dem Ringen um Androgynie sind die Leidenschaften und Bedürfnisse jedoch lebensnotwendig. Sie geben uns Hinweise auf die Aspekte der Psyche, die Aufmerksamkeit und Verständnis verlangen, auf die Teile unseres Selbst, deren Verleugnung die Entwicklung von Erkenntnis und Selbstverwirklichung eher hemmen als fördern würde. Einer der größten Fehler unserer Kultur war die Entwicklung einer verbissen moralisierenden Ethik. Ein solches Verhalten zerstört den natürlichen Kontakt des Individuums mit der Psyche, die die Tendenz hat, sich selbst zu heilen und zu entwickeln. Die heute verbreitete Reaktion auf diese Haltung, die sich in der Formel »tu, was dir gefällt« zusammenfassen läßt, kann jedoch genauso hinderlich sein. Sie kann das Individuum davon abhalten, eine dritte Möglichkeit kennenzulernen, ein Stadium, das nicht durch »entweder Freiheit, oder Kontrolle« gekennzeichnet ist, sondern durch Freiheit *und* Kontrolle. Das vorhergehende Entweder-Oder-Stadium kann jedoch nicht übersprungen werden. Ein voreiliger Schritt in Richtung Androgynie würde wahrscheinlich eher zu dem Stadium der Großen Mutter, zum Verlust der Individualität, Erkenntnis und Freiheit zurückführen, als zu der Verwirklichung des Selbst, das sowohl differenziert wie einheitlich ist.

Die Chinesen kannten die Gefahren, die in der Verfolgung des alchimistischen Zieles im falschen Moment lagen. Ein chinesisches Sprichwort sagt: »Wenn der falsche Mann die richtigen Mittel benutzt, wirken die richtigen Mittel auf die falsche Weise.« Jung sagte, daß »es nichts Gutes gibt, das nicht Schlechtes hervorbringen kann, und nichts Schlechtes, das nicht Gutes hervorbringen kann«.[47] Er erkannte, daß sich alle Menschen in verschiedenen Entwicklungsstadien befinden. »Ohne Zweifel«, schrieb er, »ist es eine große Plage, daß die Menschheit nicht einheitlich ist, sondern sich aus Individuen zusammensetzt, deren psychische Struktur sie irgendwo in einem Entwicklungsspielraum von mindestens zehntausend Jahren ansiedelt. Aber weil das so ist, gibt es absolut keine Wahrheit, die nicht für einen Menschen die Rettung und für einen anderen den Untergang bedeuten kann.«[48]

Aber auch für jene Menschen, deren Bewußtsein ausreichend entwickelt ist, um sie von einigen der Projektionen, die die weniger entwickelte Psyche beeinflussen, zu befreien, und die auf den Moment vorbereitet sind, in dem sie ihrer femininen Psyche erlauben dürfen, sie zur Verwirklichung ihres vollständigen Selbst zu leiten, ist dieser Schritt nicht frei von Schrecken und Qual. Die Erlangung der Androgynie ist selten das Geschenk eines Augenblicks. Meistens wächst sie langsam, oft fast unwahrnehmbar, auch schon in früheren Stadien des Bewußtseins, und die erste Ahnung ihrer wahren Bedeutung ist selten eine ungetrübte Freude. Androgynie kann außerordentlichen, nie-gekannten Frieden schenken, aber sie kann auch außerordentliche und nie-gekannte Einsamkeit bringen, denn sie enthüllt die ganze Tiefe der menschlichen Einsamkeit. Jung erkannte das und schrieb darüber:

> Die Entwicklung der Persönlichkeit von ihrem Keim bis zum vollen Bewußtsein ist gleichzeitig Charisma und Fluch, denn ihre erste Frucht ist die bewußte und unvermeidbare Absonderung des einzelnen von der undifferenzierten und unbewußten Herde. Das bedeutet Isolation, und es gibt kein tröstlicheres Wort dafür. Weder die Familie, noch die Gesellschaft, noch die Stellung kann ihn vor seinem Schicksal bewahren, nicht einmal die noch so erfolgreiche Anpassung an seine Umgebung, wie geschmeidig er sich auch einfügt. Die Entwicklung der Persönlichkeit ist ein Vorzug, der teuer bezahlt werden muß.[49]

Die erste Ahnung von diesem Zustand kann dazu führen, daß ein Mensch Zuflucht zu seinen alten Abhängigkeiten nehmen möchte, der Sicherheit der Blindheit. Aber ebenso wie wir nicht wieder zu Kindern werden können, können wir auch nicht auf bequeme Weise der Androgynie entkommen, so sehr wir deren Konsequenzen auch fürchten mögen. Die psychologische Entwicklung treibt uns pausenlos vorwärts und erlaubt uns selten, uns lange auf einem bestimmten Platz auszuruhen, und niemals, uns für immer zurückzuziehen, ohne damit in Krankheit zu flüchten. Der Weg nach vorne geht über viele Stadien; jedes ist schwer und schmerzlich, kann aber zugleich auch freudig sein. Unsere Freiheit besteht nicht darin, daß wir die Stadien auswählen und ihre Reihenfolge bestimmen könnten, sondern in der Möglichkeit zu wählen, ob wir ihr Auftreten und ihre Anerkennung beschleunigen oder verzögern und ihre Einsichten annehmen oder verwerfen wollen.

Androgynie ist der Weg, die psychologischen Wahrnehmungsorgane zu entwickeln, die uns helfen, mehr von uns selbst und von anderen zu sehen und zu verstehen. Jenen, die bewußt diesen Weg gehen wollen, bringt er die Vermehrung ihrer Erkenntnis und eine unerschütterliche Erfahrung der Liebe. Für jene, die seine Bedeutung nicht anerkennen, ist er zumindest deshalb interessant, weil er sie vor neue Fragen stellte und andere Möglichkeiten, das Wesen des Menschen zu beschreiben, in Frage stellt. Wir leben in einer Kultur, die den Antworten große Bedeutung beimißt und weniger Wert auf Fragen legt und die Fähigkeit, mit Unsicherheiten zu leben. Möglicherweise ist diese Wertskala verkehrt. Möglicherweise würden wir uns selbst und anderen einen größeren Dienst erweisen, wenn wir lernten, mit weniger Antworten und mehr Fragen zu leben.

Epilog

Jesus sagte: »Und wenn ihr das Innen wie das Außen macht und das Außen wie das Innen, und das Unten wie das Oben, und wenn ihr Mann und Frau zu Einem macht, so daß das Männliche nicht männlich und das Weibliche nicht weiblich sein wird, dann werdet ihr eintreten (in das Königreich).[1]

Die christliche Kirche betrachtet das Sakrament der Ehe als die ideale Beziehung zwischen den Geschlechtern. Sie lehrt, daß es die Aufgabe des Mannes ist, für sein Weib zu sorgen und es zu achten, während es die Sache des Weibes ist, den Mann zu lieben, zu ehren und ihm zu gehorchen. Wenn der Mann führt und die Frau folgt, werden die beiden zu Einem und gründen eine lebenslange Beziehung zur Ehre Gottes und der Zeugung von Kindern. Die Heiratszeremonie besiegelt den Bund der Geschlechter mit der ehrfurchtgebietenden Warnung, was Gott zusammenfügt, das solle der Mensch nicht scheiden. Diesem Befehl durch Scheidung oder Ehebruch zu trotzen, ist eine Sünde.

Wie schon oft dargelegt wurde, schränkt diese Vorstellung von der Ehe die individuelle Freiheit außerordentlich ein: Sie bindet zwei Menschen für ihr ganzes Leben an ein Gelübde, das sie ablegten, als sie wahrscheinlich noch jung, unerfahren und weitgehend unwissend über sich selbst und einander waren. Es läßt ihnen minimale Freiheit, ihre Beziehung oder ihr persönliches Leben so zu gestalten, wie sie es für richtig halten, sondern befiehlt statt dessen, nach bestimmten Regeln und Konventionen zu leben, die von einer äußeren Autorität diktiert werden. Da die Menschen heute so weit wie möglich nach ihrer eigenen Autorität leben wollen, wird das Ehegelübde zum Gegenstand lautstarker Angriffe, von Ablehnung und weitgehender Mißachtung. Scheidungen und Ehebruch nehmen zu, weniger Frauen sind bereit, eine untertänige und dienende Rolle hinzunehmen, und weniger Männer wollen von ihren Frauen ein solches Verhalten verlangen, oder akzeptieren, daß sie allein für alle Entscheidungen und die Vorsorge verantwortlich sind. Obwohl immer noch viele Menschen heiraten wollen, nimmt die Achtung vor der traditionellen Vorstellung und den Gesetzen der Ehe ab.

Wenn die Ehe jedoch nicht im äußeren Sinn als ein System von Regeln verstanden wird, die eingeführt wurden, um die Beziehung zwischen den Geschlechtern zu organisieren und zu kontrollieren, sondern im inneren psychologischen Sinn als die Vereinigung des maskulinen und femininen Prinzips innerhalb jeder Psyche, als die Verwirklichung der Androgynie, die die Alchimisten anstrebten, dann ist eine solche »Ehe« weit davon entfernt, die persönliche Freiheit einzuschränken. Sie wird dann zu einem Weg zur Freiheit durch die Entdekkung des Selbst. Die psychologische Ehe des Femininen und Maskulinen innerhalb jeder einzelnen Person erfüllt ihre Handlungen mit neuem Sinn und Leben.

Der Befehl, daß der Mann führen und die Frau folgen solle, der in der persönlichen Beziehung untereinander für viele Männer und Frauen unterdrückend wirkt, kann als Hilfe zur Entwicklung des Selbst benutzt werden. Denn es ist nun einmal das Wesen des Maskulinen, aktiv zu führen und zu organisieren, während das Feminine nachgibt, empfängt und harmonisiert. Beide sind dabei gleichwertig. Vorkehrungen gegen eine »Scheidung« sind in einer solchen psychologischen Ehe nicht mehr einschränkend. Sie sind ein wertvoller Hinweis auf den Weg der Androgynie, die zu ihrer Verwirklichung das ständige Zusammenspiel der beiden Prinzipien benötigt. Eines von dem anderen »zu scheiden« bedeutet, unsere eigene Natur zu leugnen, und indem wir das tun, sündigen wir. Die Idee von der Erfüllung der Ehe durch die Zeugung von Kindern bekommt eine neue Bedeutung, wenn das Wort einmal auf den inneren Prozeß angewendet wird. Die physische Vereinigung von Mann und Frau kann ein Kind hervorbringen. Die psychologische Vereinigung des Maskulinen mit dem Femininen kann auch zu einer Empfängnis führen, nämlich zur Empfängnis eines neuen Selbst, eines höheren Ich. Ebenso wie das kleine Kind die Fürsorge eines Vaters und einer Mutter braucht, um ein unabhängiger Erwachsener zu werden, so braucht das psychologische Kleinkind die Unterstützung und die Einsichten des maskulinen und femininen Prinzips, um seine männlich-weibliche Natur zu entwickeln. Die Kirche lehrt, daß in der Ehe das Männliche und das Weibliche zu einem Körper werden. Der innere psychologische Weg lehrt, daß die beiden Prinzipien ein androgynes Selbst hervorbringen.

Das Christentum betont ebenso wie die alten Chinesen, daß diese innere Ehe der Weg zum wahren Selbst, zur Verwirklichung Gottes oder des inneren Tao ist. Die chinesische Literatur und Philosophie behandelt dieses Thema ausführlicher, da es von zentraler Bedeutung für die Yin-Yang-Theorie ist; aber mehr oder weniger ausdrücklich ist es auch in einem großen Teil der christlichen Literatur enthalten. Im Neuen Testament wird ständig die Ganzheit oder Einheit Christi betont, besonders im Johannes-Evangelium. Frühe gnostische Texte enthalten viele Hinweise auf Androgynie als das Wesen Christi und das Potential des Menschen. In einem dieser Texte sagt Jesus: »Wenn ihr die Zwei zu Eins macht, werdet ihr der Sohn des Menschen werden.«[2]

Während der Jahrhunderte der christlichen Überlieferung wurde die Vorstellung von der Androgynie Christi als dem Ziel des menschlichen Strebens von verschiedenen Gruppen gepflegt und erschien von Zeit zu Zeit in verschiedenen Formen. Sie ist zum Beispiel ein zentrales Thema der europäischen Alchimie und erschien wieder in den Schriften vieler deutscher Romantiker, die von den Werken Jakob Böhmes und der Theosophen inspiriert wurden. Franz von Baader schrieb zum Beispiel: »Das Ziel der Ehe als einem Sakrament ist die Wiederherstellung des himmlischen oder engelhaften Bildes vom Menschen, wie er sein sollte« – das heißt androgyn.[3] Ein Freund von Novalis, ein Arzt namens Ritter, sagte, der Mensch der Zukunft werde androgyn sein wie Christus, und Friedrich Schlegel schrieb, das Ziel, nach dem die menschliche Rasse streben solle, müsse eine fortschreitende Re-Integration der Geschlechter bis hin zur Androgynie sein.[4]

Auch im 20. Jahrhundert zeigt sich das Interesse an der Androgynie Christi noch in den Schriften einiger Theologen.

Der Katholik Georg Köpgen sagt, Christus sei androgyn gewesen und das Christentum sei »weder männlich noch weiblich«, sondern »männlich-weiblich in dem Sinn, daß das Männliche in der Seele Jesu mit dem Weiblichen vereinigt war«. In ihm »sind die Spannung und der Kampf zwischen den Geschlechtern in einer androgynen Einheit aufgelöst«.[5]

So wie die körperliche Vereinigung von Mann und Frau als »Liebe« bezeichnet wird, läßt die Vereinigung des maskulinen und femininen Prinzips in der Psyche eine innere Erfahrung der Liebe zu, die das Zeichen des androgynen Bewußtseins ist. Diese Liebe, die zu ihrer Verwirklichung und Existenz von anderen Menschen unabhängig ist, bringt das Individuum paradoxerweise zu einem größeren Verständnis der Liebe und einer größeren Fähigkeit andere zu lieben, als das zu jener Zeit möglich war, da es zur Erfahrung der Liebe noch eine andere Person benötigte. Die Möglichkeit wird größer, andere so zu lieben, wie sie sind, und nicht nur weil sie einen unrealisierten Aspekt des eigenen Selbst verkörpern. Eine solche Liebe, schreibt Kahlil Gibran, » besitzt nicht, noch wird sie besessen; weil Liebe sich selbst genügt. Sie gibt nichts als sich selbst und nimmt nichts, außer von sich selbst.«[6] Jacobi beschreibt die Begleiterscheinungen dieses Stadiums der psychologischen Entwicklung mit Worten, die strikt vermeiden, die, wie es einigen Leuten scheinen wird, weniger angenehmen Seiten dieser Art zu lieben, zu vertuschen:

> Vor allem haben wir eine wirkliche Unabhängigkeit und damit, das steht außer Frage, eine gewisse Isolation erreicht. In einem gewissen Sinn sind wir einsam, denn unsere »innere Freiheit« bringt es mit sich, daß eine Liebesbeziehung uns nicht länger fesseln kann; das andere Geschlecht hat seine magische Anziehungskraft für uns verloren, da wir seine wesentlichen Züge in der Tiefe unserer eigenen Psyche entdeckt haben. Wir werden uns nicht mehr so leicht verlieben, da wir uns nicht mehr in einem anderen Menschen verlieren können, aber wir werden zu tieferer Liebe fähig sein, zu bewußter Hingabe an den anderen.[7]

Eine solche Liebe in ihrer Freiheit von Besitzdenken ist nicht frei von Schmerz; allerdings entsteht der Schmerz nicht mehr aus persönlichem Egoismus. Der Weg der Androgynie führt zu einer allmählichen Ausdehnung der Grenzen unserer Psyche, und während wir einen strengen Sinn für Individualität bewahren, lernen wir – wie ganz und wie frei wir auch sein mögen –, daß wir auf einer anderen Ebene nicht stärker sind als das schwächste Mitglied der Gesellschaft, nicht freier als der am tiefsten Verstrickte, daß das Leid der Menschheit unser Leid ist, ihre Last unsere Last. Die Quelle dieses Wissens ist die Liebe oder was die Chinesen »Menschlichkeit« nennen. Sie allein ist der Lehrer.

Der Zweck dieses Buches war es nicht, eine Hypothese über die menschlichen Möglichkeiten aufzustellen, um die Kluft zwischen dem, was wir sind, und dem, was wir sein könnten, zu unterstreichen, noch uns mit Visionen des Unerreichbaren zu quälen und zu deprimieren. Es wollte aufzeigen, daß das Wissen um unsere Möglichkeiten nicht nur Ideale und Ziele für die Zukunft bieten kann, sondern ebensosehr Einsichten und Kraft für die Gegenwart. Wir müssen wissen, was wir sein können, um mit dem leben zu können, was wir sind. Androgynie, als der Ausdruck des Tao im menschlichen Bewußtsein, ist der Weg des Selbst ebenso wie der Weg zum Selbst, die Reise und der Bestimmungsort. Jedes Stadium auf dem Weg ist ein organischer Teil des Ganzen, nichts kann umgangen werden.

Die Reise zu Androgynie kann ausführlich beschrieben werden, aber der Sinn und die Erfahrung der Androgynie, die Einsichten und Gefühle, die sie mit sich bringt, können nicht durch Worte mitgeteilt werden, da Worte ein Ausdruck der Polarität sind. Eine Studie über Androgynie muß deshalb vor ihrem Ziel haltmachen, um uns die Möglichkeit zu geben, über die Weisheit des Lao-tzu zu meditieren, der sagte: »Der Wissende redet nicht, der Redende weiß nicht.«

Chronologie der wichtigsten legendären und historischen Perioden der chinesischen Geschichte

Ca. 2950–2670 v. Chr.	Regierungszeit der » Drei Erhabenen«, der legendären Herrscher des Goldenen Zeitalters der Vorzeit, angeführt von Fu Hsi (angeblich 2952–2836 v. Chr.)
2674–2184 v. Chr.	Regierungszeit der legendären »Fünf Kaiser«, Huang-ti, Chuan-hsü, K'u, Yao und Shun
2183–1766 (?) v. Chr.	Hsia-Dynastie
1766–1027 (?) v. Chr.	Shang-Dynastie (frühe Feudalzeit)
1027 (?)–221 v. Chr.	Chou-Dynastie
481–221 v. Chr.	Chan-kuo-Periode (kämpfende Reiche)
221–206 v. Chr.	Ch'in-Dynastie (das erste vereinigte chinesische Kaiserreich)
206 v. Chr.–220 n. Chr.	Han-Dynastie (Konfuzianismus als Staatsideologie etabliert)
220–589	Sechs Dynastien (eine Periode politischer Uneinigkeit, während der Buddhismus und Taoismus blühten)
589–618	Sui-Dynastie (Wiedervereinigung des Reiches)
618–901	T'ang-Dynastie
907–960	Periode der »Zehn Königreiche« und der »Fünf Dynastien«
960–1279	Sung-Dynastie (Neokonfuzianismus, Blütezeit der chin. Malerei, Einschnüren der Füße wird eingeführt)
1279–1368	Yüan-Dynastie (Herrschaft der Mongolen)
1368– 1644	Ming-Dynastie (Neokonfuzianische Restauration)
1644–1912	Ch'ing-Dynastie (Manchu-Herrschaft)
1912–1949	Japanische Invasion. Bürgerkrieg zwischen Kommunisten und Koumintang
1949–	Volksrepublik China

Anmerkungen

Die bibliographischen Angaben in den Anmerkungen beziehen sich auf die von der Autorin benutzten englischen Quellen. Bibliographische Angaben zu den erhältlichen deutschen Übersetzungen und Originalausgaben im Literaturverzeichnis.

Einführung

1 *T'ai chi-ch'uan,* die traditionelle Kunst der Meditation in der Bewegung, manchmal das »chinesische Yoga« genannt, lehrt das Individuum eine Harmonie der Kräfte von Yin und Yang zu entwickeln und zu erfahren.

2 John Thomas Scopes war ein Lehrer der Naturwissenschaften an der Rhea High School in Dayton, USA. Er verstieß gegen das Gesetz des Staates Tennessee, welches die öffentliche Lehre jeglicher Theorie verbot, die die göttliche Schöpfung des Menschen nach dem Wortlaut der Bibel leugnete, um statt dessen zu lehren, daß sich die Menschheit aus niedrigeren Spezies entwickelt hat.

3 Siehe Carol Schreier Rupprecht, »The Martial Maid and the Challenge of Androgyny«, Spring 1974, Spring Publications, New York, S. 273–74. Dieser Artikel erklärt, daß »hermaphrodite« und »androgyne« ursprünglich synonyme botanische Begriffe für Pflanzen waren, die Pollen und Stempel in einer Blüte trugen. Der erste Begriff wird inzwischen zur Bezeichnung eines organischen Phänomens benutzt, dem Auftreten männlicher und weiblicher Genitalien bei einem Individuum. Der andere Begriff »androgyn« wird nicht mehr nur in einem streng biologischen Zusammenhang benutzt, sondern auch zur Bezeichnung von Charaktereigenschaften und Verhaltensweisen.

1. Das Goldene Zeitalter

1 Lin Yutang, *The Wisdom of Laotse,* London 1949, S. 143.

2 Übersetzt von Fung Yu-lan in: *A Short History of Chinese Philosophy,* New York 1960, S. 184.

3 *Chuang Tzu,* übersetzt von H. A. Giles, London 1961, S. 215.
4 A. Graham, *The Book of Lieh Tzu,* London 1973, S. 20.
5 Ebenda, S. 18–19.
6 *Tao te Ching,* übersetzt von D. C. Lau, London 1963, S. 117.
7 Ebenda, S. 57.
8 Chang, Chung-yuan, *Creativity and Taoism,* New York 1963, S. 30.
9 Ebenda, S. 30.
10 S. Freud, *Civilization and its Discontents,* London 1924, S. 13.
11 E. Neumann, *The Origins and History of Consciousness,* London 1973, S. 6.
12 Ebenda, S. 10.
13 Lau, *Tao te Ching,* a. a. O., S. 116.
14 Giles, *Chuang Tzu,* a. a. O., S. 128.
15 Ebenda, S. 98.
16 Ebenda, S. 156.
17 Die Bibel; 1. Mose 3–5.
18 Lau, *Tao te Ching,* a. a. O., S. 109.
19 Ebenda, S. 117.
20 Chu Hsi, zitiert von W. T. Chan in: *A Source Book in Chinese Philosophy,* Princeton 1972, S. 590.
21 Chu Hsi, ebenda, S. 628.
22 Chu Hsi, zitiert von D. Howard Smith in: *Confucius,* London 1974, S. 163.
23 Chu Hsi, zitiert in: W. T. Chan, *A Source Book in Chinese Philosophy,* a. a. O., S. 621.
24 Chu Hsi, ebenda, S. 625.
25 M. L. von Franz, *Creation Myths,* Zürich 1975, S. 97.
26 Ebenda, S. 93.
27 Cheng Ho war ein muselmanischer Eunuch aus Yunnan im 15. Jahrhundert. Er führte große chinesische Armadas quer über den Indischen Ozean, fast ein Jahrhundert, bevor die Portugiesen Indien erreichten, indem sie Afrika umschifften, und hundertfünfzig Jahre vor der spanischen Armada im Jahre 1588. Diese Reisen waren einmalige Kraftakte. Ihnen folgten keine weiteren chinesischen Expeditionen.

2. Die jungfräuliche Geburt von Yin und Yang

1 Aus dem Pai Hu T'ung, geschrieben während der Han-Dynastie von Pan Ku 32–92, zitiert im *I Ching,* übersetzt von R. Wilhelm, London 1965, S. 329.

2 J. Mellaart, *Çatal Hüyük,* S. 70, zitiert von J. Singer in: *Androgyny,* New York 1976, S. 66.
3 M. Stone, *The Paradise Papers,* London 1976.
4 Als Beitrag zu einer genaueren Diskussion der Frage des Matriarchats, siehe A. Rich, *Of Woman Born,* London 1977.
5 R. Briffault, *The Mothers,* Vol. I, London 1927, S. 362.
6 Man sollte annehmen, daß das matriarchalische Bewußtsein einer Gesellschaft sich in gewisser Weise in den sozialen, politischen und ökonomischen Strukturen dieser Gesellschaft widerspiegelt. Meine Absicht ist nicht, eine matriarchalische Periode in China zu bestätigen oder zu leugnen, sondern lediglich festzustellen, daß die Beziehung zwischen dem, was ich das »matriarchalische Bewußtsein« nenne und der sozialen Ordnung noch besser belegt werden sollte.
7 E. Neumann's Aufsatz »On the Moon and Matriarchal Consciousness« in: Vitale et al., *Fathers and Mothers,* Zürich 1973, S. 40–41.
8 E. Harding, *Woman's Mysteries,* London 1971, S. 155–156.
9 F. Capra, *The Tao of Physics,* London 1976, S. 144.
10 Lau, *Tao te Ching,* a. a. O., S. 113.
11 M. L. v. Franz, *Creation Myths,* a. a. O., S. 160.
12 D. A. Mackenzie, *Myths of China and Japan,* London, o. J., S. 185.
13 E. Neumann, *The Great Mother,* London 1972, S. 243.
14 A. Stylianos, *Minoan Civilization,* Heraklion, o. J., S. 72–73.
15 E. Neumann, *The Great Mother,* a. a. O., S. 259.
16 Platon, *The Symposium,* London 1951.
17 L. Apuleius, *The Golden Ass,* übers. v. Robert Graves, zitiert in: M. Stone, *Paradise Papers,* a. a. O., S. 39.
18 E. Harding, op. cit., S. 182.
19 Ebenda, S. 94.
20 Lau, *Tao te Ching,* a. a. O., S. 62.
21 Ebenda, S. 82.
22 Übers. v. A. Waley in: *Anthology of Chinese Literature,* hrsg. v. C. Birch, London 1970, S. 36.
23 E. T. C. Werner, *Myths and Legends of China,* London 1924, S. 130.
24 Siehe M. Warner's interessante Studie über den Mythos und Kult der Jungfrau Maria: *Alone of All Her Sex,* London 1976.
25 J. Layard, *The Virgin Archetype,* Zürich 1972.
26 E. Harding, op. cit., S. 187.
27 *I Ching,* übers. von R. Wilhelm, a. a. O., S. 335.
28 E. Harding, *The I and Not I,* S. 47.

29 *Sources of Chinese Tradition*, Vol. I, S. 176.
30 Huai Nan-tzu , *Tao, The Great Luminant*, übers. v. E. Morgan, London 1933, S. 46.
31 J. Kristeva, *About Chinese Women*, London 1977, S. 58–59.
32 E. H. Shaffer, *The Vermilion Bird*, Berkeley 1967, S. 79.
33 M. Granet, *Festivals and Songs in Ancient China*, London 1932, S. 130.
34 Ebenda, S. 132.
35 Ebenda, S. 85–86.
36 Ebenda, S. 173.
37 M. Eliade, *Shamanism: Archaic Techniques of Ecstasy*. Auch Briffault stellte fest, daß die ersten Schamanen wahrscheinlich Frauen waren. Siehe auch: C. Blacker, *The Catalpa Bow*, London 1975.
38 M. Eliade, *The Two and the One*, New York 1969, S. 116.
39 J. J. M. de Groot, *The Religious System of China*, Vol. VI, Book II, Leiden 1892, S. 1187.
40 *New Larousse Encyclopaedia of Mythology*, S. 49.
41 In den Schriften der Taoisten wurde die Tugend als die Reflexion des Tao dargestellt. So war nach Chuang-tzu der allmähliche Verlust der Identität mit dem göttlichen Prinzip der Grund für den fortschreitenden Niedergang des »guten Lebens«. Aber es scheint so, daß der Verlust dieser Tugend oder der instinktiven Identität mit dem Tao auch die Vorbedingung des menschlichen Wissens war.
42 Giles, *Chuang Tzu*, a. a. O., S. 157.
43 Die Beziehung zwischen dem maskulinen Prinzip und der Fähigkeit der Unterscheidung wird in Kapitel drei genau untersucht.
44 Das Wesen des Femininen wird in Kapitel fünf untersucht.
45 *The Book of Poetry*, übers. v. J. Legge, Vol. IV, London 1871, S. 147.
46 Legge, *The Book of Poetry*, a. a. O., S. 306–7.
47 *Festivals and Songs in Ancient China*, op. cit., S. 233–34.
48 Legge, *The Book of Poetry*, a. a. O., S. 560.
49 A. B. Ulanov, *The Feminine in Jungian Psychology and Christian Theology*, Evanston 1971, S. 255.

3. Die Theorie von Yin und Yang

1 Im Kapitel sieben wird das Problem des Geschlechts mit Hilfe der Yin- und Yang-Theorie untersucht.
2 Es gab im 4. Jahrhundert v. Chr. eine Schule der Yin-Philosophie, von der aber keine Schriften überliefert sind. Nach späte-

ren Hinweisen ist es unwahrscheinlich, daß ihre Schriften mehr als eine kleine Einführung in dieses Thema boten.

3 Die Orakelknochen wurden zu Beginn dieses Jahrhunderts entdeckt und veränderten das Verständnis für das frühe China. Auf diese Knochen schrieben die Herrscher ihre Fragen an das Orakel.

4 H. Wilhelm, *Eight Lectures on the I Ching*, London 1975, S. 26.

5 Fu Hsi wurde oft als Berg dargestellt, aus dem ein bekränztes Haupt wuchs, um anzudeuten, daß er wahrscheinlich eher göttlich als menschlich war.

6 H. Wilhelm, op. cit.

7 R. Wilhelm, *I Ching*, a. a. O., S. 297.

8 H. Wilhelm, op. cit.

9 W. T. Chan, op. cit., S. 491.

10 Zu einer Diskussion der chinesischen Vorstellung von der Zeit siehe: J. Needham, *Time and Eastern Men*, Royal Anthropological Institute of Great Britain and Ireland, 1964.

11 Chuang-tzu, zitiert in: W. T. Chan, op. cit., S. 202.

12 Ebenda, S. 204.

13 R. Wilhelm, *I Ching*, a. a. O., S. 249.

14 Ebenda, S. 249–250.

15 Chou Tun-i's Diagramm aus: J. Needham, *Science and Civilization in China*, Vol. II, Cambridge 1956, S. 460–61.

16 *Tao te Ching*, übers. v. A. Waley in: *Two Hands of God*, op. cit., S. 48.

17 *Heraclitus*, übers. v. Philip Wheelwright, Princeton 1959.

18 Needham, S. C. C., Vol. II, S. 336.

19 W. T. Chan, op. cit., S. 503.

20 F. Capra, op. cit., S. 80.

21 Ebenda, S. 220.

22 Chu Hsi, *Philosophy of Human Nature*, übers. v. P. Bruce, London 1922, S. 59.

23 H. Wilhelm, op. cit., S. 30.

24 E. Neumann, *Art and the Creative Unconscious*, London 1974.

25 Es gibt eine andere Dimension des Yin- und Yang-Symbolismus, die einen Zusammenhang zwischen dem Yang und der Sonne und Yin und dem Mond oder der Erde herstellt. Die wesentliche Fähigkeit des Yang ist, zu polarisieren, und das ist genau die Wirkung der Sonne; sie teilt die Welt in Licht und Schatten. Während die Natur des Yin alle Dinge umfängt und nährt, erhält und in ihren dunklen Tiefen widerspiegelt.

26 R. Wilhelm, op. cit., S. 4.
27 Ebenda, S. 5.
28 Ebenda, S. 4.
29 J. Blofeld (übers.), *I Ching*, S. 91.
30 R. Wilhelm, op. cit., S. 387.
31 Ebenda, S. 387.
32 H. Wilhelm, op. cit., S. 50.
33 E. Neumann, *The Origin and History of Consciousness*, London 1973; und J. Hillman's Artikel in *Spring*, 1973 und 1974.
34 C. G. Jung, *The Structure and Dynamics of the Psyche*, G. W. VIII, London 1969, S. 133.
35 C. G. Jung, *The Archetypes and the Collective Unconscious*, G. W. 9, Teil 1, London 1968, S. 66.
36 A. P. Shepherd, *A Scientist of the Invisible*, London 1961, S. 81. Eine ausgezeichnete Einführung in das Denken und die Erkenntnisse R. Steiners.
37 R. Steiner, *Knowledge of the Higher Worlds*, London 1973.
38 R. Steiner, *The Gospel of St. John*, London 1933, S. 155.
39 R. Steiner, *Study of Man*, Rudolf Steiner Press Lectures, 1919, S. 74.

4. *Das männliche Bewußtsein*

1 Siehe M. Stone, *Paradise Papers*, und E. Neumann, *The Origin and History of Consciousness.*
2 *The First Emperor*, ed. Li Yu-ning, New York 1975.
3 H. Wiens, *China's March to the Tropics*, Hamden, Conn., 1954.
4 *The First Emperor*, op. cit., S. XVIV.
5 *Han Fei Tzu*, übers. v. Burton Watson, New York 1964, S. 32.
6 Konfuzianische Klassiker: *Das Buch der Lieder, Das Buch der Geschichte, Das Buch der Sitte, Das Buch der Wandlungen, Die Frühlings- und Herbstannalen.*
7 C. Chang, *The Development of Neo-Confucian Thought*, New York, 1957, S. 211.
8 W. MacNaughton, *The Confucian Vision*, Ann Arbor 1974, S. 25.
9 Ch'u T'ung-tsu, *Law and Society in Traditional China*, S. 104.
10 *Mencius*, übers. v. D. C. Lau, London 1970, S. 182.
11 Ebenda, S. 82–83.
12 Ebenda, S. 167–168.
13 *Meng-tzu*, zitiert in: W. T. Chan, op. cit., S. 70.
14 *Mencius*, übers. v. Graham, Buch IV, Teil A, S. 119.
15 Ebenda, Buch II, Teil A, S. 83.

16 R. Wilhelm, op. cit., S. 152.
17 Aus: K'ung-tzu, *The Analects,* übers. v. W. T. Chan, op. cit., S. 40.
18 Lau, *Mencius,* op. cit., S. 101.
19 Ebenda, S. 96–97.
20 Ich danke Dr. Charles Curwen, Lektor für fernöstliche Geschichte an der Schule für Orientalistik und Afrikanistik an der Universität London für diese Information.
21 Nach der englischen Übersetzung von Andrew Boyd.
22 Deutsche Übersetzung aus dem Chinesischen von Stephan Schuhmacher.
23 Nach einer anonymen englischen Übersetzung.
24 A. Cooper, *Li Po and Tu Fu,* London 1974, S. 35.
25 C. G. Jung, »On the Nature of the Psyche«, in: G. W. 8, *The Structure and Dynamics of the Psyche,* op. cit., S. 226.

5. Das weibliche Bewußtsein

1 S. Freud, *Three Essays on Sexuality;* E. Erikson, *Childhood and Society;* K. Horney, *Feminine Psychology;* M. Mead, *Male and Female.*
2 A. B. Ulanov, *The Feminine in Jungian Psychology and Christian Theology*, Evanston 1971.
3 Siehe Literaturverzeichnis.
4 E. Jung, *Animus and Anima*, Zürich 1974.
5 J. Campbell, zitiert in: P. Shuttle and P. Redgrove, *The Wise Wound,* London 1978.
6 Ulanov, op. cit., S. 156–57.
7 A. Watts, *The Book on the Taboo against Knowing Who You Are,* London 1977, S. 130–131.
8 Giles, *Chuang Tzu,* op. cit., S. 97.
9 Lau, *Tao te Ching,* op. cit., S. 128.
10 Ulanov, op. cit., S. 166.
11 I. Claremont de Castillejo, *Knowing Woman,* New York 1975, S. 16.
12 Ebenda, S. 179.
13 Sze-mai, *The Way of Chinese Painting,* New York 1959, S. 119.
14 Lin-chi, zitiert von Alan Watts in: *The Way of Zen,* London 1974, S. 171.
15 Lin-chi, ebenda, S. 121.
16 Zitiert von J. Needham in: *Science and Civilization in China,* Vol. II, S. 61.

17 Whitehead, zitiert von A. Watts in: *Nature, Man and Woman,* London 1976, S. 69.
18 Ulanov, op. cit., S. 172–173.
19 Castillejo, op. cit., S. 14–15.
20 Ulanov, op. cit., S. 160.
21 Giles, *Chuang Tzu,* op. cit., S. 185.
22 Sze-mai, op. cit., S. 118–19.
23 Ebenda, S. 120.
24 Chang, Chung-yuan, op. cit., S. 204.
25 Chang, Chung-yuan, op. cit., S. 107.
26 Giles, *Chuang Tzu,* op. cit., S. 256.
27 Ebenda, S. 174.
28 Kungfutse, *Lun Yü,* IX–16.
29 Chuang Tzu, übers. v. A. Waley in: *Three Ways of Thought in Ancient China,* London 1953, S. 72.
30 A. Watts, *The Way of Zen,* a. a. O., S. 213.

6. Yin und Yang im Individuum

1 *Lieh Tzu,* übers. v. C. Graham, a. a. O., S. 27.
2 *Huang-ti Nei Ching Ssu Wen (The Yellow Emperor's Classic of Internal Medicine.),* übers. v. I. Veith, Berkeley 1972, S. 9.
3 Ebenda, S. 15.
4 Stephan Pálos, *The Chinese Art of Healing,* New York 1972, S. 43.
5 *The Yellow Emperor's Classic,* op. cit., S. 17.
6 Ebenda, S. 15.
7 Pálos, op. cit., S. 41.
8 *The Yellow Emperor's Classic,* op. cit., S. 98-99.
9 Ebenda, S. 99–100.
10 M. Sherfey, *The Nature and Evolution of Female Sexuality,* New York 1973, S. 38.
11 Ebenda, S. 39.
12 Ebenda, S. 46.
13 Ebenda, S. 43.
14 J. Singer, op. cit., S. 260–261.
15 M. Fordham, »Jungian Views of the Body-mind Relationship«, Spring 1974, Zürich, S. 172–173.
16 P. Shuttle and P. Redgrove, op. cit., S. 36 und 146.
17 Ebenda, S. 31.
18 *The Yellow Emperor's Classic,* op. cit., S. 23.
19 H. Maspero, zitiert in: Needham, S. C. C., Vol. 11, S. 153.

20 Ebenda, S. 154.
21 W. T. Chan, op. cit., S. 492.
22 *The Yellow Emperor's Classic,* op. cit., S. 17.
23 Ebenda, S. 121–122.
24 Graham, *Lieh Tzu,* a. a. O., S. 23.
25 *Self and Society in Ming Thought,* Ed. T. de Barry, New York and London 1970, S. 198.
26 S. Freud, *An Outline of Psychoanalysis* 1940 (1938), S. E. Vol. XXIII, S. 188.
27 R. Steiner, *Cosmic Memory,* New York 1971.
28 R. Steiner, *The Theosophy of the Rosicrucians,* London 1907.
29 Ebenda, S. 130.
30 E. Neumann, *The Child,* New York 1972, S. 10.
31 Ebenda, S. 11.
32 Ebenda, S. 24–25.
33 Ebenda, S. 109.
34 E. Neumann, *Origins and History of Consciousness,* a. a. O., S. 112.
35 M. Mead, *Sex and Temperament in Three Primitive Societies,* New York 1971.
36 R. Steiner, *St. John Lectures,* 1909, S. 187.
37 Ebenda, S. 213.
38 K. Millet, *Sita,* London 1977, S. 61.
39 C. G. Jung, G. W., Vol. 8, London 1969, S. 398–99.
40 Zitiert in: *The Wise Wound,* op. cit., S. 120.
41 E. Neumann, *Origins,* op. cit., S. 416.

7. Mikrokosmos und Makrokosmos

1 *Shu Ching,* übers. v. J. Legge, London 1871. Das Shu Ching ist eine Sammlung von Beobachtungen und Kommentaren, die Yao und Shun zugeschrieben werden und von Konfuzius herausgegeben wurden. Einige sind offensichtlich Fälschungen, während die aus der frühen Chou-Zeit wahrscheinlich zuverlässig sind.
2 Li Chi, zitiert in: O. S. Johnson, *A Study of Chinese Alchemy,* New York 1974, S. 15.
3 R. Wilhelm, *I Ching,* a. a. O., S. 90–91.
4 Lau, *Mencius,* op. cit., S. 182.
5 Ebenda, S. 182.
6 D. Howard Smith, *Confucius,* London 1974, S. 162.
7 Tung Chung shu, zitiert in: W. T. Chan, op. cit., S. 280–81.
8 Ebenda, S. 282.

9 Ebenda, S. 283–284.
10 Shao Yung, in: W. T. Chan, op. cit., S. 492.
11 Ebenda, S. 494.
12 Chu Hsi in: W. T. Chan, op. cit., S. 614.
13 *The Yellow Emperor's Classic*, op. cit., S. 97–98.
14 J. Eitel, *Feng-Shui*, London 1873, S. 59.
15 Fung Yu-lan, *A History of Chinese Philosophy*, London 1953.
16 E. O. Reischauer und J. K. Fairbank, *East Asia: The Great Traditions*, London 1960, S. 567.
17 C. Castaneda, *The Teachings of Don Juan*, London 1975, S. 26.
18 Ich danke Susanne Chowdhury, daß sie mich an diese Passage erinnert hat.
19 Eitel, op. cit., S. 84.
20 *The Yellow Emperor's Classic*, op. cit.
21 Pálos, op. cit., S. 37.
22 L. Watson, *Supernature*, New York 1974, S. 17.
23 Ebenda, S. 45–46.
24 Frank Brown, »The ›Clocks‹ timing biological Rhythms«, *American Scientist*, Nov.–Dec. 1972, S. 756–766.
25 Shuttle/Redgrove, op. cit., S. 150–151.
26 Kuan tzu, zitiert in: Needham, S. C. C., Vol. I, S. 150.
27 Needham, S. C. C., Vol. 3, S. 488.
28 Ebenda, S. 23.
29 Shuttle/Redgrove, op. cit., S. 164.
30 Ebenda, S. 164; und »Lunar Periodicity in human production: a likely unit of biological time«, *American Journal of Obstetrics and Gynaecology*, Vol. 77, April 1959, S. 905–915.
31 Shuttle/Redgrove, op. cit., S. 136.
32 E. Ramey, »Men Cycles«, in: *Readings Towards a Psychology of Androgyny*, ed. A. G. Kaplan and J. P. Bean, S. 138–40.
33 Chou Li, zitiert in: Needham, S. C. C., Vol. II, S. 291.
34 Needham, S. C. C., Vol. II, S. 291.
35 Leibniz zitiert in: I. Progoff, *Jung, Synchronicity and Human Destiny*, New York 1975, S. 69.
36 Ebenda, S. 78.
37 Neumann, *The Child*, op. cit., S. 91.
38 I. Progoff, op. cit., S. 80–81.
39 Siehe Literaturverzeichnis.
40 R. Steiner, *Cosmic Memory; Microcosm and Macrocosm;* »For Women Only«, unveröffentlichter Vortrag, Berlin 1905.
41 Jung, *Memories, Dreams and Reflections*, London 1972, S. 357.
42 H. Wilhelm, op. cit., S. 19.
43 Tung Chung-shu in: *Sources of Chinese Tradition*, op. cit., S. 167.

1 Siehe Kapitel 2
2 *The Yellow Emperor's Classic,* op. cit., S. 122.
3 J. Needham, S. C. C., Vol. V: 2, S. 105.
4 Han Shu, zitiert in: A. Waley, »Notes on Chinese Alchemy«, *Bulletin of Oriental and African Studies,* Vol. VI, Teil I, S. 1–24.
5 Needham, S. C. C., Vol. V:3, S. 22.
6 Needham, S. C. C., Vol. V:2, S. 96.
7 Ebenda, S. 90.
8 Ebenda, S. 101–2.
9 Ko Hung, *Alchemy, Medicine and Religion in China of A. D. 320,* übers. v. J. R. Ware, Cambridge 1966.
10 Ebenda, S. 66–67.
11 Ebenda, S. 301.
12 Ebenda, S. 113.
13 Needham, S. C. C., Vol. V:3, S. 72.
14 T. Burckhardt, *Alchemy,* London 1974, S. 58–59.
15 A. Waley, »Notes on Chinese Alchemy«, a. a. O., S. 15.
16 Ebenda, S. 17.
17 R. Wilhelm, *The Secret of the Golden Flower,* London 1972, S. 62.
18 Ebenda, S. 63.
19 Ebenda.
20 Ko Hung, op. cit., S. 42.
21 Ebenda, S. 73.
22 Ebenda, S. 100.
23 Ebenda, S. 138.
24 Wilhelm, *Golden Flower,* op. cit., S. 69.
25 Ebenda, S. 11.
26 Ebenda, S. 31.
27 Ebenda, S. 34.
28 Ebenda, S. 124.
29 Ebenda, S. 92–93.
30 Ebenda, S. 31–32.
31 J. Blofeld, *The Secret and the Sublime,* London 1970.
32 M. Eliade, *The Two and the One,* New York 1969; ein interessanter Beitrag zur Diskussion der psychologischen Transformation des sexuellen Instinkts ist in Esther Harding, *Psychic Energy,* Princeton 1973, zu finden.
33 Needham, S. C. C., Vol. II, S. 149–50.
34 R. H. van Gulik, *Sexual Life in Ancient China,* Leiden 1961, S. 195.

35 Ebenda, S. 199.
36 Ebenda, S. 344–345.
37 Needham, S. C. C., Vol. II, S. 150–151.
38 Ebenda, S. 151.
39 Van Gulik, op. cit., S. 89–90.
40 C. G. Jung, »On the Nature of the Psyche«, in: G. W. 8, *The Structure and Dynamics of the Psyche,* a. a. O., S. 57.
41 R. Gordon, *Dying and Creating,* London 1978, S. 159.
42 R. Steiner, *The Gospel of St. John,* S. 62.
43 C. G. Jung, G. W. 6, »Psychological Types«.
44 Needham, S. C. C., Vol. V:2, S. 295.
45 Watts, *Zen,* op. cit., S. 141.
46 K'ung-tzu, *Lun Yü,* Buch IV Ch. XV.
47 C. G. Jung, G. W. 12, »Psychology and Alchemy«, S. 31.
48 Ebenda, S. 30.
49 C. G. Jung, G. W. 17, »The Development of Personality«, S. 173.

Epilog

1 »The Gospel of Thomas« in: J. Doresse, *Les Livres Secrets des Gnostiques d'Egypte,* Vol. II, 1959, S. 95, zitiert von M. Eliade, *The Two and the One,* op. cit., S. 106.
2 J. Doresse, in: Eliade, *The Two and the One,* op. cit., S. 106.
3 F. v. Baader, zitiert in: M. Eliade, *The Two and the One,* op. cit., S. 102.
4 F. Schlegel, zitiert in: M. Eliade, Ebenda, S. 101.
5 G. Koepgen, *Die Gnosis des Christentums,* 1939, zitiert von C. G. Jung in G. W. 14, »Mysterium Conjunctionis«, S. 373–374.
6 K. Gibran, *The Prophet,* London 1971, S. 12.
7 J. Jacobi, *The Psychology of C. G. Jung,* London 1975, S. 123.

Literaturverzeichnis

Anders, Frieder, *Das chinesische Schattenboxen, T'ai Chi Chuan,* O. W. Barth, ²1978.
Arguelles, Miriam und José, *Weiblich – weit wie der Himmel,* Irisiana, 1979.
Avalon, Arthur, *Die Schlangenkraft,* O. W. Barth, ²1975.
–, *Shakti und Shakta,* O. W. Barth, 1962.

Bachofen, Johann J., *Das Mutterrecht,* Suhrkamp, 1975.
Balzac, Honoré de, *Weibliche Logik,* Hyperion, 1962.
Bauer, Wolfgang, *China und die Hoffnung auf Glück,* Hanser, 1971.
Beauvoir, Simone de, *Das andere Geschlecht,* rororo 6621.
Blofeld, John, *Das Geheime und Erhabene,* O. W. Barth, 1974.
–, *Jenseits der Götter,* O. W. Barth, 1976.
–, *Der Weg zur Macht,* O. W. Barth, 1970.

Capra, Fritjof, *Der kosmische Reigen,* O. W. Barth, ²1978.
Castaneda, Carlos, *Die Lehren des Don Juan,* Fischer Tb. 1457.
–, *Eine andere Wirklichkeit,* Fischer Tb. 1616.
–, *Reise nach Ixtlan,* Fischer Tb. 1809.
–, *Der Ring der Kraft,* Fischer Tb. 3370.
–, *Der zweite Ring der Kraft,* Fischer, 1978.
Chan, Wing-tsit, *Religiöses Leben im heutigen China,* O. W. Barth, 1955.
Chang, Chung-yuan, *Tao, Zen und schöpferische Kraft,* Diederichs, 1975.
Chang, Jolan, *Das Tao der Liebe,* Rowohlt, 1978.
Chi, Ursula, *Die Weisheit Chinas und ›Das Glasperlenspiel‹,* Suhrkamp, 1976.
Chuang-tzu, siehe Dschuang Dsi.
Cooper, J. C., *Der Weg des Tao,* O. W. Barth, 1977.

Davis, Elisabeth G., *Am Anfang war die Frau,* Frauenoffensive, 1977.
Debon, Günther (Hrsg.), *Chinesische Dichter der Tang-Zeit,* Reclam 8910.
–, *Li Tai-Bo. Gedichte,* Reclam 8658/59.

Delius, Rudolf von, *Kungfutse*, Reclam 7065.
Dschuang Dsi, *Das wahre Buch vom südlichen Blütenland*, übers. v. R. Wilhelm, Diederichs, 1977.

Eberhard, Wolfram, *Geschichte Chinas*, Kröner, [2]1971.
Eliade, Mircea, *Geschichte der religiösen Ideen*, Herder, 1978.
–, *Mythen, Träume und Mysterien*, Otto Müller, o. J.
–, *Schamanismus und archaische Ekstasetechnik*, Suhrkamp, 1975.
–, *Schmiede und Alchemisten*, Klett-Cotta, 1960.

Feyerabend, Paul, *Wider den Methodenzwang*, Suhrkamp, 1976.
Firestone, Sulamith, *Frauenbefreiung und sexuelle Revolution*, Fischer Tb. 1488.
Franke, Herbert/Trauzettel, Rolf (Hrsg.), *Das chinesische Kaiserreich*, Fischer Weltgeschichte, Bd. 19.
Franz, Marie L. von, *Das Weibliche im Märchen*, Bonz, 1977.
–, Hillman, James, *Jungs Typologie*, Bonz, 1979.
Freud, Sigmund, *Abriß der Psychoanalyse. Das Unbehagen in der Kultur*, Fischer Tb. 6043.
–, *Drei Abhandlungen zur Sexualtheorie*, Fischer Tb. 6044.
–, Gesammelte Werke in Einzelbänden, Bd. 1– 18, Fischer.

Gernet, Jacques, *Die chinesische Welt*, Insel, 1979.
Gibran, Kahil, *Der Prophet*, Walter, 1978.
Granet, Marcel, *Das chinesische Denken*, Piper, [2]1971.
–, *Die chinesische Zivilisation*, Piper, 1976.
Guenther, Herbert v., *Tantra als Lebensanschauung*, O. W. Barth, 1974.

Han Shan, *150 Gedichte vom Kalten Berg*, übers. v. Stephan Schuhmacher, Diederichs, [3]1980.
Horney, Karen, *Die Psychologie der Frau*, Kindler, 1977.
Huang, Al Chun-liang, *Lebensschwung durch T'ai chi*, O. W. Barth, 1979.

Jacobi, Jolande, *Die Psychologie von C. G. Jung*, Fischer Tb. 6365.
Jung, Carl G., Gesammelte Werke, Bd. 1–17, Walter.

Kapleau, Philip, *Die drei Pfeiler des Zen*, O. W. Barth, [4]1979.
Kerényi, Karl, *Antike Religion*, Langen-Müller, 1971.
Kungfutse, *Gespräche. Lun Yü*, Übs. R. Wilhelm, Diederichs, 1979.
–, *Schulgespräche. Gia Yü*, übers. v. R. Wilhelm, Diederichs, 1961.
K'ung-tzu, siehe: Kungfutse.

Laotse, *Tao te king*, übers. v. R. Wilhelm, Diederichs, 1978.
Lao-tzu, siehe: Laotse.
Li Chi, siehe: Li Gi.
Li Gi (Das Buch der Sitte), übers. v. Richard Wilhelm, Diederichs, o. J.
Liä Dsi, *Das wahre Buch vom quellenden Urgrund*, übers. v. R. Wilhelm, Diederichs, 1974.
Lieh-tzu, siehe: Liä Dsi.
Lü Bu We, *Frühling und Herbst des Lü Bu We*, übers. v. R. Wilhelm, Diederichs, 1979.
Lü, Pu-wei, siehe: Lü Bu We.

Mao, Tse-tung, *37 Gedichte*, übers. v. Joachim Schickel, dtv 442.
–, Ausgewählte Werke, Trikont (Verlag für fremdsprachige Literatur, Peking).
Mead, Margaret, *Jugend und Sexualität in primitiven Gesellschaften*, 3 Bde., dtv 4032–34.
–, *Mann und Weib*, rde 069.
Meng-tzu, siehe: Mong Dsi.
Millett, Kate, *Sexus und Herrschaft*, dtv 973.
–, Sita, Kiepenheuer & Witsch, 1978.
Mitchell, Juliet, *Frauenbewegung – Frauenbefreiung*, Frauenpolitik, 1978.
–, *Psychoanalyse und Feminismus*, Suhrkamp, 1976.
Miyuki, Mokusen, *Das Kreisen des Lichtes. Die Erfahrung der goldenen Blüte*, O. W. Barth, 1972.
Mong Dsi (Mongko), übers. v. R. Wilhelm, Diederichs, 1916.
Mo Ti, Schriften, 2 Bde., Diederichs 1975, 1976.
Mo-tzu, siehe: Mo Ti.

Needham, Joseph, *Wissenschaftlicher Universalismus. Über Bedeutung und Besonderheit der chinesischen Wissenschaft*, Suhrkamp, 1977.
Neumann, Erich, *Die Große Mutter*, Walter, ³1977.
–, *Amor und Psyche*, Walter, 1979.
–, *Ursprungsgeschichte des Bewußtseins*, Walter, 1949.
–, *Zur Psychologie des Weiblichen*, Kindler, o. J.

Pàlos, Stephan, *Atem und Meditation. Moderne chinesische Atemtherapie*, O. W. Barth, ³1980.
–, *Chinesische Heilkunst*, Delp, 1965.
Pirsig, Robert M., *Zen in der Kunst, ein Motorrad zu warten*, Fischer Tb. 2020.

Platon, *Das Gastmahl,* Hyperion, 1961.
Poppelbaum, Hermann, *Mensch und Tier,* Philosoph.-Anthroposoph. Verlag, ^{7}1975.

Rich, Adrienne, *Von Frauen geboren. Mutterschaft als Erfahrung und Institution,* Frauenoffensive, 1979.
Russ, Joanna, *Planet der Frauen,* Knaur Tb. 709.

Schafer, Edward H., *Das alte China,* Time-Life, o. J.
Sheehy, Gail, *In der Mitte des Lebens,* Kindler, 1977.
Shepherd, A. P., *Ein Wissenschaftler des Unsichtbaren. Leben und Werk Rudolf Steiners,* Mellinger, ^{2}1977.
Shuttle, Penelope/Redgrove, Peter, *Die weise Wunde Menstruation,* Fischer, 1980.
Simbringer, Heinrich, *Das Geheimnis der Mitte,* Diederichs, 1961.
Steiner, Rudolf, Werke (Gesamtausgabe), Rudolf Steiner Verlag.
Suzuki, Daisetz, *Erfülltes Leben aus Zen,* O. W. Barth, 1973.
–, *Die große Befreiung,* mit einer Einführung von C. G. Jung, ^{8}1978.
Suzuki, Shunryu, *Zen-Geist, Anfänger-Geist,* Theseus, o. J.

Thirleby, Ashley, *Das Tantra der Liebe,* Scherz, 1979.

Warner, Marina, *Die Kaiserin auf dem Drachenthron,* Ploetz, 1973.
Watson, Lyall, *Geheimes Wissen. Das Natürliche des Übernatürlichen,* Fischer Tb. 2029.
Watts, Alan, *Der Lauf des Wassers, Einführung in den Taoismus,* O. W. Barth, ^{2}1978.
Weil, Simone, *Unterdrückung und Freiheit,* Rogner & Bernhard, 1975.
Wilhelm, Hellmut, *Sinn des I Ging,* Diederichs, ^{3}1979.
Wilhelm, Richard, (Hrsg.), *Das Geheimnis der Goldenen Blüte,* mit e. Kommentar von C. G. Jung, Walter, 1971.
Wilhelm, Richard, *Kung-Tse. Leben und Werk,* Frommann-Holzboog, ^{2}1950.
Wilhelm, Richard, *Lao-Tse und der Taoismus,* Frommann-Holzboog, ^{2}1948.

Zhen Jiu – Akupunktur und Moxibustion, hrsg. v. Gesundheitsamt der Provinz Hopei, R. Pflaum, 1974.

Danksagung

Diese Danksagung zum Schluß kann meine Dankbarkeit gegenüber Charles Curwen nur unangemessen zum Ausdruck bringen. Seine Anregungen und seine konstruktive Kritik haben diese Arbeit von ihrem Anfang als unfertige Idee bis zu ihrer vorliegenden Form begleitet. Dank gebührt weiterhin David Black, Susanne Chowdhury, John Graham, Margli Matthews, Betty Roszak, Signe Schaefer, Thomas Weihs und meiner Mutter Esmé Colegrave, die das Manuskript gelesen und Anregungen gegeben haben, sowie Ann Pennock und Maggie Sutherland, die mir bei der Reinschrift geholfen haben. Ich möchte meine Tochter Laura um Verzeihung bitten dafür, daß unsere Beziehung während der Tage und Wochen der Arbeit an diesem Buch ein wenig zu kurz gekommen ist. Schließlich gebührt mein Dank auch meiner Lektorin Ursula Owen für ihre konstruktive Kritik.